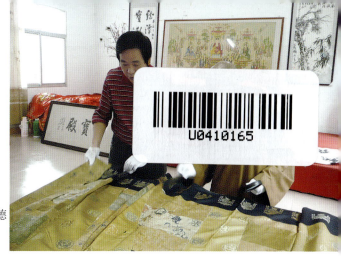

马渭源先生考察福建宁德支提寺云锦袈裟

马渭源先生与潘群先生在宁德考察

2010年7月马渭源先生在南京明孝陵召开的"首届明建文帝下落之谜国际研讨会"发言

2009年8月30日中央电视台4套报道马渭源与潘群等宁德考古

袈裟整体图

袈裟上的八吉祥 1

袈裟上的八吉祥 2

袈裟上的灯笼 1

袈裟上的灯笼 2

袈裟上的五爪龙 1

袈裟上的五爪龙 2

袈裟上的五爪龙 3

袈裟上的五爪龙 4

平放被遮住的三条五爪龙 1

平放被遮住的三条五爪龙 2

袈裟上的牡丹

袈裟上的云龙纹

袈裟上的蟒

元代如意云纹金盒

金贝寺菱形图案

上金贝古墓与舍利塔整体图1

上金贝古墓与舍利塔整体图2

上金贝舍利塔底座如意纹

上金贝古墓上的龙刻构件

印状上金贝舍利塔整体

印状上金贝舍利塔整体座势

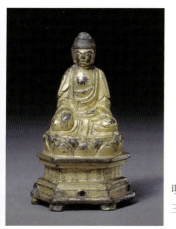

明洪武年间周
王府佛像

宁德上金贝古
墓上的如意云

霞浦摩尼教遗址出现的角端

龙纹玺

明中都凤阳钟楼上的"万世根本"与"万"字

明洪武釉里红如意云形缠枝牡丹菊纹大碗

塔陵莲花

雪峰寺清代高僧之塔

燕王告天文

雪峰寺宋清时期塔林

原本补本明史本纪异同考

台湾版建文帝下落书法

支提寺

台湾商务印书馆发行明史

支提寺木拓1

支提寺木拓2

林聪墓

大明帝国系列⑥
The Great Ming Empire VI

破解大明第一谜案

Crack the First Mystery of 600-year

马渭源 著
Ma Weiyuan

东南大学出版社
SOUTHEAST UNIVERSITY PRESS

图书在版编目(CIP)数据

大明帝国. 破解大明第一谜案/马渭源著. —南京:东南大学出版社,2014.1(2014.11 重印)
ISBN 978-7-5641-4581-1

Ⅰ.①大… Ⅱ.①马… Ⅲ.①中国历史—研究—明代 Ⅳ.①K248.07

中国版本图书馆 CIP 数据核字(2013)第 246065 号

破解大明第一谜案

出版发行:东南大学出版社
出 版 人:江建中
社　　址:南京市四牌楼 2 号(邮编　210096)
经　　销:全国各地新华书店
责任编辑:谷　宁　马　伟
电子邮箱:editor_ma@163.com
印　　刷:南京玉河印刷厂
版　　次:2014 年 1 月第 1 版
印　　次:2014 年 11 月第 2 次印刷
开　　本:890mm×1240mm　1/32
印　　张:7.5
字　　数:215 千
书　　号:ISBN 978-7-5641-4581-1
定　　价:29.00 元

(若有印装质量问题,请直接与营销部联系,电话:025-83791830)

原　序

　　马渭源教授的又一新著《破解600年第一谜案——建文帝最终出亡福建宁德?!》(今改名《大明帝国》系列之《破解大明第一谜案》,出版者注)要出版了,他要我写个序,我极为爽快地答应了。马教授的这一新著是他一年前出版的《大明帝国:从南京到北京》之《文弱的书生皇帝朱允炆卷》的姊妹作,后者是目前为止国内外第一部全面介绍建文帝的专著,从建文帝的出生到他的即位,再从"建文新政"到"靖难之变","宫中火起,帝不知所终"(《明史》卷四《恭闵帝本纪》)。他首先肯定了建文帝是个好皇帝,不是明代官史所记载的荒淫无道之君;其次他正确地把握住了著名明史专家黄云眉先生最先提出的"建文新政"概念,并予以充分论证:"建文新政"是善政,是宽政,甚至做了一点遐想:如果没有"靖难",或许会出现历史上的第二个"贞观之治"? 读来颇有新意,但也留下了一个悬而未决的谜案没有彻底解答开来,那就是建文帝的最终下落问题。

　　事实上,自从明成祖"靖难"成功以来,有关建文帝的最终下落问题一直是大家关注的热点,人们争了600年始终没有争出个是与非来,有关建文帝出亡之书更是"层出不穷",尤其是明代有两部书即程济的《从亡随笔》和史仲彬的《致身录》"绘声绘说"地"演绎"了建文帝的出亡过程,对此,吾师明史专家黄云眉教授经过潜心研究后在他的名著《明史考证》中这样说:"盖以为出亡之说可信,出亡诸书不可信。"(黄云眉:《明史考证》,中华书局,1971年,第一册,第60页)

　　云眉师的意思是:建文帝没有被宫中大火烧死,而是出亡了,至于出亡后的情况,有待于进一步研究,而所谓的"建文帝出亡"诸书有伪,则不可信也。作为黄云眉师的学生,我始终牢记眉师的教诲,从上世纪50年代起我就一直在关注建文帝下落的

1

研究。就全国范围而言,建文帝出亡之说几乎在南方各地都有,1959年我从购买到的谈迁《枣林杂俎》中对建文帝出亡各地说进行分析比对,曾想从中找到研究建文帝下落的突破口,但最终感到"各地说"都缺乏充分有力的证据,因而也就对"精彩纷呈"的"建文帝出亡各地说"没表什么态。时至上世纪90年代中期,我从南京大学思想家研究中心退休后有了自己的空余时间,从事自己的专业爱好研究,于是我就将自己读史中发现的郑和在福州雪峰寺密谒建文帝的史实整理出来,应澳门基金会与澳门大学澳门研究中心邀请参加《郑和海上丝绸之路》专题研讨会,专门撰写了《郑和踪迹建文考》一文,后被收载在澳门大学澳门研究中心2005年12月出版的《郑和与海上丝绸之路》一书中,因为没有更多的实物依据,随后也就没有研究下去,但有种感觉:建文帝确实跑到福建去了。

延至去年年初,在福建省与宁德市党政领导关怀下,在有关学者以及史学工作者与其他方面同志齐心协力合作下,找到了建文帝陵墓及其袈裟。过后不久,福建宁德地方政府邀请我、马渭源、郑自海和郑宽涛等人前往宁德当地去考察一下。当时马渭源教授找我商量,我年事已高,正赶上身体不适,就委托马渭源教授去多看看。事实上我这样做的直觉是对的,一来马渭源教授本身在建文帝研究上取得了一定的成果,他的系列著作中的《大明帝国:从南京到北京》之《文弱的书生皇帝朱允炆卷》自出版以来一直很畅销,让他多留心看看,肯定有收获;二来马渭源教授现从事的工作不是他的本专业历史学,而是极具现代化和尖端化的电子音像出版,并且还在高校兼课讲授,他既懂电子又懂音像,又洞悉明代历史,加上这几年来他经常在各地电视台"客串",作历史文化系列讲座,所以让他多留心可以得到可靠的第一手视频与文字资料。

数日后,马渭源教授从福建宁德回来,带给我丰实的资料、考古照片及相关视频,我们俩反复比对史料,进行分析研究,我岁数大了,跑不动,他年轻就多担当一点,上南图、明孝陵、明故宫等地去查资料、拍摄照片,再拷到电脑里拿来与我共议,还不断地向宁德地方上的王道亨、吴泽金等先生请求帮助,补充考古实物材料和方志材料,经过近四个月的苦战,我们终于理出了头绪:建文帝的确跑到福建去了。但这时我反复告诫自己,要切记眉师的教导:"史学论点一定要凭史实说话。"这样就"沉默"到了去年八月份,我身体也好点了,就与马渭源教授说了自己可以到福建宁德看看的想法,他马上联系,随后我们就与郑自海先生、郑宽涛先生等人应邀一同踏上了宁德的考古之路。

宁德三天的现场考古是相当紧张,本来可以从容一点,但马渭源教授要回南京开会,所以我这个古稀之龄的老者就只好跟着他们。上金贝古墓及其周边的墓葬都位于陡峭的山坡上,就连马渭源教授这样年纪的人都说走在上面两腿发软,但为了取得考古的第一手实物资料,在当地畲族老乡的扶持下,我硬着头皮爬了上去。

功夫不负有心人,当三天考古行将结束时,我们的心中有着说不出的喜悦:建文帝的最终下落找到了!

一切皆在不经意间,在我们结束宁德考古回到南京后,中央电视台国际频道、新闻频道相继对我们的宁德考古进行了报道。随之,南京的新闻媒体前来采访,我们从各自的角度谈了对宁德古墓与袈裟的个人看法,同时应中央电视台邀请,在《科学教育》频道作了对话,这些纯属于学术讨论,可以根据"双百"方针,提出不同看法,平等地切磋。然而没想到的是,有些人不知出于何种动机对我们进行了莫名其妙的非难。一会儿在报纸上说,宁德上金贝古墓是元末明初的和尚墓,一会儿又说宁德支提寺袈裟是明朝万历朝廷赐予的,那么依据呢?据报纸及网上所云:全凭某些人现场直觉感观一下,没有跟史料好好核一核,就"语出惊人"地断言我们讹误,更有甚者夹带有人身攻击。对此,我们将保留法律所赋予自己的权利,同时对于学术问题我们坚持原则,决不人云亦云。我请马渭源教授抓紧时间进一步查对正史与古人笔记史料,尽早将建文帝出亡宁德的史实考证公之于世。而今他的书稿已成,也该我兑现先前之诺言了。

在我看来,本书《破解600年第一谜案——建文帝最终出亡宁德?!》的价值至少有三:

第一,弄清楚了建文帝生死之谜。

长期以来在建文帝生死问题上出现了这么一种倾向:全信明代官史。目前看来关于建文帝生死问题的最早官方记载是建文帝的政敌朱棣及其子孙钦定的一批御用文人所撰写的《明太宗实录》,其曰:"上(指朱棣)望见宫中烟起,急遣中使往救。至,已不及,中使出其尸于火中,还白上。"(《明太宗实录》卷9下)但如果比对一下朝鲜的《李朝实录》就发现问题大了,然而不知出于何种目的,至今为止还有些人抱着"建文帝烧死说"不放。孟子曰:"尽信书不如无书。"(见《孟子》卷14上《尽心章句》,载《十三经注疏》下册)

就此,马渭源教授在书中从中朝两国的实录比对入手,列举了永乐朝的十大疑,然后抽丝剥茧地展开——剖析,将考证目标锁定在建文帝出亡问题上,再结合南京明孝陵梅花谷的"燕王告天文"碑记内容与清乾隆四十二年定本的《明史》(俗称"四库本")所载"(朱)棣遣中使出后尸于火,诡云帝尸"的结论,丝丝入扣地论证清楚了建文帝没死,而是出亡了。有根有据,说理清晰明了,让人一看便知这600年第一谜案的真相到底是什么。

第二,弄清楚了建文帝逃亡何处之谜。

关于建文帝逃亡何处,明代以来大致有三说:两广、云贵和闽浙。其中以伪书《致身录》、《从亡随笔》中描述的逃亡云贵为时尚,而闽浙说却被世人所忽视。正像马渭源教授在书中所说的"真理是常常躲在许许多多不为人们所注意的表象之背后,只有在理性的指导下才有可能发现真理"。我们没说我们发现的一定是真理,但我们起码是以探究真理的态度来研究建文帝的下落之谜。马渭源教授在书中以宽广的胸怀,首先重视前人的研究成果,列表出来,然后寻找问题的症结所在。他立足于明初政治实际,从源头即《明太宗实录》寻找突破点,发现了明成祖与"西北王"沐晟之间的双重亲家和"云南王"沐家之间同样是双重亲家等特殊关系,从而排除了建文帝最终出亡云贵的可能性。然后在此基础上他将目光集中到了常人所不注意的闽浙方向,极不容易的是他从300多万字、596卷的《明神宗实录》中寻找出当年蒙难的建文君臣的原籍省份,结合《明史》中《孝义传》和吕毖的《明朝小史》中所载的明成祖听信诬告派专人前往浙江浦江追查以及从建文转向永乐那个特殊时期"亲建文奸党"分子潜伏在福建、江、浙等地区的史实,逐渐将侦破600年第一谜案的焦点展示给读者朋友。所有这些都是以往建文帝下落之谜研究中所不曾拥有的,这不能不说他的思维之敏捷,眼光之锐利。

第三,弄清楚了建文帝归葬地之谜。

在中国历代帝王中可能从来也没有哪个像建文帝那样在全国各地都有他的"陵"或"墓",北京、湖北、南京、湖南、苏州等等,向来争讼不已,但谁也拿不出过硬的证据,基本上都是孤证。虽然福建宁德的考古发现很迟,甚至还有人漠视宁德考古现场的实际,悍然予以否定,但我们却坚持研究。现在马渭源教授的新作出版了,他在书中列举了许许多多可靠的证据,予以严密的考据论证。

首先他从宁德支提寺云锦袈裟的八吉祥与云龙纹等作为着眼点展开分析,由八吉祥的明初时代特征到云龙纹在大明皇家享用的特殊范围等,逐渐地将研究焦点聚在了大明皇家。最难能可贵的是他从《明神宗实录》和明万历年间福建宁德支提寺重建目击者谢肇淛的记载中寻找史料,甄别出清代编撰的、当下被人捧为圭臬的《宁德支提寺图志》中记载的不实,再从"九五礼数"和龙饰的享用范围以及明代云锦特征等方面考察,以此来断定宁德支提寺袈裟不是明万历朝廷所赐,而是建文帝的。做到了文物与文献的第一次结合,言之有据。从学术论文大证据链角度来看,他考证了缁衣即袈裟与历史文献的一致。

其次,由袈裟联系到它主人的命运,马渭源教授将宁德支提寺袈裟上的"福寿"灯笼顶端的如意纹与宁德上金贝古墓上的如意纹作了比对,结果发现两者之间出奇地又相吻合了。马教授与我共同爱好中西文化交流,不过他近些年更多集中注意力在中西绘画方面对比研究,曾连着在有国际影响的澳门《中西文化研究》等杂志上发表长篇论文,这回看来他的特长还真用上了。然而他并没有满足于此,而是继续从史料文献上挖掘,在《明史》和《明实录》中又找到了如意云纹等在明代皇家使用的特殊范围,进而使得宁德支提寺袈裟与宁德上金贝古墓相合互证,又与明代官方史书相合互证了,真如马渭源教授在书中列举的有根有据的五大巧合时所发问:能有这么多的巧合吗?

再次,马渭源教授将宁德上金贝古墓舍利塔须弥座造型与明初"周府造铜鎏金佛坐像"须弥座做比对,结果发现两者惊人的相似,正当他欣喜地将研究成果告诉我时,网上传来了中国古建筑研究所原所长、著名古建筑专家于振生先生在考察了上金贝古墓后发表的观点:"古墓舍利塔下面的须弥座是明初的建筑风格",闻讯后我们感到莫大的欣慰。更为重要的是马渭源教授还十分重视对上金贝古墓龙饰构件的研究,他吸收了篆刻界朋友的鉴别意见,将上金贝古墓龙刻构件与《故宫博物院藏肖形印选》中的中国古代龙纹玺做对比,发现它们居然几乎成了一对"孪生姐妹",由此也就否定了上金贝古墓的"螭首"说,并结合金水河、金水桥等明清皇家阴阳宅规制,将古墓最终锁定为浓缩版的简易大明皇家陵寝即建文陵。由此做到了考古现场建筑古物与已确定明初造型风格相吻合,古物与古书记载再度吻合。

最后,马渭源教授从宁德优越的地理位置与明初人文环境出发考察了建文帝出亡福建的可行性问题,他既用了正史《明史》、《明实录》,又引用了当地的方志及文人笔记,甚至还结合了一些民间传说,其最大贡献在于不仅发现了潜伏在浙江、福建的"亲建文帝"分子,而且还找到了《明神宗实录》中244个福建籍"建文奸党"分子蒙难的史实,再结合正史与野史中有关建文帝披缁出亡的史料记载,进一步夯实了建文帝最终出亡福建的学术根基,也印证了我当年所述郑和在福建雪峰寺密谒过建文帝的史实。(潘群:《郑和踪迹建文考》,《郑和与海上丝绸之路》,澳门大学澳门研究中心出版,2005年12月版)

综上所述,马渭源教授的论证:袈裟与史料相合,袈裟与古墓相合,古墓又与史料相合,环环相扣。看来,至此为止,600年来第一谜案是可告破了。

当然,此书还有一些工作没来得及完成,那就是马渭源教授在书的结尾时也提到的:建文帝是怎么跑到福建宁德去的?他一路上又遭遇了什么?最终到底是怎么死的,等等,这些具体的细节问题还有待于大家进一步的研究。我们欢迎海内外朋友批评指正,但必须是客观理性的,科学的,而不是在媒体上信口开河,或不负责任地放"空炮",更不是纯凭主观感官好恶就妄下论断。只有这样才能使我们的学术研究真正地深入下去。

最后，借此机会我们要向国内外新闻工作者及媒体工作人员在国内外作了专题报导，尤其是美国柯伊文先生用1430字的文稿向全世界作了报道，表示感谢！

敬以为序。

2010年4月1日于南京大学

目 录

第1章 第一谜案 云山雾罩
- "正史"上的建文帝两种不同的死法 …………………… 1
  - ◉ 第一种说法——烧死了 …………………………… 1
  - ◉ 第二种说法——上吊了 …………………………… 2
- 拷问"正史"中建文帝一个人居然有两种死法的原因 …… 3
- 建文帝如果被火烧死了,那么建文帝的陵墓应该在南京的何处呢?
  …………………………………………………………… 3
- 既然明朝人没法肯定,那么清朝人编撰的《明史》("殿本")凭什么
  要说"建文帝烧死了"? …………………………………… 5

第2章 朱棣"心病" 十大疑惑
- "清宫三日",朱棣是在找建文帝后宫里的美女? ………… 8
- 朱棣登基的一个潜在的障碍——建文皇太子到哪里去了?
  …………………………………………………………… 10
- 朱棣把建文帝的第三子怎么样了? ……………………… 11
- 朱棣挖地三尺就是找不到先前皇帝的宝玺,那么宝玺到哪里
  去了? ……………………………………………………… 15
- 永乐帝朱棣抓住并囚禁建文朝的主录僧溥洽到底是为什么?
  …………………………………………………………… 18
- 胡濙外访是为了寻访仙人张三丰,你信吗? …………… 19
- 郑和下西洋到底为了什么? ……………………………… 21
  - ◉ 主持出使海外的郑和身份很特别,与朱棣的军师姚广孝过往
    甚密 …………………………………………………… 23
  - ◉ 郑和下西洋的起锚地与道衍住持的广孝教寺"恰巧"在同一地
    …………………………………………………………… 25
  - ◉ 郑和下西洋的船队里有锦衣卫,这本身就不是一件很寻常的
    事情 …………………………………………………… 25
  - ◉ 郑和下西洋之前,朱棣曾向邻国朝鲜索要过建文朝逃亡者
    …………………………………………………………… 26

- 御弟朱橞"胡言乱语",无形之中触及了一个大明皇家秘密,这个秘密是什么? ······ 27
- 有人谎报建文帝下落,朱棣居然真派人去查了,这说明了什么? ······ 28
- 已有锦衣卫,又增设东厂,朱棣这么做到底是为了什么? ······ 29

第3章 建文出亡 两次"钦定"

- 南京"燕王告天文"——朱棣实际上已勒石宣告建文帝出亡了 ······ 32
- 乾隆四十二年定本:明故宫中烧死的是建文帝正妻马皇后,非建文帝! ······ 38

第4章 逃离南京 亡命天涯

- 逃离南京 ······ 43
  - 建文帝身边有个了不得的神算子程济 ······ 47
  - 朱元璋临终前留下神秘的铁盒子救了建文帝的命 ······ 50
  - 建文君臣是怎么逃离明皇宫的? ······ 52
  - 南京神乐观建文君臣定下出亡之计 ······ 54
- 亡命天涯 ······ 56
  - 建文帝本来要到浙江浦江的,结果却跑到了吴江去避难,最终又上了云南 ······ 56
  - 漏洞百出的"完美答案"——建文帝出亡后归葬于北京西山 ······ 57
- 对错误结论的剖析 ······ 59
- 建文帝全国"漫游" ······ 61

第5章 宁德考古 揭秘悬案

- 华严寺云锦袈裟"出世","暴露"建文帝最终出亡秘密 ······ 70
  - 云锦、袈裟为何物? ······ 72
  - 八吉祥等图饰特征告诉人们:华严寺云锦袈裟应为明代早期的一件法衣 ······ 75
  - 佛教图饰在华严寺云锦袈裟整体中不占主导,说明袈裟主人身份很特别? ······ 79

- ● 宁德华严寺袈裟缘边图饰至少向世人"表明":该袈裟与大明皇家有关 ··· 81
- ● 宁德华严寺"九五之尊"龙饰主题云锦袈裟向世人"表明":它与大明皇帝有关 ··· 85
- ● 万历朝官方史书和明万历年间支提寺重建目击者谢肇淛所作的"碑记"等告诉我们:支提寺五爪龙袈裟不是万历朝明廷所赐的! ··· 94
- ● 从南京云锦的织法与用料等方面来看:宁德支提寺袈裟不是万历朝的! ··· 112
- ● 支提寺五爪龙袈裟也不是清代的 ························ 115
- ● 华严寺云锦袈裟"出世","暴露"建文帝最终出亡的秘密 ····· 117
- 上金贝古墓"奇巧"多多,实为明建文帝魂归地 ················ 118
  - ● 宁德上金贝古墓不是元末明初僧人墓 ···················· 119
  - ● 宁德上金贝古墓应为明建文帝陵寝 ······················ 126
- 建文帝最终出亡宁德,600年第一悬案破解?! ················ 147

第6章 "文""物"相合 出亡宁德

- 千钧百索,只字不留——建文帝出亡之事 ···················· 150
  - ● 永乐朝朱棣宠信酷吏陈瑛说:不拿建文君臣开刀,我们这些人怎能出名? ·· 151
  - ● 从朱棣到朱瞻基三十余年充斥着对建文君臣的杀气 ········ 153
- 史料中建文帝出亡福建的蛛丝马迹 ·························· 155
  - ● 靖难战争中大宁总兵官刘贞战败后回朝廷,居然先上福建再回南京,为何? ·· 155
  - ● 朱棣登基后的诏谕内容增益变化说明了什么? ············ 155
  - ● 永乐元年朱棣任命"六亲不认"的"冷面寒铁"周新巡按福建,巧合吗? ··· 158
  - ● 郑和是从永乐三年开始不断下西洋,且其正式启航地是在福建,就这么巧? ·· 160
  - ● 以秘密刺察建文帝下落为其主要使命的朱棣心腹密使胡濙居然也到了福建,巧? ···································· 163
  - ● 更有洪武以后福建宁德周围有着一系列不同寻常的军事布防 ··· 164
  - ● 明初福建霞浦等地的明教组织出奇地保存完好、明清皇帝御座

- 前的角端居然在霞浦小山村里也有,怪否? ………… 165
- 更让人无法置信的是清人整理修撰的《宁德县志》中宋至清历任县令都是有名有姓,唯独明朝永乐年间三任县令却只有姓而没有名。这到底是为什么? ………… 174
- 文献史实与考古实物相合:建文帝最终出亡福建宁德 175
- 建文帝曾现福州雪峰寺 ………… 175
- 并无多少佛教信仰的篡位皇帝朱棣敕赐建造宁德华藏寺背后的动机 ………… 176
- 来路不明的皇家"龙种"朱棣之宗教信仰是什么? ………… 184
- 皇爷爷临终留铁箧,皇孙儿临难披袈裟 ………… 189

第7章 超常思维 认识几何?
- 永乐皇帝为何要"批发"女儿? ………… 194
- "金蝉脱壳"之计? ………… 198
- 东南一带"潜伏"着"亲建文"人士 ………… 199
- 上福建最妥当、最安全? ………… 204

原后记 ………… 214

目 录

Chapter 1　The biggest mystery in the Ming dynasty
- Two different theories about Emperor Jianwen's death wrote in the "official history" ……………………………………………… 1
  - ◉ Fist one—burnt to death ……………………………………… 1
  - ◉ Second one—hung to death …………………………………… 2
- Why Emperor Jianwen had two ways of death that written in the "official history" …………………………………………………… 3
- Where is his tomb in Nanjing if Emperor Jianwen was burnt to death? ……………………………………………………………… 3
- How could "Ming Dynasty History" (which written in Qing dynasty) says "Emperor Jianwen was burnt to death?" ………… 5

Chapter 2　Ten doubts about Zhu Di's anxiety
- "Cleared the palace 3 days" — Zhu Di was searching for the beauties in Emperor Jianwen's Harem? ………………………… 8
- Potential hurdle of Zhu Di ascended the throne—where was Jianwen's crown prince? ………………………………………… 10
- How did Zhu Di treated emperor Jianwen's third son? ……… 11
- Zhu Di tried every possible ways to find "Chuan Guo Imperial Seal" (which was the symbol of power since Qing dynasty), where was it? ………………………………………………………………… 15
- Why emperor Yongle caught and imprisoned Pu Qia who was emperor Jianwen's chief monk that to arrange Jianwen's religious affairs? …………………………………………………………… 18
- Hu Tan's tour was for finding immortal Zhang Sanfeng, do you believe it? ………………………………………………………… 19
- What did Zheng He's voyage on earth for? …………………… 21
  - ◉ Zheng He shared a close relationship with Yao Guangxiao who was Zhu Di's military counselor. ………………………………… 23

- The place which Zhenghe's expedition started was the same place which Guang Xiao Temple was located, and Dao Yan was the abbot of the Guang Xiao Temple. Is this coincidence? 25
- Jin Yi Wei guard was in Zhenghe's fleet, it was really unusual. 25
- Zhu Di required Korea to deliver the fugitive over to the court before Zhenghe's expedition. 26
- Emperor's brother Zhu Hui talked nonsense but unintentionally revealed a secret of Great Ming's royal family, what was this secret? 27
- Somebody lay about emperor Jianwen's whereabouts, Zhu Di sent people to inspect and what did it mean? 28
- Already had the JinYiwei guard (which served for the emperor), but added Dongchang (which also served for the emperor but organized by eunuchsz), why did Zhu Di do this? 29

Chapter 3 Two "imperial orders" about Jianwen's fled

- Nan Jing "King Yan swore by heaven" — it actually was the announcement of Emperor Jianwen's fled. 32
- The record which was official confirmed in the 42nd year of Qianlong: The people who burned in the Ming imperial palace instead of Emperor Jianwen was his wife — Queen Ma! 38

Chapter 4 Escaped from Nan Jing and started the fugitive

- Escaped from Nan Jing 43
  - There was a marvelous future-teller around emperor Jianwen: Chen Ji 47
  - The mystery iron box which left by Zhu Yuanzhang saved emperor Jianwen's life 50
  - How could emperor Jianwen and his subjects escape from the palace? 52
  - Emperor Jianwen and his subjects decided the escape plan in Shen Le Taoist temple, Nanjing 54

- The fugitive ········ 56
  - Emperor Jianwen went to the Wu Jiang instead of Pu Jiang, Zhejiang province, and then escaped to the Yunnan. ······ 56
  - A "perfect answer" full of loopholes — Emperor Jianwen buried in western hill after fled from Nanjing. ········ 57
- A analysis on the wrong conclusion. ········ 59
- Emperor Jianwen "traveled" around the country ········ 61

Chapter 5　The archaeological discovery in Ningde uncovered the secret

- Brocaded cassock of Hua Yan temple uncovered the secret of Emperor Jianwen's escape ········ 70
  - What are brocade and cassock? ········ 72
  - Eight auspicious and other patterns shows that: Brocaded cassock of Hua Yan temple should be a cassock which made in the early Ming dynasty ········ 75
  - Buddhist pattern is not in the major place of brocaded cassock; does it show that the owner's identity is unusual? ········ 79
  - The border design of brocaded cassock at least shows that this cassock has something to do with the royal family of Ming dynasty. ········ 81
  - The "imperial throne" pattern in the Ningde Hua Yan Temple's brocaded cassock shows that it has something to do with the emperor of Ming dynasty. ········ 85
  - The stone tablet written by Xie Zhaozhe, who was witnessed the rebuild of Zhi Ti Temple in Wanli period, and the official history written in Wanli period show that the cassock within five-clawed dragons was not awarded in the Wanli period. ········ 94
  - According to the weaving methods and material of Nanjing brocade the Ningde Zhi Ti Temple's cassock is not made in the Wanli period. ········ 112
  - The Zhi Ti Temple's cassock within five-clawed dragons was not made in the Qing dynasty. ········ 115
  - Brocaded cassock of Hua Yan temple uncovered the secret of

- Emperor Jianwen's escape ············ 117
- ● The ancient Jin Bei tomb is very strange; it is the place where Emperor Jianwen was buried. ············ 118
  - ◉ The owner of the ancient Jin Bei tomb in Ningde is not the Buddhist who died in the late Yuan dynasty. ············ 119
  - ◉ The ancient Jin Bei tomb in Ningde should be the tomb of Emperor Jianwen ············ 126
- ● Emperor Jianwen finally died when hiding in Ningde Fujian, the first mystery in 600 year is cracked? ············ 147

Chapter 6 "Record" matched with "relics"; it shows that Emperor Jianwen finally died when hiding in Ningde Fujian

- ● Nothing was written in the official historical record about the Jianwen's escape ············ 150
  - ◉ Zhu Di's favor and trust Chen Yin who was a cruel official said: how could we become famous if we don't kill emperor Jianwen and his subjects? ············ 151
  - ◉ From Zhu Di to Zhu Zhanji more than 30 years were full of murderous look towards emperor Jianwen and his subjects ············ 153
- ● Clues showed in the historical books which is about Emperor Jianwen fled to Fujian ············ 155
  - ◉ After defeated, Liu Zhen, who was the leader of local armed forces, went to the Fujian first and then back to Nanjing, why he did this? ············ 155
  - ◉ Why did Zhu Di change his order after he ascended to the throne? ············ 155
  - ◉ In the first year of Yongle, Zhu Di appointed Zhou Xin, who "disdained to recognize his kinsmen", to manage Fujian province. Is this coincidence? ············ 158
  - ◉ Zheng He started his voyage from the 3rd year of Yongle, and the place he set sail was also in Fujian province. Is this coincidence? ············ 160
  - ◉ Zhu Di's henchman, Hu Ying, whose major work was searching

- for Emperor Jianwen, also went to the Fujian. Is this coincidence? ⋯⋯ 163
- What's more, there were many unusual military deployments around Ningde Fujian province after Hongwu period. ⋯⋯ 164
- Ming Jiao(a religion organization which became increasingly popular during the late Yuan and early Ming period) organizations which built in Xiapu and other places in Fujian in the early Ming dynasty were well preserved;The edge of King's throne was also found in the small village in Xiapu. Isn't it odd? ⋯⋯ 165
- It's an unbelievable thing that all the county magistrates' names were written down in "county annals of Ningde" by Qing officials, but only three county magistrates, who were on the job during the Yongle period , only had their surnames written down in "county annals of Ningde". Why did this happen? ⋯⋯ 174
- Historical record matched with the relics: Emperor Jianwen finally died when hiding in Ningde Fujian ⋯⋯ 175
- Emperor Jianwen once showed in Xue Feng Temple in Fujian province. ⋯⋯ 175
- The motivation of Zhu Di, who barely believed in Buddhism, built the Hua Zang Temple. ⋯⋯ 176
- With so many secrets about his lot, what was Zhu Di's faith? ⋯⋯ 184
- Grandfather left the iron box on his deathbed, so that his grandson could cover the cassock when he was in danger. ⋯⋯ 189

Chapter 7 Few people realized the secrets hidden behind.
- Why Yongle emperor "wholesaled" daughters? ⋯⋯ 194
- A cicada sloughing off its skin (an escape by strategy) ⋯⋯ 198
- Some people who supported Emperor Jianwen were hid in the southeastern area. ⋯⋯ 199
- Fujian province is the most suitable and safe place? ⋯⋯ 204

Postscript ⋯⋯ 214

第1章 第一谜案
云山雾罩

> 建文四年(1402)六月十三日(乙丑),金川门事变突发,谷王朱橞、曹国公李景隆开门纳师,燕军不费吹灰之力进入南京城。这时明皇宫升起了熊熊大火,朱棣命令手下人赶紧前去救火;同时又派出得力干将迅速控制南京城,缉拿建文"奸党分子",追捕老与他这个四叔过不去的侄儿皇帝,但令朱棣意想不到的是建文帝朱允炆却来了个人间蒸发,那么建文帝到底到哪里去了?

● "正史"上的建文帝两种不同的死法

◉ 第一种说法——烧死了

据《明太宗实录》记载:金川门之变后,有一大帮子的建文朝官员出来迎降朱棣,建文帝原先也想出来迎接他的叔叔,但看看左右只剩下几个宦官陪着,就觉得不好意思了,"**乃叹曰:'我何面目相见耶!'遂阖宫自焚**"(《明太宗实录》卷9下)。这是朱棣"钦定"的御用文人杨士奇等人撰写《明太宗实录》中所记载的朱允炆"阖宫自焚说"。

既然看见侄儿皇帝自焚,做叔叔的能见死不救吗?当然不能!于是"上(指朱棣)望见宫中烟起,急遣中使往救。至,已不及,**中使出其尸于火中**,还白上。上哭曰:'果然若是痴騃耶!吾来为扶翼

尔为善,尔竟不亮而遽至此乎!'……壬申,备礼葬建文君,遣官致祭,辍朝三日"。(《明太宗实录》卷9下)

上述"正史"是说,朱棣望见明皇宫里起火了,急忙派出宦官前去救火,但到那儿时已经来不及了,宦官们从大火当中将那尸体"捞"了出来,然后将这个情况报告了朱棣,朱棣还真像那么回事地哭着说:"竟然这样,我的侄儿啊!你为什么痴迷得如此不明事理啊?叔叔我是来辅助你治国理政的,没想到你竟然一点也不明白我的一片苦心而做出这样的傻事啊!"……壬申日,朱棣令人备礼下葬了建文帝,派官员代表他去祭奠了一番,并停朝三天以示哀悼。

这是明朝当时官方史书记载的建文帝下落的"确切信息",也是目前现存的有关建文帝下落的最早的官方历史文献记载。

● 第二种说法——上吊了

除了上述建文帝"自焚说"之外,还有一种说法一直没有引起我们注意的是,在当时大明帝国属国朝鲜的《李朝实录》中记载了朱棣当政后对外发丧时说的,建文帝上吊死了:

"(壬午二年[明惠帝建文四年]九月戊申)通事康邦祐来自辽东,至平壤,西北面都巡问使飞报:'邦祐言六月十三日燕王战胜,**建文皇帝命焚奉天殿而自缢于殿中**。后妃宫女四十人自死。是月十七日,燕王即皇帝位'"(吴晗辑:《朝鲜李朝实录中的中国史料上编卷二·太宗恭定大王实录一》,中华书局,1980年3月第1版,第1册,P176)。

可能有人要说朝鲜的那个《李朝实录》记载不可靠,只有我们中国官方记载的才最具有权威性。如此说法,那就太过于武断了,要知道从建文转向永乐,朝鲜方面一开始很被动,因为他们尊奉的正统是建文帝,一直到了朱棣登基即位有一段时间后才被迫承认。从《李朝实录》记载的史实来说,至少是在建文帝失国近三个月后,朝鲜方面才得到明朝新的官方发出的正式"消息",并将之记载于他们的"正史"中,如果他们没有得到明朝官方确切消息的话,那是不可能"希望"或"胡说"建文帝上吊死了。由此可以肯定,朝鲜方面"正史"记载应该来说也是极其可靠的。

● 拷问"正史"中建文帝一个人居然有两种死法的原因

中国"正史"上说建文帝自焚而亡,朝鲜"正史"上说建文帝上吊死了。除了白痴,谁都知道,生命只有一次,生就一回,死也就一回,人死不能复活,但奇怪的是,中朝两国"正史"上讲明朝第二代皇帝建文帝居然有两个死法:烧死了;上吊死了。有人说那会不会是建文帝先上吊了,觉得不舒服,就换一种死法,火烧自己?或者先火烧自己觉得烧痛了,人难受了,就改为上吊了?

绝对不可能,因为这不吻合常理,人一旦上吊了就生死都不由己,火烧了也一样。之所以中朝两国"正史"上出现建文帝两种不同的"死法",惟一能解释其原因的那就是,朱棣始终没有弄清楚建文帝到底是死还是活。我们不妨再回头看看上面提到的《明太宗实录》中记载的建文帝"自焚"细节:"上(指朱棣)望见宫中烟起,急遣中使往救,至,已不及,**中使出其尸于火中**,还白上"。文中的"其"指谁?没有说明白,或者说是含糊其辞。这就是说连朱棣自己都没有搞清楚从火中"捞"出来的尸体到底是不是建文帝,姑且说他烧死了,"国可不能一日无君"啊,朱棣登基才会成为"合理又合法"。基于这样的一个"非常"史实,朝鲜"正史"上的记载当然会出现与中国"正史"上完全不同版本的建文帝"死法"了。

鉴于以上的情况,我们可以肯定地说,明初两部"正史"《明太祖实录》和《明太宗实录》在许多政治敏感的问题上并没有真正"实录",而是"矫录"、"伪录"。

尽管如此,但还是有一些对"正史"深信不疑的"正统政治史观者"或许从过去的或许从现实的需要,坚持认为明初那两部"正史"的记载是可靠的,我们姑且就顺着这些人的思路再来考察一下"正史"上对建文帝结局的最终安排。

● 建文帝如果被火烧死了,那么建文帝的陵墓应该在南京的何处呢?

如果按照当时钦定的说法,建文帝是"阖宫自焚"了,朱棣就

"**备礼葬建文君,遣官致祭,辍朝三日**"。(《明太宗实录》卷9下)

　　作为叔叔,无论从血缘亲情关系还是帝国皇家礼仪的哪一个角度都要慎重对待"自焚"而去的侄儿,于是,"帝(明成祖)问葬建文帝礼,(王)景顿首言:'**宜用天子礼。**'从之"(《明史·王景传》卷152)。

　　上述"正史"明明白白地讲了,朱棣不知道如何下葬已经烧焦了的所谓的建文帝尸体,而已经投降了朱棣的建文朝翰林侍讲王景明确地说要用下葬天子的礼仪,换一句话来说,就是用下葬朱元璋一般的礼仪来下葬所谓的建文帝,朱棣也依了。但就此产生了一系列的大疑问:既然是朱棣"备(天子之)礼葬建文君",这是非同寻常之礼和非常之规制,在中国这样有着几千年文明的礼仪之邦里,一般普通百姓尚且注意丧葬礼仪与坟茔建造,更何况现在要葬的是人间之主,由此可以说,建文帝的陵寝应该是很有规模的,那么这个很有规模的建文帝陵寝会在哪里呐?既然朱棣以天子礼仪下葬了侄儿,总该给侄儿立个像样的碑,如是,那御制碑又在何处呐?

　　对于这等问题,不仅仅是现代人发问,事实上300多年前明末历史学家谈迁就已经相当重视和留意了。他在经过了仔细的调查与考察后,这样写道:"金陵故老,无能指建文帝葬处。非其迹易湮也,**史牒禅代沿例久矣。孟氏所以不尽信书也**"(【明】谈迁:《国榷·惠宗建文四年六月》卷12,中华书局1958年12月第1版,第1册,P852;孟子语见《孟子》卷14上《尽心章句》)。换句话来说,明末在南京的大明遗老遗少压根儿就不知道建文帝葬在何处!用孟子的话来说,尽信书还不如无书。

　　这怎么可能?堂堂一代天子,居然连死了以后的陵墓都没有,这太不吻合常理了。有人说,那是因为朱棣充满了对侄儿朱允炆的仇恨,故意不给他造陵墓。这种说法完全没有道理,甚至可以说是对明初那段历史的极度无知而空口胡说。要知道,金川门之变后,篡位者朱棣在南京的处境并不佳,他一进南京城就遭到了一次未遂"行刺",后来又在明皇宫里遭受了建文朝大臣景清的"行刺";还有,95%的建文朝大臣不肯投降。所有这些都表明,当时朱棣急需要的不仅仅是军事上的征服,还要从心理上使那些不肯投降与观望的人们臣服,所以他也巴不得搞个"结果"来,向人们做个交代。对此,明清史专家孟森先生曾指出:"必以置陵守冢为用天子礼,则未必然。但葬时稍用天子仪仗,以震都人耳目,为绝天下人望之计,与出其尸于火,意正一贯,不必甚以为难信也。"【民国】孟森:《建文逊国事考》,《孟森著作集·明清史论著集刊》上册,中华书局2006年4月第1版,P2)

我们将孟森先生的话换一种说法,那就是朱棣尽管没有确认朱允炆已经死于大火,但他让人拣了一具死尸当做朱允炆的尸体,用下葬天子的礼仪将他给葬了,但不一定就建造很像样的陵寝。这样做就比较吻合了当时朱棣的真实心理:一来可以让建文朝的人们死了心,你们的皇帝都已经死了,还是"识大体、懂大局"吧;二来建文帝到底是死是活,朱棣心里毕竟没底,所以对于陵寝的建造他就没必要"遵制"了,否则的话,万一今后发现了建文帝,又将如何处置呢?

正因为这样,所谓的建文帝封冢在当时肯定就不大,官方不必明确记载,大明帝国的太常寺也不会认真按时祭扫,时间一长,所谓的坟茔就湮没无显了。

● 既然明朝人没法肯定,那么清朝人编撰的《明史》("殿本")凭什么要说"建文帝烧死了"?

可以这么说,整个明朝官方都没有真正弄明白,建文帝到底是否被烧死了。转眼到了清代,遵循中国历代的后朝为前朝修史的传统,清康熙帝着手开局编修《明史》,那么清朝人编撰的《明史》(即现今通行的"殿本",另外在乾隆四十二年增修的《明史》即"四库本"《明史》流传不广,下文详述)对建文帝下落又留下了什么样的记载?

《明史》(即"殿本",以下略)中有14篇《列传》是有关建文帝下落的,除了《方孝孺传》中直书"燕兵入,帝自焚"外,其余诸《传》,间或有"相传"建文帝"遁去",就连皇帝朱允炆《本纪》中也没有肯定地说建文帝被烧死了,它是这么说的:"宫中火起,帝不知所终。燕王遣中使出帝后尸于火中,越八日壬申葬之。"(《明史·恭闵帝本纪》

卷4)

综观《明史》中对于建文帝的下落留下了三种自相矛盾的观点:第一,烧死了;第二,"不知所终";第三,"遁去"即逃跑了。至此,人们不禁要问了:这么一部花费了百来年时间、集中了几代博学鸿儒最终修订而成的、被人们誉为"二十四史"中的"佳史"的《明史》为什么会出现这么大的"瑕疵"?

其实答案不难寻找:第一,大明帝国的国史《明实录》从来没有把这事说清楚,换句话来说,作为复印件的原件不清楚,何来清楚的复印件;第二,《明史》修订的特定历史背景。《明史》创修于清世祖顺治二年,大规模纂修于康熙十八年,那时虽说清朝大体上已经一统江山,但全国各地潜在的反清势力还在秘密活动着,尤其是明朝末代皇帝崇祯的朱三太子流落于民间,成为许多地方反清复明的一面旗子。为了瓦解与泯灭各地的抗清斗争,以明朝正统后继者自居的清朝统治者除了使用军事镇压以外,还时不时地模仿明朝的做法,致力于思想与文化方面的稳固统治,如继续开科取士、开馆修史等等。就开馆修《明史》而言,当时就召集了许多各有所长的优秀史学人才,但这些修史官的观点并不统一:撰写建文帝本纪的史官徐嘉炎经过考证,认为建文帝最终出亡了,这一种观点从明中叶以后开始到清初流传甚广;但撰写明成祖本纪的史官朱彝尊则主张建文帝被火烧死了。这样两种截然不同观点的史官在撰写《明史》时不免要发生冲突,而时任《明史》编纂总裁的是王鸿绪,他也主张建文帝"阖宫自焚"。"康熙中,王鸿绪、揆叙辈党于廉亲王,而力陷故理邸,故其所撰《明史稿》,于建文君臣,指摘无完肤,而于永乐及靖难诸臣,每多恕辞,盖心所阴蓄,不觉流于笔端。"(【清】魏源:《古微堂外集·书明史稿一》引文)

换句话来说,王鸿绪是一个对朱棣充满好感而对建文帝极度诋毁的人。对于历史人物与事件有着不同的见解,这本来也不是多大的事,但问题是王鸿绪的身份特殊,他是《明史》撰修馆的总裁,他的思想观点很大程度上是与当朝统治者的政治态度有关。对此,台湾学者陈万鼐先生是这么说道的:"按朱三太子字洪竹,为思宗之子,清初间反清运动,资为号召,当天地会时,太子寄寓山东蓬莱,改姓名为张用观,字潜斋,矫装塾师。康熙四十年被捕,圣祖以其伪托,夷家小。馆臣仰体朝廷,对明室所抱亡国之后,不必幸存意旨,虽于易代之后,亦不直书惠帝逊国之后事。"(陈万鼐:《明惠帝出亡考证》,台湾高雄百成书局,1960年,P27)

作为《明史》总裁的王鸿绪毕竟"政治觉悟"高,他充分地体悟到了当时康熙皇帝的心迹,如果尊重多数人所主张的建文帝出逃的观点,那就岂不意味着给康熙添乱;建文没死,流落民间;朱三也没死,那个被抓住的朱三太子是假的。如是说法,清朝统治者就休有宁日。

既然《明史》总裁王鸿绪具有这等"高度"的政治觉悟和一家之说的史学眼光,那么其手下的修史官也就不敢与王总裁直接对立,因为"明史开局,监修、总裁诸公以建文帝本纪书法下问,余(朱彝尊自称)以宫中火帝崩对,同馆徐(建文帝本纪作者徐嘉炎)胜力图争,当从逊国群书具述其事,遂任编纂,《纪》成,诸公(指《明史》监修、总裁诸公)终未以为然也"。【清】朱彝尊:《明史提纲跋》,转引自黄云眉:《明史考证》第1册,中华书局1979年9月第1版,P58)

恐怕史传稿撰成后,通不过监修、总裁这一关,从根本上来说就是考虑到与康熙帝所讳相抵触,因而加上"相传"字样外,也间有《列传》如《牛景先传》指出《致身录》诸书不可信,但在《赞》中仍坚持:"与其过而去之,宁过而存之",留下建文帝流亡史迹。(潘群:《郑和踪迹建文考》,《郑和与海上丝绸之路》,澳门大学澳门研究中心出版,2005年12月版,P57)

这样就再度形成了通行"殿本"《明史》中建文帝下落模糊不清的结论:有的地方说是烧死了,有的地方说逃走了,甚至还说跑到了海外,等等。

那么历史上建文帝的最终结局到底如何？我们不妨将历史的镜头对准建文帝的政敌朱棣当政以后所干的一些稀奇古怪的事情或许能看出一些历史的真实面目来。

第2章 朱棣"心病"
十大疑惑

> 自身"来路不明",又用极其卑劣的手段从侄儿皇帝手中抢夺了皇位,被一些人万般称誉的一代政治家总算如愿以偿地登上了大明帝国权力之巅峰,然而朱棣这20多年的皇帝当得可不是滋味,似乎噩梦连连。这一切都与他心中始终无法释怀的建文帝下落有关,于是永乐朝上演了一幕幕稀奇古怪的"迷惑剧"……

● "清宫三日",朱棣是在找建文帝后宫里的美女?

金川门事变以后,燕军不费吹灰之力进入南京城,朱棣志得意满地来到了明皇宫,这些年来日思梦想他所要的不就是今天的这一刻——马上登基即位,不,朱棣可没有这么肤浅,他还有更为紧要的事要做,那么朱棣来到明皇宫里最先干的是什么紧要事?对此史书留下了"清宫三日"的字样,有人说,那是朱棣为了占有建文帝宫中漂亮的美人,是吗?

按照中国历来的传统:攻占前朝的首都与皇宫就意味着要占有前朝皇帝所拥有的一切,包括他心爱的美人。秦始皇统一六国,六国宫中的美人全被送到了咸阳的阿房宫;晋武帝司马炎灭了建都南京的东吴政权,东吴主孙皓的上万名美人全被送到了洛阳供司马炎一人享用,司马炎一人忙不过来,就每晚乘了羊车任由山羊跑到哪里就在哪个美人那儿过夜,所以说"清宫"这等事在历史上尤其是改朝换代时十分常见。但明初这场皇位争夺战不同于以往,因为帝位争夺双方是叔叔与侄儿,叔叔占有了侄儿媳妇,那叫什么?乱伦!因此最好的办法是"释放",但朱棣并没有这样做,那么他到底又是进行怎么样的"清宫三日"?

对此,《明实录》《明史》等"正史"并没有直接地说明白,但在《明史》成书前的一些史书中则有所披露。查继佐在他的历史著作《罪惟录》中是这样记载的:"(金川门之变后),(宫)内大火,(建文)帝与皇后马氏暴崩,为六月之十有三日也。或云帝薙发出亡,**燕王清宫三日,宫人指所焚尸以应**,遽出尸灰烬中,王俯而哭之曰:'犀无知,至此乎?'用学士王景彰义发丧,以天子礼葬之。宫人遭戮略尽,惟得罪(建文)帝者获存。"【清】查继佐:《罪惟录》,帝纪卷之二,浙江古籍出版社,1986年5月版,P69)

比查继佐的《罪惟录》成书更早的、由谷应泰主持撰写的《明史纪事本末》一书中对朱棣"清宫三日"之事及其所要达到的目的说得更为明确。燕军进入南京城以后,朱棣清宫三日,凡是宫中的宫人、女官和太监几乎全部被杀,只有得罪过建文帝的被留了下来。那么朱棣为什么要这么干?据史书记载,朱棣曾诘问建文朝宫中之人:建文帝到底在哪儿?而在场的那些宫人和内侍"皆指认(皇)后尸应焉"。朱棣马上令人将灰烬中的那具皇后尸体清了出来,然后对着那已经烧焦了的尸体,挤出了几点鳄鱼的眼泪,大声恸哭道:"小子唉,你怎么这样不明事理唉,何苦要走到这一步呢!"(【清】谷应泰:《明史纪事本末·燕王起兵》卷16,P273)

以上两本史书都记载了朱棣"清宫三日"所要达到的目的,就是寻找建文帝确切的下落。那么找到了吗?找到了,宫中之人指了一具已经烧焦了的尸体说:那就是建文帝!朱棣信吗?"信"了,他对着尸体大哭了一场。这里边有个细节容易被人忽视,那就是既然有人在灰烬中"认出"了"建文帝",朱棣的目的也达到了,那他为什么还要杀那么多的宫中之人?这被杀的宫中之人到底有多少呢?有的书上说是1000多人,有的书上说是3000多人。我们根据建文帝寡欲、抑欲的个性特征来看,建文帝后宫里的人不会很多,1000多人差不多了(包括太监等后勤服务人员在内)。当然,到底是3000人还是1000人,这并不是我们所要讨论的重点,但这里边有个常识性的问题，那就是朱棣杀宫中之人最终目的是为了让他们交代出建文帝的下落，难道这1000多号与建文帝关系尚好的人没有一个是"软蛋"，非得要杀尽才罢休？要知道这些美人与宦官毕竟不同于那些饱读儒家经典深受传统忠孝礼仪熏陶的士大夫们。由此只能解释为这样：朱棣逮住了建文朝宫中之人后，每问一个，说不知道的就被处决掉，直至第1000个人（大致）；或者这中间有人说了，那具烧焦了的尸体就是建文帝，朱棣也就将错就错，将那尸体认作是建文帝，对外马上说建文帝被烧死了，从而在政治上宣告建文帝的"死刑"，以此来稳定京师和全国的政治局面。但朱棣毕竟是只狡猾的狐狸，他的内心十分明白——建文帝的真正下落还不靠谱，于是他一边大杀没有得罪过建文帝的宫中之人，另一方面又疯狂屠杀建文朝的那些忠贞节烈之士，以绝对恐吓的手段来撬开人们的嘴巴，达到最终将建文帝之下落弄得水落石出的目的。（《明史·成祖本纪一》卷5）

● 朱棣登基的一个潜在的障碍——建文皇太子到哪里去了？

朱棣进入南京以后不仅无法获悉建文帝的确切下落，而且也找不到建文帝皇位的合法继承人太子朱文奎。按照中国传统社会的嫡长子继承制的做法，如果建文帝真的找不到了，或者正如朱棣一行人内心所希望的那样——被大火烧死了，那么接替建文帝皇位的也轮不上这个"至亲""好"叔叔朱棣而应该是建文太子朱文奎。

朱文奎"建文元年立为皇太子。燕师入，七岁矣，莫知所终"。（《明史·诸王三》卷118）

明代大史学家焦竑在他的《国朝献征录》中也有相似的记载："太子文奎，……（洪武）三十一年建文君接位，立为皇太子，靖难兵入京，年七岁矣。莫知所终。"（【明】焦竑：《国朝献征录·建文君太子传》卷1，上海书店，1987年，第1册，P64）

这怎么可能呢？一个贵为天子之子的7岁孩童、未来的皇位继承人朱文奎居然在这场皇家大劫难中活不见人死不见尸？

惟一能解释得通的是建文太子朱文奎逃跑了。对此,明末有名的史学家谈迁在他的史学名著《国榷》中作了这样的描述:建文朝兵部侍郎襄阳人廖平在金川门之变后,保护着建文太子朱文奎偷偷地出了南京城,一路狂奔,逃到了廖平的老家湖北襄阳躲藏起来,后来廖平将自己的妹妹许配给了朱文奎,从此建文太子成为了廖氏亲族中的一员。没过多久,鉴于风声日紧,廖氏为了躲避朝廷的追杀,举族迁徙汉中;而廖平自己则隐匿到会稽一带,充当卖柴翁,自称为"耶溪樵者",为了保险起见,他还与会稽山中吴成学变换了姓名,号为雪庵,至死隐迹于民间。(【明】谈迁:《国榷·惠宗建文四年》卷12,中华书局1958年12月第1版,第1册,P837)

既然7岁的建文太子可逃出南京城去,那么为什么建文帝就不能呢?

当发现建文帝及其太子不见踪影时,朱棣几乎是本能性地感觉到,昔日日思夜想而今唾手可得的皇帝宝座会受到潜在的巨大威胁,于是他发了疯似地"清宫三日",挖地三尺要将建文帝父子"挖出来"。

● 朱棣把建文帝的第三子怎么样了?

找不到建文帝及其皇太子,朱棣顿时有种莫名的恐惧,同时又火冒三丈,尤其是建文朝重臣铁汉方孝孺不仅拒绝为他起草登基诏书,而且还不时地点中了他的"命门"要害之处,方孝孺曾问朱棣:"既然你说你起兵靖难,为的是仿效周公辅政成王,如今成王不在了,为什么不立成王之弟呢?"有人认为,与其说方孝孺的率直与刚正刺激了朱棣的神经,毋宁说是方孝孺"穷追猛打"似的追问"逼急"了朱棣。在虐杀了方孝孺"十族"后,阴鸷歹毒的朱棣似乎想起了方先生的"提醒",于是他又将魔手伸向了明初"成王"——建文帝的弟弟。

据正史记载,建文帝共有5个兄弟:长兄朱雄英8岁时死亡,建文帝朱允炆在朱标的儿子中排行老二,因为长兄早亡,皇位继承就轮到了他的头上;老三朱允熥,为建文帝的同父异母弟,被封为**吴王**,朱棣登基以后将他降为广泽王,远放福建漳州,时隔4个月后的建文四年十月,他又被召回南京,废为庶人,永乐十五年死于凤阳牢狱中;老四朱允熞,建文帝的同母弟,被封为衡王,朱棣当政以后将他降为怀恩王,徙居四川建昌,建文四年十月,与朱允熥同被召回,最后也死于凤阳监狱中;老五**朱允熙**,建文帝的同母弟,初封为徐王,朱棣上台后,将他降为敷惠王,与母吕太后同住在明东陵(朱标太子之陵),永乐二年改为瓯宁王,永乐四年其住宅莫名大火,就此被活活烧死。(《明史·诸王三》卷118)

事实上朱棣并不是只对明初"成王"的弟弟们痛下毒手,他还对"成王"的儿子进行毫无人性的摧残。据正史记载,建文帝有两个儿子,长子就是《明史》中所说的"不知所终"的朱文奎;少子叫朱文圭,金川门之变时,他还是一个由别人抱在手里的2岁娃娃。朱棣来到明皇宫时,不仅下令取消建文帝的尊号,将这个只有2岁的小皇子废为"庶人",人称"建庶人",而且还将他送到中都凤阳广安宫给关了起来,一个来到这个世上只有两年、原本与任何人都无冤无仇的小孩从此与世隔绝了55年。

直到明英宗复辟重新登位后,或许是自己被软禁的经历所带来的体悟,明英宗十分同情凤阳"建庶人"无罪而久被囚禁的不幸遭遇,他就想放了朱文圭,但朝中好多人认为不可,明英宗十分感慨地说道:"有天命者,任自为之!"大学士李贤赶紧称誉道:"皇上此乃尧舜之心啊!"后来明英宗将这事向皇太后作了请示,在取得太后支持之后,他就命令宦官牛玉前往凤阳,宣布结束朱文圭55年的软禁生涯,任由他在凤阳居住,婚娶出行都由他自便;并给予20名宦官供他使唤,奴婢与宫中小美人共计10多人供他享受。朱文圭自幼与世隔绝,被放出时他牛羊不辨。大概过了十来年,他就离开了这个几乎让他一辈子什么也不懂的世界。(《明史·诸王三》卷118;【明】谈迁:《国榷·英宗天顺元年》卷32,中华书局1958年12月第1版,第2册,P2057—2058)

这就是一个口口声声标榜自己是建文皇帝"至亲"的"好叔叔"对建文亲生骨肉所干的"一等大好事"。

那么凤阳"建庶人"朱文圭有没有生育过后代呢?"正史"没有记载,但明代史学家谈迁在《国榷》中留下这样的文字记载,"(成化三年九月)十月,南京守备司礼太监谭包言:'建庶人、吴庶人,天顺初安置凤阳,其家帐幔靴俱敝尽,又十八岁给布缣绵絮,今死五人,日减给,女奴四人,俱无衣布,宜补给。'从之。"【明】谈迁:《国榷·宪宗成化三年》卷35,中华书局1958年12月第1版,第3册,P2240)

这段史料是在说:明代成化年间,南京守备司礼太监谭包向明宪宗报告说,英宗天顺年间被安置在凤阳居住的建庶人与吴庶人的后代现在日子很难过,他们家的帐幔靴子一类基本的生活用品都已经破烂不堪,生计难以为继,甚至已经死了5个人,请求皇帝给予一定的"补给",明宪宗准之。从中我们可以看出,凤阳"建庶人"朱文圭有后代,"吴庶人"应该是指建文帝的同父异母弟原吴王朱允熥的后代,他们都在凤阳居住并繁衍生息下来了。

不过,这"建庶人"不仅在凤阳有,南京也有,谈迁在《国榷》中保存了这样一段大明皇家玉牒的记载:"(嘉靖二十八年)是年,宗人府上玉牒,亲王至庶人,见在万有九千八百九十三人(19893人)。其未开阳曲永和二府及南京齐庶人、建庶人后,不下千人,郡主县主郡君乡君等共九千七百八十二人(9782人)。"【明】谈迁《国榷·世宗嘉靖二十八年》卷59,中华书局1958年12月第1版,第3册,P3743)

奇了个怪,嘉靖中期,齐庶人、建庶人等后裔有近千人在南京,齐庶人是指建文帝的同母弟老五**朱允熞**,初封为徐王,后被朱棣降为敷惠王,最终与母吕太后同被活活烧死了。但他却留下了后代,居住在南京周围;那么南京的"建庶人"又是从何而来的? 不是正史上说建文帝只有2个儿子,一个下落不明,或者说跑了襄阳去;一个被囚禁在凤阳55年的朱文圭即凤阳"建庶人",怎么还会有建文帝的血脉在南京及其附近地区保存下来呢?

笔者在阅读史料时无意间发现了一条很重要的线索:金川门事变以后,建文帝"欲出迎,复叹曰:'我何面目相见?'遂尽闭诸后妃宫内,纵火焚其宫,惟挈三子变服出走,仓卒复弃三子(于)宫门,被执置师中。"【明】高岱:《鸿猷录·长驱金陵》卷8,见王云五主编:《丛书集成初编·鸿猷录》第3册,P102,商务印书馆,中华民国二十六年六月初版)

"(建文)帝左右唯数人,遂尽闭诸后妃宫内,纵火焚之,挈三子变服出走,仓皇复弃三子于宫门,被燕军执置师中,帝遂逊国去。"【清】谷应泰:《明史纪事本末·燕王起兵》卷16,P271)

就是说,金川门事变以后建文帝急忙带了他的三子换了衣服,打算父子一起逃走,但实在是太仓惶了,忙乱之中建文帝居然将三子丢在宫门口,这三子不久就被朱棣的燕军逮住了。那么建文帝的三子到底是谁?他最终命运又是如何?高岱、谷应泰是公认的比较严谨的史学家,他们的这般记载会不会有错?

为此,笔者又查阅了其他的资料。明代南京籍大史学家焦竑在他的著作中对建文帝的幼子留下了这样的一段记载:"成祖入宫时,建文君有幼子,老媪教之牵成祖衣哭跪牵求食曰:孩儿饿矣,饥杀孩儿矣。成祖亦哭曰:汝生帝王家,有饿死理?命善抚之。不知此建文君第几子?抑即太子少子也?或曰牵衣哭者,成祖育诸宫中,未详。"(【明】焦竑:《国朝献征录·建文少子传》卷2,上海书店,1987年,第1册,第64页)

焦竑转载:世传朱棣进入南京明皇宫时,宫中有个老太婆教着建文帝幼子去牵拉朱棣的衣服,跪着边哭边乞求道:"孩儿饿啊,饿死孩儿!"朱棣是个伟大的政治家,场面上的这等小事岂能予人之短!他马上也"哭"着说:"你生在帝王家中,难道有饿死之理?"于是他命令下人"好好"地抚养这个建文幼子,但不知这是建文帝的第几个儿子?抑或是太子少子?有人讲,那个老太婆后来也被养在永乐朝的宫中,结果并不太确知。

由此看来,并非如"正史"上所说的建文帝仅有2个儿子。记录上述这段文字的作者焦竑是明代有名的大学问家,更有其特别之处,他出生于大明南都,甚至直到今天,南京还有他的故居地名"焦状元巷"。南京曾经是明初的都城,焦竑掌握这方面的信息与资料当然要比其他的学者丰富得多;同时必须指出焦竑也是一位很严谨的学者,要不是真有建文帝的后代一直生活在南京的话,他也没必要捏造出来这么一段文字来。那么焦竑所说的明皇宫里的建文幼子会不会就是谷应泰记载的建文帝第三子?

我个人看法不大可能,因为高岱、谷应泰讲建文帝是牵拉第三子打算逃跑的,从这话的意思来看,这个建文帝第三子至少会走路了,否则他的父亲建文帝怎么会牵拉他走呢?而要会走路起码也得3岁。那么这个第三子最终到哪里去了呢?所有的史料都没有记载,有人猜测他被朱棣杀了,因为史料上说建文帝第三子是在宫门口被燕军逮住的。但我不这么看这个问题,而是认为他也有可

能跑了,理由是:

第一,前面讲过,这第三子已经被建文帝换上便装,他又会自己走路了,燕军中到处是武夫,逮住一个孩子轻而易举,但看住一个小孩子可没那么容易了。

第二,建文帝第三子又是在宫门口被抓,什么宫门? 高岱、谷应泰没说,但既然在宫门被抓,很容易一溜烟走了,加上宫中大火,一片忙乱,抓"要犯"才是第一,第三子很可能跑丢了。

第三,从朱棣对待建文帝的所有被抓的兄弟与儿子的处置手段来看是相当歹毒,如果这第三子被杀了或者关到什么地方了,正史应该有所记载,但历史上恰恰没有留下记录,就同建文太子朱文奎一般,不知所终。

因此,我的结论是,第一,建文帝不止二子,有三子,甚至四子;第二,朱棣进入南京城以后,建文帝的儿子很有可能从宫中跑了出来,有可能被忠烈之士偷偷地保护起来,并在南京或附近地区生活与繁衍生息着,这大概是后世南京"建庶人"的"来源"吧。

既然建文帝的长子朱文奎能跑出南京,既然又有其他的建文儿子、有可能是三子跑出了京城,"潜伏"在南京周围,那么建文帝为什么会跑不出南京城?

我说了这么多的依据,还可能有人以为建文帝出逃的可能性不大,那么,我们不妨再看下面朱棣的一个怪异行为——为找不到建文帝宝玺而"深恸之"。

● 朱棣挖地三尺就是找不到先前皇帝的宝玺,那么宝玺到哪里去了?

宝玺说白了一点就是图章,或者说是高级图章。我们中国人最信服的是橡皮图章,这是西方人所不能理解的。在西方,人们最为信任的是个人的签名,而在中国最为权威的就是图章,个人签名是不抵多大作用的,所以我们常常听到国人在抱怨,为了一个橡皮图章而跑断了腿。从掌握图章的人角度来讲,最好这个图章能盖的地方越多越好,那意味着什么? 权力! 因此说权力也就是官印,要说这官印还真是五花八门,但核心只有一个,那就是按照级别与功效大小来进行划分,不过我想最大的官印总大不过皇帝的那方宝玺了。

中国传统社会中一直流传这样的一种说法,大约在秦朝时我国正式开始实行宝玺制度,不过当时不叫宝玺而是叫玉玺,皇帝发布一个诏书、诏令什么的,就要加盖一个玉玺印章,一来防止有人作假,二来体现皇家的最高权威——这样的玉玺在全国就只有一枚,相传它是用一块价值连城的宝玉"和氏璧"雕琢而成的,秦始皇时丞相李斯的篆文天下闻名,于是这颗宝玺上就留下了李斯的八字篆文:"受命于天,既寿永昌。"

后来每发生一次改朝换代,除了政治与军事上取得了绝对的胜利以外,占有皇帝玉玺几乎成为皇权更替的象征。三国时代割据江东的孙策之所以那么神气,敢与人叫板,就是因为当年十八路诸侯讨董卓时他父亲孙坚捡到了汉朝皇帝使用的那枚玉玺。不过孙策没有袁术那么愚蠢,死守那枚皇帝玉玺,而是作了一笔好的政治买卖。三国两晋南北朝以及隋唐期间,皇帝的玉玺随着帝位的更替而流转,似乎没有发生什么大的问题,只是它的名字有了个小小的变化,唐朝开国皇帝李渊将"玉"改名为"宝",从此后世人们就将玉玺称为了宝玺。大约在五代时,由于政局的动荡,皇帝犹如走马灯似地换个不歇,宝玺也就转来转去,最终转没了。

但还有一种说法是,从秦朝开始使用的那枚宝玺不是丢在五代,宋代的皇帝还在用着。元灭宋后,蒙古人拿到了这枚已经流传千年的皇帝宝玺,将它紧紧地捂在手里,捂了快要一百年时,大元帝国瓦解,元顺帝北逃,宝玺也被"顺手"带到了漠北荒原。朱元璋登基后使用的宝玺很可能是他自己叫人雕琢了一枚。当然这是推论,历史相信的是史实,有确切记载的是,建文三年,有人从西域回来带了一块青色的宝玉,建文帝朱允炆令人将它制作了一枚宝玺,上面刻了16个字:"天命明德,表正万方,精一执中,宇宙永昌"(「明」沈德符:《万历野获编·玺文》卷1)。宝玺制成后,建文帝还在明皇宫举行了盛大的庆典,接受百官的朝贺:"(建文)三年春正月辛酉朔,凝命神宝成,告天地宗庙,御奉天殿受朝贺。"(《明史·恭闵帝本纪》卷4)

随后,建文帝又下令,从今以后大明皇帝颁诏就用这新刻的宝玺。

　　从上述的史实来看,朱允炆雕刻的那枚宝玺几乎全国人都知道:才登基没多久的新皇帝又有一颗新宝玺,那是皇权的象征啊!

　　对此,作为政治家的朱棣岂能不知?所以,当他在南京登基即位时不仅要清除政敌,稳定局势,还要找到代表皇帝正位的宝玺。当然也有人说,朱棣要找的不是这枚建文帝"自刻"的宝玺,而是朱元璋使用过的那些,但不管怎么说就是要找到皇权的象征——宝玺,那么朱棣找到了吗?

　　《明太宗实录》中留下这样的记载:永乐元年十一月朱棣对他的左右说:"朕于宫中遍寻皇考宸翰不可得,有言建文自焚时,并宝玺皆毁矣。朕深恸之"(《明太宗实录》卷25)。译成白话文就是,朱棣跟身边的人说:"朕在建文帝宫中每个角落都找遍了,就是找不到'父亲'高皇帝的办公用具,有人说可能是建文帝自焚时,将它们连同宝玺一起烧毁了。朕为此十分痛心啊!"

　　这段话实在是有意思:朱棣找他"老爸"的办公用具,不难理解就是为了表示他从此接过皇权,开始继承大统,但让他意想不到的就是找不到它们的踪影,接着又来了一句:有人说宝玺等被烧毁了,有谁亲眼目睹?没有。那么代表皇权的宝玺到底到了哪里去?

　　这里只有两种可能:

　　第一,正如"有言"所说的,宝玺毁于火中。但我不信!即使建文帝真的"阖宫自焚"了,他也不至于带好了宝玺再去投入火海啊。再说,人可能烧死,烧成骨灰,但宝玺是高级的石头做的,即使是被火烧了,但不至于烧成灰而使人看不到啊,这是常识,朱棣那么聪明的政治家连这个基本的常识都不懂?不可能!因此说,宝玺毁于火中之说完全是一派胡言。

　　第二,既然宝玺没被烧毁,朱棣又找不到,那么它只有一种可能,就是让人给带走了。那么这个人是谁?建文帝手下的大臣与仆人?不可能!这个宝玺不同于一般的官印,谁拿了都会招来杀身大祸。那么剩下只有一种可能,那就是建文帝出逃时带走了!而建文帝带上宝玺出逃是再合适不过——合法皇帝拥有皇帝宝玺,就可名正言顺地号令天下啊!

● 永乐帝朱棣抓住并囚禁建文朝的主录僧溥洽到底是为什么？

朱棣进入南京城后，还做了一件令人十分不解的事情，那就是将一个"跳出六尘外"的建文朝主录僧溥洽给囚禁起来。

溥洽，字南洲，会稽（浙江绍兴）人，是南宋有名的诗人陆游的后代。早年出家苏州吴郡普济寺，拜雪庭高僧为师。洪武年间被召为右讲经，后出任京师南京天禧寺的住持，建文帝当政后任命溥洽为主录僧（可能相当于现在全国佛教协会的会长）。

朱棣攻入南京以后，有人出来告发溥洽，说建文帝剃度为僧，偷偷出逃，溥洽知情不报；还有的人说，建文出亡后，溥洽曾与几个和尚偷偷地为建文帝荐福祈祷！更有人说得有鼻有眼：起初建文皇帝逃出南京后，压根儿没到别处，就藏在溥洽曾经"工作"与修行过的地方。朱棣听完这些汇报后，找了个借口逮捕溥洽，并对他进行诘问与拷讯，但溥洽"怡然不辩"，死活不开口，神仙难下手，朱棣只得将溥洽囚禁起来，并派人到溥洽曾经"工作过"的苏州吴郡普济寺和南京天禧寺进行了搜查，可最终什么也没搜到。与此同时，朱棣还派了给事中胡濙等人外出寻访。（《明史·姚广孝》卷145，列传33）

一晃十多年过去了，永乐十六年三月，朱棣的第一号谋士与功臣姚广孝其时已达84岁高龄，而且患病甚笃，自感将不久于世，于是他就向朱棣提出了自己的临终愿望，与皇帝见上一面。姚广孝何许人？朱棣心里明白，他之所以有今日，可能有一半功劳要归结于姚广孝，而今姚广孝油灯将尽，根本就无法来朝见，朱棣决定亲自临驾姚广孝修行之处的庆寿寺。

见到姚广孝，朱棣格外激动，君臣两人相谈甚欢。这皇帝也想得周到，送给老和尚姚广孝一只金唾壶，并关切地问："您有什么事情要嘱托的？"姚广孝回答道："出家人能有什么牵挂的？不过，老衲倒是有一事想恳请皇上恩准：建文朝主录僧溥洽已经被关押了十多年了，愿圣上将他赦免了。"朱棣听从姚广孝的请求，立马下令释放了溥洽，姚广孝顿首谢恩，没多久，端坐于蒲团上的姚广孝敛袂而逝。

姚广孝与溥洽都是出家人,原本两人并没有什么亲友关系,那为什么姚广孝在临终前要向明成祖求情释放溥洽?更令人深思的是,溥洽的被捕是因为有人告发他与建文帝有关,要真是建文帝被宫中大火烧死了,那为什么朱棣还要将一个与已被烧死之人有关的人关押了十多年?

● 胡濙外访是为了寻访仙人张三丰,你信吗?

要说永乐朝的怪事还真不少。尽管朱棣阴险狡诈嗜血成性,但无论怎么说,他还不能与中国历朝历代的昏君连在一起,甚至可以肯定地说,他算不上这个群体中的一员,尤其那些对朱棣有着特殊情结的人更是不愿将他与昏君画上等号。理性而言,在中国古代帝王行列中朱棣还算得上是一位很有作为也十分精明的政治家。可至今为止人们一直都无法释疑的是:永乐朝的这位大政治家朱棣却干了一件与历代昏君所干相差无几的"荒唐事"——派大臣胡濙外出求仙。这究竟是怎么一回事?

我们还从胡濙这个人讲起。

胡濙,江苏常州人,他生下来时就与众不同,人家孩子头上长的都是黑发,他却长的是白发,后来不知怎么的逐渐变黑了。建文元年胡濙参加应天乡试,一举高中,第二年又中进士,被授予兵科给事中。靖难之役后,他与杨士奇等20多位大臣一起投降了朱棣。永乐元年被调任为户科都给事中,其级别不高,类似于县官一级,并不像有的书上说是类似于公安部部长,压根儿没这事。虽说胡濙官职不高,但他在大明帝国中央掌握着监察大权。可能因为胡濙谨小慎微的个性在新皇帝朱棣看来很有用处吧,他就被朱棣授予了一项特殊的使命。

朱棣掌控大明帝国政权以后,一直有人在谣传,说建文皇帝没有被火烧死,而是出亡在外。听到风言风语以后朱棣心里可不安了,联想到整个建文朝只有极少数文臣学士投降的事实,他也就更加怀疑起建文帝是否真的如人们讲得那样,已经亡命天涯了。经过多年的细心观察与谋划,朱棣决定派胡濙充当特使,外出寻访。

不过当时胡濙外出寻访的名目可不是这样,官方说法有两个:

第一种说法:"遣(胡)濙颁御制诸书",就是说相当于将皇帝的"御制宝书"和朝廷的"红头文件"一类送到全国各地,这里边可能最重要的是向天下寺观颁行《僧道度牒疏》,即要求将全国各地已经取得"度牒"(僧道的身份证)的僧道重新登记造册,换句话来说,就是对全国佛道界进行一次普查,其真实目的是什么?已经不言而喻了,不是有人说建文帝剃度为僧逃在外么。

第二种说法:"访仙人张邋遢",张邋遢原名张三丰,据说此人一天到晚邋里邋遢,他是元末明初民间传说中的人物,朱元璋在位时就找过他,但最终得出的结果是,那是一个传说中的仙人。而朱棣上台后居然又派胡濙外出寻找,就这事有几个问题值得人们深思的:

第一,朱棣不是一个迷信神仙的昏君,永乐20多年他很有作为,但实在令人匪夷所思的是他却对寻找仙人十分执著,让胡濙找了整整14年,这太不吻合一个有为之君的正常行为了!

第二,自从永乐五年(1408)有人检举溥洽藏匿建文帝一事后,朱棣就开始派胡濙外出"访仙",直到永乐十四年胡濙才得第一次回南京,将其外出所见所闻单独地告诉了朱棣,朱棣将胡濙的官职由原来的户科都给事中(县官级别)升任为礼部左侍郎(副部级)。这十年中胡濙家里发生了大事,他的母亲死了,按照常规,即使是当朝的宰辅,一旦家中有"丁忧"就必须"守制",也就是说当官的官也不当了,赶紧回家守孝三年;但也有非常规的,那就是出外打仗的将军,因为前方战事需要,皇帝特恩他在外继续作战,不回家"守制"了,这叫"夺情",一般来说"夺情"是用在特别的非常时期。但出奇的是,胡濙访仙多大的事情?在老妈死了胡濙提出要回家奔丧"守制"的请求时,皇帝朱棣居然给他来了一个"夺情",这实在是令人百思不得其解。(《明史·胡濙传》卷169)

第三,永乐十七年,胡濙第二次外出寻仙,主要出巡江浙、湖湘诸府。永乐二十一年,胡濙还朝时,朱棣已不在京城(此时大明帝国的都城已经迁到北京),而是在宣府,胡濙就马不停蹄地赶往皇帝的行在。当时朱棣已经睡了,手下人看到胡濙来了,赶紧通报给已经睡了的皇帝朱棣,朱棣一骨碌地起来了,急忙将胡濙召入问对,胡濙一五一十地将自己这五年中所掌握的信息或言情报报告给了朱棣,接近天亮时,有人看见,胡濙才从朱棣的行帐中出来。胡濙到底有什么重要的事情使得一个人世间最高之主睡了又爬起来接见呢?有人说是不是张三丰找到了?没有,正史上已经说了,他不是凡人而是神仙,怎么会找得到?那有人说会不会胡濙要将自己一路见到的趣闻向皇帝好好说说,逗逗皇帝朱棣开心。问题是这可能吗?还有一个基本的事实前提,那就是皇帝朱棣已经睡了,究竟有多大的事使得一个皇帝听到了在外寻访多年的下臣回来了他要马上起来予以召见呢?只有一种可能,那就是事关朱棣皇位一类的事情,换句话来说,也就是跟建文帝的下落有关。因此有人认为,朱棣此次肯定是从胡濙那儿得到了建文帝不会再为"患"的确切消息了,因为胡濙从此再也不外出寻访了。

第四,胡濙在外访仙前后十四年,其足迹主要是在江浙、湖湘、福建等江南地区,这就与明清 600 年传闻所说的当时建文帝外逃后的主要活动地区又不谋而合了,历史真有那么巧?

第五,自永乐二十一年还朝以后,胡濙再也没有外出寻仙了。无独有偶,更有蹊跷的是,就在胡濙外出访仙的十余年间,明成祖又派了他的心腹宦官郑和六次下西洋,但自永乐二十一年后朱棣似乎再也没有打算让郑和梯山航海,浮槎西去了。《明史·胡濙传》卷 169)

● 郑和下西洋到底为了什么?

说到郑和下西洋(有关郑和下西洋的具体问题,我们将在《大明帝国》系列之《永乐帝卷》中作详细的论述),国人特别激动,因为它是中国古代航海史上的一项空前壮举,比改变西方世界的哥伦布发现"新大陆"还要早半个多世纪,其影响非同寻常。激动过后,理性的人们一直反思这样的问题:诚然,郑和下西洋规模宏伟,气势磅礴,举世无双,但如流星一般,随着所谓的明初"永宣之治"(永乐、洪熙和宣德三帝)的逝去,它就迅速地黯然失色了;与其相比,规模小、设备条件差的哥伦布"发现新大陆"却将西方世界引向了一个新时代——地理大发现及其之后的海外殖民,那么同样的航海远行活动为什么在中西方有着如此巨大不同的命运？有人说这是由于中西不同的社会基础与背景所造成的,也有的说这是由于中西方航海远行活动的完全不同的目的所决定的。众所周知,哥伦布是为了"寻金"才去航海的,结果意外地探索出"新大陆"来,那么郑和下西洋的目的是什么？

有人看到这样的疑问就觉得好笑,如此幼稚的问题恐怕就连我们的小学生就能随口应答了:郑和下西洋的目的是为了加强中国与海外各国人民的友好往来及经济、文化方面的交流。那么历史的真相真的是如此吗？我们不妨来看看古人是如何记载郑和下西洋的目的的:

《明史》说:"**成祖疑惠帝亡海外,欲踪迹之,且欲耀兵异域,示中国富强**。永乐三年六月命(郑)和及其侪王景弘等通使西洋。"
(《明史·郑和传》卷304)

明人在注释的《大唐西域记》中谈到了郑和下西洋的目的,它是这样说的:"今之锡兰山,即古之僧伽罗国也。王宫侧有佛牙精舍,饰以众宝,辉光赫奕。累世相承,敬礼不衰。今国王阿烈苦奈儿,锁里人也,崇祀外道,不敬佛法,暴虐凶悖,靡恤国人,亵慢佛牙。大明永乐三年,皇帝遣中使太监郑和,奉香花往诣彼国供养。郑和劝国王阿烈苦奈儿敬崇佛法,远离外道。王怒,即欲加害。郑和知其谋,遂去。后复遣郑和往赐诸番,并赐锡兰山国王。王益慢,不恭,欲图杀害使者,用兵五万人,刊木塞道,分兵以劫海舟。会其下预泄其机,郑和等觉,亟回舟,路已扼绝,潜遣人出舟师拒之。和以兵三千夜由间道攻入王城,守之。其劫海舟番兵乃与其国内番兵四面来攻,合围数重,攻战六日,和等执其王。凌晨开门,伐木取道,且战且行,凡二十余里,抵暮始达舟。**当就礼请佛牙至舟**,灵异非常,光彩照曜,如前所云,訇霆震惊,远见隐避。历涉巨海,凡数十万里,风涛不惊,如履平地。狞龙恶鱼,纷出乎前,恬不为害。舟中之人皆安稳快乐。永乐九年七月初九日至京师,皇帝命於皇城内装严旃檀金刚宝座贮之,式修供养,利益有情,祈福民庶,作无量功德。"(永乐刻藏时所附文节录,明代版《大唐西域记·僧伽罗国·佛牙精舍·式修供养注释》卷11,见《范祥雍古籍整理汇刊·大唐西域记汇校》,上海古籍出版社,2011年12月,第1版,P531—532)

以上两段史料是比较有代表性的,它们说出了**郑和下西洋目的**至少有三：

第一,"踪迹建文帝";

第二,"示中国富强";

第三,"礼请佛牙"。

为此,明清之际学者赵士喆在对永乐朝的一些稀奇古怪的大事情进行综合比对以后这样说道："初建文之逊也,世传主录僧溥洽为之落发,成祖疑洽实匿之,以他事锢洽十余年乃释。又有言从地道出走滇南投沐氏者,使使侦之,无踪迹乃已。至是(指永乐五年)使胡濙巡行天下,遍历滇、黔、湖、湘之境,以访仙人张邋遢为名,盖物色建文,且察人心之向背云。建文之逊,或以为匿西平侯家,或云泛海入西洋诸国。是年(指永乐七年)正月,命郑和领兵驾巨舰,自福建之长乐五虎门航大海西南行,抵林邑,又自林邑正南行,至满剌加,以达西洋古里大国,遂分航遍往支国,以贩宝为名,或曰为寻访玉玺,实为踪迹建文君,亦遣濙之意云。"(【明】赵士喆：《建文年谱》卷下)

赵士喆认为,溥洽被囚、胡濙外寻和郑和下西洋等大事的背后所直接的指向只有一个,那就是"实为踪迹建文君"。

说到这里,有读者朋友可能要问了：会不会古人以讹传讹？答案是,绝对不会！我们不妨重新审视一下郑和下西洋过程中的一些不同寻常的细节,或许更能看出郑和下西洋的真正目的来。

● **主持出使海外的郑和身份很特别,与朱棣的军师姚广孝过往甚密**

中华帝国自古以来就是一个礼仪之邦,从一定程度上来讲,重礼仪意味着文明程度达到了相当的水准,但从通俗一点的角度来讲,重礼义也就是尤为看重面子,更有人将它看作为事关人格、国格。想当年春秋时代齐国宰相晏子使楚,因为他个子矮,楚王就叫人开了一个狗洞,想叫晏子爬进去,以此来侮辱晏子及他的祖国齐国,没想到楚王反被聪明的晏子羞辱了一番,晏子大致是这样回敬楚王的："我出使邻国向来是这样,到了人国我就从大门进去,只有到了狗国我才从狗洞里爬进去!"这个故事发生在春秋末年,到中华传统文明烂熟的明代时已近2000年了,向来注重礼仪文明的中华帝国却出乎人们常规思维的是派出了"刑余之人"郑和等作为大明永乐年间的"耀兵异域,示中国富强"的出外使者,这岂不是有损于大明的形象呢?

在此笔者郑重声明:绝无亵渎伟大的航海家郑和之意,我们只是将历史人物放在他所处的那个年代来看待。不可否认,郑和以前或以后的帝国时代,皇帝身边出过了许多"大腕"级的宦官,有句俗话说得好:宰相门前五品官,那么皇帝身边的人尤其明代的宦官可更"吃香"了,但就实而言,那是绝对皇权被异化的结果,绝不是宦官自身社会地位得到了提高,作为"刑余之人"的宦官不仅不入流,而且还是社会最不体面、最为下贱的一个特殊群体。但在明成祖朱棣当政时宦官被作为极有体面的国家使者出使异域,难道朱棣犯浑了?绝对没有,朱棣可清醒了,朱元璋当政时严抑宦官,但朱棣却在"靖难"战争中得到了宦官们的帮助,甚至像狗儿之类的宦官还为朱棣拼死驰骋于疆场,郑和等宦官也在这个过程中立了功,成为明成祖朱棣的心腹,于是在永乐初年,就出现了肩负特殊使命的宦官郑和下西洋、杨三保出使尼八剌(今尼泊尔)以及侯显等出使西番、西域等一系列宦官使臣出外寻访的热闹场面。(《明史·侯显传》卷304)

那么郑和等人使外所肩负特殊使命到底是什么?我们不妨再来看看郑和与朱棣的头号军师道衍(即姚广孝)之间的特殊关系,或许就能看出其中的端倪来了。

郑和是云南回族人,10来岁时明军攻入云南,他不幸被俘惨遭阉割。明初朱元璋实行诸王分封时,给予各个藩王一定数量的宦官,以此来侍候这些龙子龙孙,郑和就被分配给燕王朱棣。他到了燕王府没多久就与朱棣的头号军师道衍(即姚广孝)搭上了关系,并随道衍皈依了佛门。道衍给郑和取了一个叫"福善"的法名,郑和自掏腰包刊印**佛说摩利支天经**,还特请师傅道衍题记,其用意就在于取悦道衍这个朱棣面前的"红人",图谋自身的发展。自此以后郑和与道衍相处甚好,而且都成为朱棣的心腹,道衍知道朱棣的"心事",郑和岂会不知?人们传言建文帝出逃了,溥洽因此被捕,朱棣兴趣盎然地让郑和带了大队人马到国外去溜达溜达?这太不合情理。惟一合理的解释是让郑和为主分忧——寻找建文帝。

● 郑和下西洋的起锚地与道衍住持的广孝教寺"恰巧"在同一地

众所周知,郑和下西洋的起锚地是在江苏太仓的刘家港,刘家港今无此港口,其遗址就在今太仓市的浏河镇。在浏河镇北面七八里的地方有一个茜泾镇(近年太仓城镇合并,面目全非,已无此镇,统一将该地称之为太仓港),据民国学者顾逸亮在《广孝教寺》中的考证称,明清时代茜泾曾有一个琳宫梵宇多达5084间的"广孝教寺"(笔者亲自考证,其确切位置应在茜泾与新塘交界处),而在此之前的清代学者则留下了更为详细的有关"广孝教寺"的记载:"广孝寺,即古怀让寺,其地基五百余亩。赐名广孝,留辅太子于南京,遂急流勇退,归隐海滨,于怀让寺旧址重兴土木,再整檀林,额曰'广孝教寺'"(刘湄金:《浏河镇记略》)。

看来,茜泾曾经拥有的"广孝教寺"还真是一个特大寺院——琳宫梵宇多达5084间,占地有500多亩,按照姚广孝在朱棣时代的地位来说,给这位第一军师盖这样的寺院本属情理之中。但大家千万别忘了,姚广孝是苏州相城人,苏州近郊有山有水,这才是置立寺院的最佳地点,而太仓境内有水但无山或者说几乎无山,从寺院选址来看,远没有苏州来得理想,那么姚广孝或朱棣为什么要这样"舍近求远"建制这么大的寺院?这实在是令人费解。还有,更为巧合的是"广孝教寺"所在地居然与郑和下西洋的起锚地在一块儿,姚广孝与郑和又是亲密的师徒关系,除非他们有着共同的特殊使命将他们连在了一起以外,还能作何解释呢?

● 郑和下西洋的船队里有锦衣卫,这本身就不是一件很寻常的事情

郑和下西洋气势非凡,浩浩荡荡,国人每每说到此,无不充满

了自信与骄傲,但读者朋友有没有想过郑和下西洋队伍中有一帮子特殊的人——锦衣卫特务。《明实录》中记载:"(宣德元年六月甲戌)锦衣卫杜子忠等四人,永乐中从太监郑和使西洋,至锡兰山遇寇,四人被掠。今自苏门答腊国附朝贡舡来归。"(《明宣宗实录》卷18)

这是讲永乐年间郑和下西洋队伍中有杜子忠为首的四个特务,被锡兰人俘虏了,一直到朱棣孙子朱瞻基当政时才被放回。

另据明代兵部编录的《卫所武职选簿》中记载来看,郑和下西洋人群有着一定数量的锦衣卫。(参见徐恭生:《再谈郑和下西洋与〈卫所武职选簿〉》,2009年第2期《海交史研究》,P31—47)

带水手是为了便于海上航行,带军队是为了自卫与安全,那么带上以侦查政敌为其主要任务的锦衣卫特务又要作何用?有人说那是针对敌国势力或海盗的,真的是这样吗?难道郑和下西洋有了几万海上军队还不够,还要带上并不精通打仗而擅长于明察暗访的锦衣卫特务反而能管用?显然不是!

● **郑和下西洋之前,朱棣曾向邻国朝鲜索要过建文朝逃亡者**

朝鲜李朝《太宗恭定大王实录一》载:癸未三年(明成祖永乐元年,1403)四月甲寅日,朱棣派遣的通政司左通政赵居任、宦官黄俨等上朝鲜送上一道专门的谕旨"永乐元年二月初八日奉天殿早朝,宣谕圣旨:'建文手里多有逃散的人,也多有逃去别处的。有些走在你那里。你对他每说知道,回去对国王说,一介介都送将来。'"(吴晗辑:《朝鲜李朝实录中的中国史料上编卷二·太宗恭定大王实录一》,中华书局,1980年3月第1版,第1册,P184)

《李朝实录》中的这段史料,至少告诉我们:在郑和下西洋之前,朱棣曾向邻国朝鲜索要过建文朝逃亡者。连可能流亡到外国的"建文手里多有逃散的人"(可能这是种隐晦说法,实指建文帝等)都不放过,更不要说建文帝本人了。由此看来,朱棣屡遣郑和下西洋到海外诸国寻找下落不明的建文帝也纯属"正常"举措,一次找不到就来第二次,第二次找不到就来第三次……因为建文帝的存在毕竟是朱棣及其子孙之帝位的最大威胁与隐患。

上述提到的郑和下西洋及其相关事件的几个疑点指向,似乎都逃不出一个中心,那就是有人传言的:金川门事变后,建文帝外逃,郑和下西洋最为主要的目的就是踪迹建文帝的下落,以此来解释,上述疑团都能一一迎刃而解了。

● 御弟朱橞"胡言乱语",无形之中触及了一个大明皇家秘密,这个秘密是什么?

要说大明帝国永乐年间不仅朱棣的"骨灰级"亲信行踪神秘,而且连皇家直系亲族中间似乎有个不言而喻的公开的秘密,那么这个秘密是什么?我们从金川门之变后的皇家御弟谷王朱橞的"不正常"言行举止讲起吧。

靖难战争以后,朱棣对打开金川门的两大"功臣"格外厚待,"公爵加禄受赏者一人"即为李景隆;而另一个"功臣"谷王朱橞被赐"七奏"乐队,"卫士三百,赍予甚厚",后来朱橞被改封到长沙就藩时,皇帝朱棣又给这个帮了他大忙的"御弟""增岁禄二千石",在诸王中是极为罕见的。朱橞本是一个不知天高地厚的人,现在皇帝哥哥给予了他这么多的特殊待遇,他更是不知道自己几斤几两了,"遂益骄肆,夺民田,侵公税,杀无罪人"。甚至他还密谋造反,为了能使自己的皇帝梦能够圆上,朱橞写信约上自己的同胞兄长蜀王朱椿作外应,但没想到遭到了朱椿的严厉斥责,朱橞顿时火冒三丈,恰巧这时朱椿的儿子朱悦燇与父亲朱椿闹矛盾,他偷偷地逃到了自己的亲叔叔朱橞的谷王府,朱橞顿生灵感,对大伙儿说:"当年我与曹国公李景隆打开金川门就是为了放走侄儿建文帝,现在建文帝就在我的府上啊!……"朱橞编造感人的故事,很快像长了翅膀一样飞到了他的同胞兄长蜀王的耳朵里,朱椿决定彻底地豁出去了,他一股脑地将过去谷王打算谋反的事情全部地倒了出来。朱棣知道了事情的原委以后,马上命令宦官带上皇上御旨前往谷王府,命令谷王朱橞赶紧将侄儿朱悦燇"归还"给蜀王,并勒令朱橞迅速来朝。(《明史·诸王三》卷118,列传第6)

有关朱橞与朱椿之间的是是非非与恩恩怨怨,前面我们已经讲过了,就此打住。坦率地说,谷王朱橞绝不是什么好东西,背叛建文帝打开金川门的是他,谎言建文帝在他谷王府上以此借皇帝

朱棣之刀来报复有违自己愿望的同胞兄长的也是他,这两件事合在一起,细细想来就会使人产生两大疑问:

第一,谷王朱橞谎说建文帝藏在他的府邸,要是真的建文帝被火烧死了,有哪个大傻子会说一个已经被大家确认死去的人还在他的家里?这岂不是诅咒自己的府宅是鬼魅出没的阴曹地府吗?当然,真是有这样的人,那就是得了精神病了,而历史记载中的朱橞很正常,由此可以反证出:当时大明皇家至亲谁都不相信建文帝烧死了。

第二,朱橞以建文帝藏在自己府邸为名目,来报复自己的亲哥哥蜀王,从这事当中我们可以看出,当时朱棣对建文君臣的迫害已经达到了登峰造极的地步。朱橞没有精神病,他散布这样的谣言肯定有一定的"市场",否则也没有必要这样胡说八道。要知道,皇家亲族都是永乐朝政治中心人物,他们应该比一般人更能了解建文帝的结局,因此从这个角度也能看出建文帝确实也没死,否则朱棣或朱椿等听到这个十八弟在胡言乱语,压根儿也不会当回事的,由此从另一侧面证明建文帝没死于宫中大火之中。

● 有人谎报建文帝下落,朱棣居然真派人去查了,这说明了什么?

上述那个"诬告"事件是发生在永乐朝的上层集团内,事实上,有关建文帝出逃的传言还在当时社会上广泛地流传。

"靖难"成功以后,有人告发说,建文帝逃到了浙江浦江去了,藏在郑家(郑家是浦江当地的名门望族,我们在《大明帝国》系列之《洪武帝卷》中已经提到过它,下文我们还要详细地讲述郑家与大明王朝之间的关系),朱棣立即派了人前往浦江郑家进行搜查。当时将郑家的十个大柜放在家长郑溇家的大厅里,然后当众进行开柜检查,郑家上下几百号人的心都提到喉咙口,因为在这十个大柜中,有五个柜子里放的全是经史书籍,还有五柜子全是放的郑家用来以备不测的兵器,话虽然这么说,但私藏兵器毕竟是一项大罪啊,所以郑家老少实在是急坏了,但也无可奈何,只好让朱棣的人一个个地搜。世界上的事有时说来还真是巧了,朱棣派的那些人在检查了五个大柜以后,发现竟然全是书,觉得没劲,也就没有继续往下搜查了,后来人们都在说,郑家的忠孝节义感动了上苍,冥冥之中老天爷帮了郑家一把。(《明史·孝义一·郑濂传》卷296)

新朝廷派的人在郑家没有查到建文帝,朱棣当然十分恼怒,"乃斩诬者"(【明】吕毖:《明朝小史·孝友堂》卷4)。

这看起来是一起普通的诬告案,但事情的背后隐藏的问题可没那么简单了。

第一,不是朱棣自己都在说建文帝已经被大火烧死了,以此进行逻辑推理:既然建文帝已经烧死了,那为什么朱棣还听信诬告,派人到民间去搜查呢?

第二,按照《大明律》的规定,被诬告者就是郑濂等人,没有大面积地波及,因此对诬告者的处置最重也不至于处死,但朱棣居然将诬告者杀了,这究竟为什么?合理的解释应该是诬告者无形之中触及了朱棣的隐痛,新皇帝已经宣告建文帝烧死了,怎么还说建文帝藏在某人家里,这岂不是扰乱人心,与"安定团结"的政治原则大唱对台戏!这等恶徒不杀怎能使大明安宁!

由此可见朱棣内心十分清楚建文帝没死,他出逃在外!

● 已有锦衣卫,又增设东厂,朱棣这么做到底是为了什么?

永乐朝还有一些很有影响的怪事,譬如,朱棣当政后继续沿用了原有的特务组织锦衣卫,恢复了洪武晚年被朱元璋撤销的锦衣卫刑狱。对于锦衣卫,我们在《大明帝国》系列之《洪武帝卷》中已经详细地讲过了,它是明初朱元璋开启的加强专制主义中央集权的一大创举,锦衣卫主要是针对皇权潜在的政治危险而展开活动的,它权力极大,无所不能。理应说来,有了锦衣卫,皇帝的集权加强了,政治潜在危险下降到了最低的程度。但令人不解的是朱棣上台后又增设了新的特务机构东厂,这是为什么?

我们不妨来看看朱棣自进入南京城以后的"遭遇":金川门之变后,燕军不费吹灰之力进了南京城,但出人意料的是朱棣还没有喘上一口气,就在金川门边上遭遇了一场未遂行刺,建文朝的文弱书生御史连楹就是行刺朱棣的大英雄(《明史·连楹传》卷141,列传第29;【明】谈迁:《国榷·惠宗建文四年》卷12);后来朱棣通过大肆杀戮,控制住了南京城的局势,朝政也逐渐地正常化了,谁料又有一个叫景清的"降臣"突然对朱棣进行行刺,可把这个新皇帝吓得不轻啊(《明史·景清传》卷141,列传第29;【清】谷应泰:《明史纪事本末·壬午殉难》卷18)。所有这一切表明:京师南京并不欢迎新皇帝,对此朱棣十分明白;再者,整个建文朝只有29个大臣出来投降,这就使得朱棣更加郁闷不已:还有600多号的大臣要么选择出亡,要么选择殉难,这样的境况可以说在历史上也是绝无仅有的。

明代学者张燧就曾说:"我国朝革除,虽南北交兵,原叔侄相代,乃当时死难不屈之臣,上自宰辅,下逮儒绅不具论,而深山穷谷中往往有佣贩自活、禅寂自居者。异哉!此亘古所无也。"(【明】张燧:《千百年眼·革除死难之多》卷十二)

大明朝以前没有过,以后也没有过。历史上每每碰到改朝换代时,往往会出现一小部分誓死不降的"忠臣节士",尤其是在两种情况下特别激烈:一者就是异族入侵;另一者就是农民起义军推翻腐朽的封建王朝。远的我们不说,就拿明朝来说事,明亡清兴之际,按理说这是最能显示出气节的时刻,可是大明"忠臣孝子"为国为君殉难者却是屈指可数,远没有从"建文"转向"永乐"时那样的规模,那般的惨烈;被崇祯朝大臣们视为洪水猛兽的李自成农民军进入北京时,"文臣、阁部、词林、卿寺、台省以及郎署,自裁者仅二十人,竟无一人骂贼而死"。(【清】懒道人:《剿闯小史》)

但"靖难之役"后建文朝竟然有463个大臣拒绝投降,突然间来了个人间蒸发,110多个大臣及其家眷视死如归,赴汤蹈火,这实实在在发生的事实使得魔鬼朱棣寝食不安、如坐针毡;再说就凭明皇宫里那一具已经烧焦了的尸体就说是建文帝,似乎太过于草率。骗别人可以,但骗不了自己,朱棣当然会心神不宁,原本用来消除皇权潜在政治危险的锦衣卫却又"一无成就",细细想来,就靠一个特务机构锦衣卫就能解决问题?显然是不可能!所以朱棣要建立新的特务机构——东厂。与此同时,朱棣还在酝酿将大明帝国都城从这个充满了对他的敌意的建文朝旧都迁往自己大本营——北平的计划(有关朱棣迁都北京的事情,我们将在《大明帝国》系列之《永乐帝卷》中详述)。

　　以上我们从永乐帝及其周围"怪异"十大疑入手,分析了朱棣的"心病"症结所在,其个个疑问、条条证据都有一个指向——建文帝没死,他出亡在外。

　　最后尤其值得一提的是:从金川门事变后的客观实际来看,建文帝并没有彻底失掉天下:江南大部分地方效忠建文帝;中都凤阳控制在忠于建文帝的都督同知孙岳手中;山东由建文朝的铁汉文臣铁铉守着;淮安由朱元璋的爱婿、托孤大臣梅殷掌控,"尚拥兵淮上";东北地区的守将还忠于建文帝;更有云南地区由对大明帝国忠心耿耿的朱元璋"义子"沐英之子沐晟镇守,因此说,建文帝没有到山穷水尽的地步,外逃出去可图东山再起。历史上的安史之乱,唐玄宗将国都长安都丢了,后来还能收复,这样的典故对于喜欢读书的书生皇帝朱允炆来说再熟悉不过了;更有建文帝好情面,就如朱棣钦定的说法,建文帝不好意思去见叔叔,这就更加反证了建文帝"回避"是惟一的好办法,既然火堆中找到的是不能确定的"建文帝尸体",那么合理的解释应该是建文帝逃跑了。

第 3 章　建文出亡
两次"钦定"

> 明代开始众所周知的官方史书对有关建文帝的下落问题,要么讳莫如深,要么闪烁其词,即使非官方学者已经有所考证出来了,但就有人感觉其权威性不够。那么有没有权威的官方最好是皇帝这类级别来"一锤定音"建文帝到底怎么啦?
>
> 有。

长期以来,官修"正史"癖好者或怀着某种不可言喻的功利目的的投机者始终抱定"建文帝被烧死"的传统官方"正说",坚决否认真实的历史,每当人们谈论起建文帝出亡问题时,他们特别来劲,要么粗暴地斥责"建文帝出亡论"为异端邪说,要么发动有失斯文甚至颇有街头泼妇骂街式的围攻,让人觉得好不滑稽,说其滑稽实在是客气,说白一点就是无知。要说建文帝出亡不仅有前面所述的永乐帝及其周围"怪异"十大疑与朱棣的"心病"为佐证,而且还有"正史"癖好者所顶礼膜拜的"钦定说",即为常人所遗忘的两个皇帝"钦定"证据。这第一位皇帝说来大家可能还真不敢相信,他就是永乐皇帝朱棣自己,这究竟是怎么一回事?

● 南京"燕王告天文"——朱棣实际上已勒石宣告建文帝出亡了

清乾隆四十二年(1777),南京有个樵夫在紫金山紫霞湖北侧的山顶上"掘得"了一块"燕王告天文"碑,当时他就报告了官府,官府将此碑移入了南京朝天宫内。后来历尽战火沧桑,石碑失踪了,但清代南京籍著名学者甘熙在他的《白下琐言》中记录了该碑碑文。

为恢复历史本来面目,1995年8月南京中山陵园管理局根据甘熙《白下琐言》等史料中保存的"燕王告天文"碑文内容在明孝陵的梅花谷重立新碑,碑记全文如下(图1):

"奉大明皇帝圣旨。伏为皇考太祖高皇帝、皇(著者补)妣孝慈皇后登遐日远,痛怀丧葬之未亲,崩失年久,益感劬劳之未报。手足且伤于前后,情怀有恸于死生。骨肉相残,几致屏翰之倾替;腹心构讼,幸兹家国之安全。洪武三十五年朱棣谨述。"(南京明孝陵梅花谷"燕王告天文"碑;甘熙:《白下琐言》,南京出版社2007年9月第1版,P124,可见书中照片)

图1 燕王告天文

碑文是这样说的:"我燕王朱棣谨奉大明皇帝的圣旨前来拜谒孝陵,诚惶诚恐地祭奠父皇母后大人。尽管你们升仙已久,但做儿子的每每想到你们远去时未能亲自前来送别,我的心里就越发难受,尤其未尝报答两老的一生劳苦和无限的洪恩,儿子我常常是悲痛欲绝。你们可知道吧?就在你们走后不久,我大明皇家发生了手足相残之事,令人痛心的是血缘亲情已经游离到了生死的边缘,几乎将我大明给毁了。不幸中的万幸啊,朝中奸恶亲信构陷没有得逞,我大明家国尚能保全。洪武三十五年朱棣谨述。"

洪武三十五年也就是建文四年(1402),朱棣在碑文结尾时署上自己的大名而没有用"朕"之类的特殊名号,这说明当时他还没有登基。查阅《明太宗实录》,朱棣未登极时前往南京东郊拜谒明孝陵是在建文四年六月十七日即己巳日,也就是燕军闯入南京城的第五天,因此碑文下面落款的确切的年份应该是这样的:"洪武三十五年六月十七日(或言己巳)朱棣谨述。"

为了进一步地说明清楚问题,笔者根据《明太宗实录》对朱棣闯入南京城的第一天起到他祭拜孝陵这几天的活动进行一番梳理:

朱棣闯入南京城的第1天即建文四年六月乙丑日当天确实很忙,金川门事变突发,他连忙派出亲信前去解救身在囹圄中的胞弟周王朱橚等。忽然看见明皇宫燃起了熊熊大火,于是赶紧又派人前去救火,但为时已晚。有人从灰烬中捞出了一具尸体,朱棣挤出了几滴鳄鱼眼泪,"痛哭流涕"一番,然后急忙下令搜捕建文朝的"奸恶"方孝孺等人,用武力控制京师南京的秩序,并给自己的侄儿皇帝"发哀,命有司治丧葬如仪,遣官致祭,布告天下,下令京师,慰抚臣民"。(《明太宗实录》卷9下)

换句话来说就是朱棣进入南京城当天在没有查清楚建文帝下落的情况下,出于某种特殊的目的就草草地给侄儿皇帝朱允炆发丧了。

第2天即丙寅日上演"劝进与谦让"游戏。"诸王及文武群臣请上正天位",朱棣推辞道:"我开始起兵是迫不得已啊,以周公为榜样,除去奸恶,安定社稷,这是我的本愿,没想到我那个侄儿实在不明事理,被奸臣所蒙蔽,居然自绝于天。现在继承大明君位的应该要挑有才有德之人,我朱棣德才浅薄,岂堪负荷?"

不愧为天生当皇帝的料,不仅嘴巴大而且还特别会说话、特别会演戏,在场面上表现得越谦虚越好,这样反而映衬出自己的"美德"来。可南京城内外到处都是杀气腾腾的朱棣"靖难军",诸王和文武大臣谁也不是傻子啊,他们就是要燕王出来为天下人做主,并摆出一大堆的理由:"天生圣人,以为社稷生民主。今天下者,太祖之天下,生民者,太祖之生民,天下岂可一日无君,生民岂可一日无主?况国有长君,社稷之福,殿下为太祖嫡嗣,德冠群伦,功施社稷,宜居天位,使太祖万世之鸿业永有所托,天下之生民永有所赖,不宜固让,以抚天下之心。"但谁知,燕王就是不干。(《明太宗实录》卷9下)

一句话概括,大家都在玩游戏,不过这是个高级游戏,群臣劝进,叫燕王赶紧登基,可朱棣没那么肤浅,他要全国臣民都知道,我是你们推选出来的,所以大玩"太极",死命地推托自己不合适荣登大位,这也是当年他"老爸"朱元璋开国时玩的小把戏,只不过35年后重演罢了。

朱棣到南京城的第3天在干什么?重复昨天的故事。"丁卯,诸将上表劝进,曰:'臣闻锄奸去恶,式扬神圣之谟,附翼攀鳞,幸际风云之会,功光前烈,德振中兴。殿下文武英明,宽裕仁孝,为太祖之嫡嗣,实国家之长君,天生不世之资,民仰太平之主。囊因奸恶逞毒鞫凶,祸既覃于宗藩,几欲倾于社稷,集天下之兵以相围逼,使国中之众不能逃生。乃赫怒而奋一隅之师,遂呼吸而定九州之众,战必胜,攻必取,实由天命之有归,近者悦,远者来,爰见人心之有在。今内难已平之日,正万方忻戴之时,宜登宸极之尊,以慰臣民之望。臣等忝随行阵,仰仗威灵,素无远大之谋,窃效分毫之力,虽不敢冀云台之图像,实欲募竹帛之垂名,谨奉表以闻。'上(指朱棣,笔者注)览之,厉声曰:'吾与若等初举义共图免祸耳,曾有心富贵耶?'不听。"(《明太宗实录》卷9下)

大明皇家的"朱老四"不愧为老朱皇帝的"好儿子",且政治觉悟也高,当群臣与诸将再次劝进时,具有特殊品德的"朱老四"干脆就发火了,大声斥责:"想当年我与你们发动'靖难'时只不过是为了避免灾祸,哪有图谋富贵之心?"品德多好的皇帝候选人啊,就是不接受群臣们的劝进。

那么，朱棣到南京城的第4天在干什么？重复前天的故事。"戊辰，诸王上表劝进曰：'天眷圣明，宏开景运，宜正大宝，永保万邦。恭惟大兄殿下龙凤之姿，天日之表，祯祥昭应于图书，尧舜之德，汤武之仁，勋业已彰于宗社。迩因憸邪构祸，毒害宗亲，辄动干戈，几危社稷，乃遵承《祖训》，奉行天诛。以一怒而安斯民，备文王理义之勇，不四载而固帝业，同世祖中兴之功。武以剪戮，克全皇考之天下，文以经纬，聿明洪武之典章，实天命之归，岂人力之能强？愿俯狥于众志，庶永绍于鸿图。某等谊重天伦，情深手足，荷蒙拯溺，得遂生全。只迓龙舆，早正天位，皇考之天下永有所托，四海之赤子永有所归。幸鉴微忱，毋频谦让。'上不允。是日，文武群臣复上表劝进。上曰：'昔元运衰微，四海鼎沸，强弱相噬，百姓无主。天命我皇考平定天下，以安生民，勤苦艰难，创造鸿业，封建子孙，维持万世。岂意弃臣民之未久，而奸邪之臣恣其凶谋，屠灭诸王，将危社稷。予时以病，志耗力疲，惟图高枕以终余年。一旦起兵见图，令人震慴，不知所措，国中群臣咸言'太祖皇帝创业艰难，陵土未干，而诸王次第被罪，我辈何辜？宁能束手受戮？'予方仿徨，顾望求生，而天下之兵日集见逼，形势之危犹侧立于千仞之崖，而推之下也。故不获已辛苦，百战出一生于万死，志清奸恶，以匡少主，吾之本心如此而已。少主不亮，自绝于天，今诸王群臣交劝予即位，夫天位至艰，近如建文君，弗克负荷，几坠丕图，吾岂虚为谦让？盖思皇考创业甚艰，诚欲推择诸王中有才德可以奉承宗庙者立之，主宰得人，天下之福。予虽北面，且无忧矣。'群臣稽首固请曰：'殿下德为圣人，位居嫡长，当承洪业，以安四海。虽谦德有光，复谁与让？且天命有在，孰得而辞？殿下宜早正大位，庶使人民咸有所依，不宜狥匹夫之谦，以虚天下之望。'上固辞不已。"（《明太宗实录》卷9下）

朱棣到南京城的第5天在干什么？

已经推辞三次了，火候也差不多了，群臣劝进已劝了3次，"国可不能一日无君"，当惯了奴才的中国臣民就是这么一种思维定式，朱棣再不登基即位，弄不好就有人哭着闹着甚至要上吊；武将们更是迫不及待地要他们的"靖难军"总司令"登位"上进，这样自己可以早早地"分享"到"靖难"战争的胜利果实么;那时南京城里教坊司的妓女们不知道有没有放假,要不然她们肯定与500年后的"小淫材"(朱棣语)们赶去"热捧"袁大总统"荣登"中华帝国皇帝大位一般起劲,尤其这"妓女请愿团"加上什么"乞丐请愿团",他们的出场肯定能将荣登大典推向高潮。这样一来,应全国人民的强烈要求,我就勉强出来凑个数,当一回皇帝吧!这是对外的说辞,其实作为这场闹剧的主角——真实的朱棣却是捂住了嘴心里乐开了花。二十多年来装孙子装得够累了,老子今天终于可以扬眉吐气、指点江山了。

正当朱棣踌躇满志地准备前往明皇宫荣登皇帝大位时,意想不到的事情又发生了。建文朝29个"识时务"降臣中的"精杰"杨荣出来挡道了,"(杨)荣迎驾马首曰:'殿下先谒陵乎,先即位乎?'"(《明史·杨荣传》卷148,列传第36;【明】高岱:《鸿猷录》卷7)

不愧为人中之"精杰",杨荣说话很有水平:"殿下,您是先去拜谒孝陵呢还是先即位?"

哎呀,差一点误了大事,自己口口声声叫喊了四年的最大政治口号"复祖制,谒孝陵"怎么就给忘了呢?幸亏这个杨大人杨荣的提醒。于是"成祖遽趣驾谒陵。"(《明史·杨荣传》卷148,列传第36;【明】高岱:《鸿猷录》卷7)

到了孝陵,"大孝子"朱棣少不了好好地哭陵一番,"欷歔感慕,悲不能止",最好"哭"声越大越好,让全国臣民都听到才是。(《明太宗实录》卷9下)

《明太宗实录》原载:建文四年六月己巳日即第五天,"上(指朱棣)谒孝陵,欷歔感慕,悲不能止。礼毕,揽辔回营。诸王及文武群臣备法驾,奉宝玺迎上于道,遮上马,不得行。上固拒再三,诸王及文武群臣拥上登辇,军民耆老万众夹道顿欢呼,连称万岁。上不得已,升辇曰'诸王群臣以为我奉宗庙,宜莫如予。宗庙事重,予不足,今为众心所载,予辞弗获,强循众志,然宜协心,辅予不逮。'遂诣奉天殿,即皇帝位,诸王暨文武群臣上表称贺。"(《明太宗实录》卷9下)

由此看来朱棣拜谒明孝陵是在他到南京的第五天才去的。现在最为关键的问题是"燕王告天文"碑文的开头:"奉大明皇帝圣旨",这个大明皇帝指的是谁?老皇帝朱元璋?不是的,朱元璋已经死了好多年了,再说从全文内容来看,奉朱元璋之命祭祀朱元璋夫妇,逻辑上说不通;那么这个大明皇帝是指朱棣自己?从《明太宗实录》记载来看,朱棣祭祀父皇母后时还没有正式登基称帝,而碑文下面落款又为"洪武三十五年朱棣谨述",所以说这里的"奉大明皇帝圣旨"明显不是指朱棣自己。这样下来,只有一个解释,"奉大明皇帝圣旨"是朱棣"强奸"侄儿皇帝朱允炆,以奉行他的圣旨名义来祭祀孝陵。但朱棣可能忘了四天前他已经宣告建文帝死于火中了,这就为今人留下了一个重要的史料依据:在宣布建文帝死于宫中大火后的第五天,朱棣无意识中"暴露"了大明第一号机密——建文帝没死。

正因为侄儿皇帝没有死,朱棣才十分心虚,言不由衷。哭也哭了,说也说了,立个纪念碑也没多大在意,重要的是迅速赶回南京城里去登基即位,以此来稳定京师的局势与人心,恢复秩序,于是就有了第六天,"庚午,命五府六部一应建文中所改易洪武政令格条,悉复旧制,遂仍以洪武纪年,今年称洪武三十五年,复诸殿门旧名,盖建文中改谨身殿为正心殿,午门为端门,端门为应门,承天门为皋门,正前门为辂门,至是首命撤之,悉复其旧云"(《明太宗实录》卷9下)。第七天"辛未,制皇帝亲亲宝"。第八天"壬申,备礼葬建文君,遣官致祭,辍朝三日"。(《明太宗实录》卷9下)

既然进入南京城的第一天就宣告建文帝的政治"死亡",朱棣就有了自己登基即位的机会,按照礼节,七天后他以天子之礼"下葬"了侄儿皇帝,终使严峻的政治局势得到了控制,余下的就是慢慢再想办法,对付逃亡的建文帝,至于明孝陵边上"燕王告天文"碑一下子也没想起有什么不妥,很快就给忘了。

其实朱棣的那块"燕王告天文"碑已经"泄露"了天机,朱棣钦定了:建文帝没死,他出亡了!

● 乾隆四十二年定本:明故宫中烧死的是建文帝正妻马皇后,非建文帝!

当然也有人可能认为,上述有关"燕王告天文"原碑已不在了,现在南京中山陵园管理局立的碑是根据清代学者甘熙的《白下琐言》所记述的内容而重修的,其真实性不能完全令人信服,最好由权威部门来编撰正史或由皇帝来钦定? 有!

民国时期著名的**明清史专家孟森先生**在考察了清修《明史》的历程后这样说道:"清于建文书法,至乾隆朝,去朱三太子事已远,既不虑天下复有思明之人,亦不虑明复有系天下之望之裔。乃于四十二年诏改《明史·本纪》。即将建文书法重定,书云:'棣遣中使出后尸于火,诡云帝尸。'是清一代最后《明史》定本,亦已不复仍王鸿绪史稿之意。今《**四库本**》之《明史》与《**殿本**》通行者不同。**世多未见《四库本》,尚拘守通行之《殿本》**。赖有故宫单行之乾隆重修《明史·本纪》,可以证建文书法之归结。慎勿谓殿本旧书法定自先生,反由清高宗为之论定也,则先生为不受诬于终古矣!并以附书。"【民国】孟森:《万季野明史稿辩诬》,见《明清史论著集刊》上,中华书局 2006 年 4 月第 1 版,P195)

孟森先生是说,清初开始撰修《明史》多有忌讳,因为当时康熙朝"反清复明"运动此起彼伏,有关崇祯皇帝的儿子朱三太子隐逸于民间的传说层出不穷,如果尊重事实如实撰写建文帝出亡了,则隐含着朱三太子也没死,他出亡了,这无疑是给康熙朝当局添乱。出于高度的政治觉悟和体谅康熙皇帝的心迹,《明史》总裁王鸿绪就不顾历史事实,将明建文帝的最终下落问题定为:被宫中大火烧死了,这就是我们今天常见的"殿本"《明史》中的说法。但清代有着强烈的史学责任感的学者还是大有人在,包括乾隆帝在内都感到这样的写法不妥当,与史实不相符,于是史学家们就开始重新考证和修订"殿本"《明史》,这时距离康熙朝撰修《明史》已将近百年,各地"反清复明"运动进入了低潮,清朝统治已十分稳固,有关朱三太子的事情很少再有人提及,所以既不用担心天下有人出来复辟,也不用害怕有人扯出"朱三太子"的旗号来进行"反清复明"运动。乾隆四十二年,清高宗正式下诏重修《明史·本纪》等,将"殿本"《恭闵帝本纪》中的"燕王遣中使出**帝后尸**于火中,越八日壬申葬之"改为"棣遣中使出**后尸**于火,诡云帝尸"。就是说将原来的"朱棣派太监从灰烬中拣出建文帝、马皇后的尸体,过了七天也就是建文四年六月壬申日将其下葬了",改为"朱棣派太监从灰烬中拣出马皇后的尸体，假称这是建文帝，以此掩人耳目”。这就是人们很少见到的“四库本”《明史》中有关建文帝最终下落的说法，换言之，建文帝没被大火烧死，而是出亡了！

很可惜，乾隆帝没来得及将这“四库本”《明史》刊印好，就匆匆忙忙地赶往地下去找他的爸爸与爷爷去了。乾隆这一走，“四库本”《明史》也就没有公开刊行，故而流传很不广。孟森先生说他看到的是故宫单行本，我的南京学业导师同时也是我的忘年交潘群先生年轻时曾在山东大学历史系图书室看到过该“四库本”《明史》(图 2～图 5)。

最近潘老师的好友古籍版本目录学专家沈燮元先生从南京图书馆复印到“四库本”《明史》中有关改定后的建文帝书法(见书中图 2～图 3)；差不多与此同时，北京大学教授让庆澜老先生给他的哥哥让庆光老先生寄来了北京大学图书馆藏的由台湾商务印书馆发行的文渊阁四库全书第 297 册中有关建文帝下落问题有着相同书法的《明史》(见书中图 4 和图 5)。再换一种说法，我们大陆流行的《明史》以“殿本”为主，但从北大馆藏的“台湾商务印书馆发行”的《明史》却是“四库本”，由此看来海外或许流行的是“四库本”《明史》。

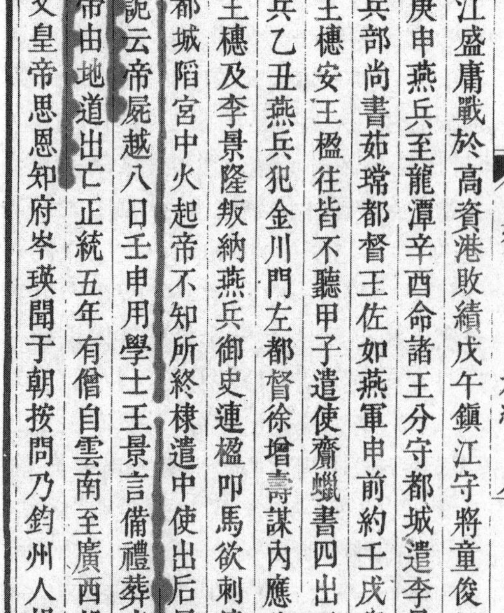
渡江盛庸戰於高資港敗績戊午鎮江守將童俊叛降
燕庚申燕兵至龍潭辛酉命諸王分守都城遣李景隆
及兵部尚書茹瑺都督王佐如燕軍申前約壬戌復遣
谷王橞安王楹往皆不聽甲子遣使齎蠟書四出促勤
王兵乙丑燕兵犯金川門左都督徐增壽謀內應伏誅
谷王橞及李景隆叛納燕兵御史連楹叩馬欲刺棣被
殺都城陷宮中火起帝不知所終棣遣中使出后屍於
火詭云帝屍越八日壬申用學士王景言備禮葬之或
云帝由地道出亡正統五年有僧自雲南至廣西詭稱
建文皇帝思恩知府岑瑛聞于朝按問乃鈞州人楊行

图 2 四库本《明史·惠帝本纪》

因此从现在来看，有关建文帝没被大火烧死而是出亡了，这是早已定

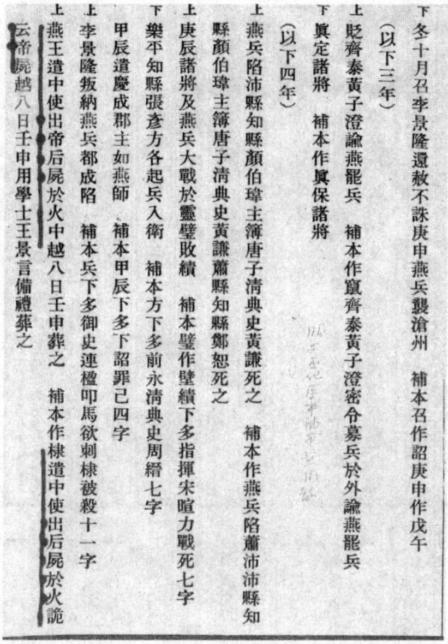

第 3 章 建文出亡 两次「钦定」

下冬十月召李景隆还赦不诛庚申燕兵袭沧州 补本召作诏庚申作戊午

（以下三年）

下贬齐泰黄子澄谕燕罷兵 补本作寘齐泰黄子澄密令募兵於外谕燕罷兵

下寘定诸将 补本作寘保诸将

（以下四年）

上燕兵陷諸县知县颜伯璋主簿唐子清典史黄谦萧县知县郑恕死之 补本作燕兵陷蕭沛县知县颜伯璋主簿唐子清典史黄谦萧县知县鄭恕死之

上庚辰诸将及燕兵大战於靈壁败绩 补本作壁续下多指揮宋暄力战死七字

上乐平知县張彦方各起兵入卫 补本方下多前永清典史周绍七字

甲辰遣慶成郡主如燕师 补本甲辰下多下詔罪已四字

上李景隆叛纳燕兵都成陷 补本兵下多御史連楹叩馬欲刺棣被殺十一字

上燕王遗中使出帝后屍於火中越八日壬申用學士王景言備禮葬之

云帝崩越八日壬申葬之 补本作棣遣中使出后屍於火詭

图 3　殿本・四库本明史本纪异同考

图 4　台湾商务印书馆发行的四库本《明史》

揮崇剛死之辛丑燕兵至六合諸軍迎戰敗績壬寅詔
天下勤王遣御史大夫練子寧侍郎黄觀修撰王叔英
分道徵兵召齊泰黄子澄還蘇州知府姚善寧波知府王
璡徽州知府陳彦回樂平知縣張彦方前永清典史周
縉各起兵入衛甲辰下詔罪已遣慶成郡主如燕師議
割地罷兵六月癸丑盛庸帥舟師敗燕兵於浦子口復
戰不利都督僉事陳瑄以舟師叛附於燕乙卯燕兵渡
江盛庸戰於高資港敗績戊午鎮江守將童俊叛降燕

欽定四庫全書　明史　卷四

庚申燕兵至龍潭辛酉命諸王分守都城遣李景隆及
兵部尚書茹瑺都督王佐如燕軍中前約壬戌復遣谷
王橞安王楹往皆不聽甲子遣使齎蠟書四出促勤
王兵乙丑燕兵犯金川門左都督徐增壽謀内應伏誅
谷王橞及李景隆叛納燕兵御史連楹叩馬欲刺棣被
殺都城陷宮中火起帝不知所終棣遣中使出后屍於
火詭云帝屍越八日壬辰用學士王景言備禮葬之或
云帝由地道出亡正統五年有僧自雲南至廣西詭稱

建文皇帝思恩知府岑瑛聞於朝按問乃鈞州人楊行
祥年已九十餘下獄閱四月死同謀僧十二人皆戍遼
東自後滇黔巴蜀間相傳有帝為僧時往來跡正德萬
歷崇禎間諸臣請續封帝後及加廟謚皆下部議不果
行
大清乾隆元年
詔廷臣集議追謚曰恭閔惠皇帝
贊曰惠帝天資仁厚踐阼之初親賢好學召用方孝孺
等典章制度銳意復古嘗因病晏朝尹昌隆進諫即深

欽定四庫全書　明史　卷四

自引咎宣其疏於中外又除軍衛單丁減蘇松重賦皆
惠民之大者乃革命而後紀年復稱洪武嗣是子孫臣
庶以紀載為嫌草野傳疑不無訛謬更越
聖朝得經論定尊名壹惠君德用彰懿哉
明史卷四

297-101

图 5　台湾版《明史》中建文帝下落的书法

论了的事。不说我们国内静心认真攻读明史的研究者，就连海外汉学专家也知道，若是在这个问题上再纠缠于笔墨官司，大打口水仗的话，说不准就要开海内外之玩笑了。

第4章 逃离南京
亡命天涯

> 在明清五六百年中曾有过两个不曾为人太大注意的历史拐点：第一个就是在朱元璋死后建文帝当政时，中国出现了"君权下移与小部分君权分割"的好兆头，但实在可惜的是，这个进程被朱棣的"靖难之役"给打断了，随后恢复了"祖制"；第二个拐点是在明清易代，遗憾的是康熙帝承传的不是中国传统政治制度中积极又理性的文化遗产，而是将朱元璋作为其仿效的楷模（他在明孝陵前美誉朱元璋"治隆唐宋"），于是中国历史又回到了老路上去。
>
> 然而一般人不从这样的角度来看问题，他们认准建文帝是个好皇帝，又同情他不幸的遭遇，于是出现了建文帝全国"漫游"的历史奇观：有人说他上云贵，有人说他到了湖湘，有人说他就躲在江浙，还有人说他逃亡海外，甚至现在连"老外"也不甘寂寞，说自己的祖先就是建文帝。那么各地到底有多少个"建文帝出亡地"？而在这些"建文帝出亡地"中究竟哪个是真的？

● 逃离南京

事实上建文帝出亡之事不仅由历代史学家不懈努力与艰辛考证所部分证实以及明清两代皇帝所"钦定"，而且还有当年事发的实际可能性。

长期以来，有一些人认为建文帝逃出南京城的可能性不大，因为金川门事变突发后,京师形势发生了急剧的变化,燕军迅速控制了京城,而明代南京城里没有什么秘道供明皇宫里的人应急出逃,建文帝又没有私人飞机,身上也不会长翅膀,他已经到了上天无路、入地无门的地步,真的是这样吗?

明代学者马生龙在《凤凰台纪事》一书中对南京城的地面和地下建筑作了如此描述:"又于(南京京)城外起土城,以为不测屯守之计,(南京京城)宫中阴沟,直通土城之外,高二丈,阔八尺,足行一人一马,从备临祸潜出,可谓深思远虑矣。"(【明】马生龙:《凤凰台记事》;黄云眉:《明史考证》,中华书局,1980年6月版,第2册,P314)

明朝中后期南京文人周晖在《续金陵琐事》中转载道:"建文帝削发乘马,自朝阳门出。又云,其出由地道。有殷秀家居大明门左。殷言地道处曾裂缝一条,渠童时嬉戏,以线系铜钱,乘下探之,其深一丈余。"(《建文遗事》,载【明】周晖:《续金陵琐事》下卷,南京出版社2007年9月第1版,P257)

对于这样的历史记载,有人很武断地下结论:马生龙之辈在乱说。可事实胜于雄辩,近年来我们南京城不断有新的地下发现:

1991年,南京建邺路进行拓宽改造,人们意外地发现明朝初年的地下水道。经考古部门的考证,发现这段明初地下水道刚好正对着明故宫,与内秦淮河相通,由此说明明初南京城的地下水道不仅有着合理的布局,而且设计还相当的讲究,这条南北走向的古地下水道的横截面呈现拱形,它高2米,宽2.5米,距离地表面有1米。我们打个形象的比方,就是3个1.7米以上的人可以并行穿过这条明初建造的地下水道。无独有偶,有人在南京清凉山国防园内也发现了古地下水道(其出口今已被人遮住)。事实上,上个世纪后半期以来在南京城里不断有明初地下水道的发现,有人目击证明,位于太平门的南京钢锉厂地下室就是将原有的明初地下通道堵住而建起来的,更有草场门、后宰门、太平门、南京市政府后边的武庙等地都曾发现了位于底部的穿过厚厚的明城墙,与外秦淮河、玄武湖等水系相连的拱形明初地下水道。前阵子有个热心的南京市民到我办公室来告诉我,他在中山门、乌龙潭公园等地也发现了古老的地下水道。

由此看来明初南京城的地下通道是四通八达,当年明皇宫的主人建文帝完全有条件通过这种特殊的逃生通道逃离南京城。

更有,1998年南京城遭遇了特大暴雨袭击后,在中山门外前湖旁出现了城墙塌方,有人意外地发现了古老的明城墙中藏有一道小城墙,并在这小城墙外边、大城墙的里边竟然还有一个隧道,它高2.5米、宽1.7米,至少也可供两人并行;更令人意想不到的是,小城墙的下面还有一个比隧道口略大一点的涵洞,它穿墙而过。

由此,愈来愈多的人们认为,既然南京城有这么多的直接通往城外的地下与地面通道,那么当年建文帝完全可以借此逃生。

上面讲的是建文帝出逃在地理条件等方面的可能性,更有长期以来为人们所忽视的是,建文帝逃离京城出亡南方或东南方在时间上也绰绰有余。

据明末著名史学家谈迁在他历史名著《国榷》一书中的记载说,靖难之役后,朱棣进入南京,建文朝"其在任遁去者,463人"。谷应泰在《明史纪事本末》中也说:"成祖即位,编籍在任诸臣遁去者463人,俱命削籍。"(【明】谈迁:《国榷》卷12,《惠宗建文四年》,P844;【清】谷应泰:《明史纪事本末·建文逊国》卷17,P281)

我们不妨再看下面几段史料:

洪武三十五年九月戊子,"都督同知韩观奏:'江西庐陵县民逃聚山林者,闻命悉复业。'赐敕奖谕曰:'人君代天养民,惟体上天好生之心,安养斯民,使各得其所而已。数年以来,民苦于兵,加之赋敛烦苛,穷迫无告。间者,江西庐陵县民有不得已畏死逃聚山林者,有司不原其本心,辄请发兵剿捕。朕心有所不忍,故遣行人赍敕谕令复业,犹虑民之不明知朕心也,又遣卿以大臣谕之,民闻卿以朕命至,皆欢然来归,不劳寸兵,而危者以安,忧者以喜。以是观之,民岂乐于为非者哉?卿斯行于国于民咸有所利。朕甚嘉之,今特遣人以羊酒、彩币劳卿,至可领也。'"(《明太宗实录》卷12上)

洪武三十五年九月戊子,"使臣有还自东南夷者言,诸番夷多遁居海岛,中国军民无赖者潜与相结为寇。上遣使赍敕谕之,敕曰:'好善、恶不善,人之同情,有不得已而为不善者,亦非本心。往者尔等或避罪遣,或苦饥困流落诸番,与之杂处,遂同为劫掠,苟图全活,巡海官军既不能矜情招抚更加侵害。尔等虽有悔悟之心,无由自遂,朕甚悯焉,今特遣人赍敕往谕:凡番国之人,即各还本土,欲来朝者,当加赐赍,遣还中国之人逃匿在彼者,咸赦前过,俾复本业,永为良民,若仍恃险远、执迷不悛,则命将发兵悉行剿戮,悔将无及。'"(《明太宗实录》卷 12 上)

洪武三十五年九月辛卯,"谪工部右侍郎张显宗等戍兴州。显宗,建文中自国子监祭酒升工部右侍郎,往江西招集丁壮募民出粟。上既即位,显宗及江西布政使杨琏、按察使房安、佥事吕升并为军卒执,告其罪。上释不诛,谪戍兴州。"(《明太宗实录》卷 12 下)

从上面《明太宗实录》中三段隐晦的史料记载来看,在朱棣即位的最初 3 个月时间内,东南地区的抵抗运动一直在进行,尤其是建文朝工部右侍郎张显宗在江西领导的"勤王复兴"斗争直到建文四年九月才结束,而东南沿海军民中的"无赖"居然还跑到海岛上继续为"寇"。既然永乐朝官方称他们为军民,怎么还有无赖者?能保证这里边就没有"建文奸党"分子?总之,不管怎么说,朱棣在篡位登基后的 3 个月内,东南地区还没有彻底摆平,因此建文帝出亡该地区完全有时间上的允许和条件上的可能。在此期间建文帝如果带上宝玺甚至袈裟一类的宝物而出亡不是没有可能。而令人遗憾的是有人居然肯定地说:"朱元璋是一代开国帝王,应该不会糊涂到既安排嫡孙当流亡避难和尚,又要他穿上'只有皇帝'才能享用的'龙饰'袈裟,作'流动广告',告诉沿途官吏、民众,自己就是货真价实的皇帝吧。"(蔡震:《华严寺金龙袈裟不是建文帝的》,载 2010 年 2 月 1 日《扬子晚报》)

读来让人晕,看来说这样话的人对明史一无所知,既不晓得《明实录》对那段非常历史是如何记载的,也不了解当时南京城地表与地下的特定地形——明代学者马生龙明明说:"(南京京城)官中阴沟,直通土城之外,……**以备临祸潜出,可谓深思远虑矣**。"【明】马生龙:《凤凰台记事》,载《中华野史》7,《明朝卷一》,车吉心主编,2000 年 1 月第 1 版,泰山出版社)

朱元璋是个从死亡边缘过来的人,其历经的磨难是我们常人所无法想象的,什么样的风浪他没见过?什么样的意外他没经历过?要说老朱皇帝的临终安排,绝不会如今日我们所能见到的已经被朱棣篡改了的《明太祖实录》中的记载,而是应该深思远虑,"以备临祸潜出"。

被吴晗先生列为研究明史必读的三部史书之一《明史纪事本末》这样记载道:"建文四年夏六月乙丑,帝(指建文帝)知金川门失守,长吁,东西走,欲自杀。翰林院编修程济曰:'不如出亡。'少监王钺跪进曰:'昔高帝升遐时,有遗箧,曰:临大难,当发。谨收藏奉先殿之左。'群臣齐言:'急出之!'俄而舁一红箧至,四围俱固以铁,二锁亦灌铁。帝见而大恸,急命举火焚大内。皇后马氏赴火死。程济碎箧,得度牒三张:一名应文,一名应能,一名应贤。袈裟、帽鞋、剃刀俱备,白金十锭。朱书箧内:'应文从鬼门出,余从水关御沟而行,薄暮,会于神乐观之西房。'帝曰:'数也!'程济即为帝祝发。吴王教授杨应能愿祝发随亡。监察御史叶希贤毅然曰:'臣名贤,应贤无疑。'亦祝发。各易衣披牒。在殿凡五六十人,痛哭仆地,俱矢随亡。帝曰:'多人不能无生得失。有等任事著名,势必究诘;有等妻子在任,心必萦系,宜各从便。'御史曾凤韶曰:'愿即以死报陛下!'帝麾诸臣,大恸,引去若干人。九人从帝至鬼门,而一舟舣岸,为神乐观道士王升,见帝,叩头称万岁,曰:'臣固知陛下之来也。畴昔高皇帝见梦,令臣至此耳!'乃乘舟至太平门,升道至观,已薄暮矣。俄而杨应能、叶希贤等十三人同至。共二十二人。"(【清】谷应泰:《明史纪事本末·建文逊国》卷17)

除了谷应泰,明清之际还有一位著名的史学家谈迁在他的史学名著《国榷》中也作了类似的记载。综合此类史料,参阅正史《明史》等,我们将古人描述的建文帝逃离南京这段历史作个概述。

● 建文帝身边有个了不得的神算子程济

建文四年(壬午年)六月十三日,镇守金川门的谷王朱橞与曹国公李景隆眼见燕军压境,他们马上活动起自己的心眼,打开稳如磐石的金川门,由此朱棣燕军没费吹灰之力就开进了南京城。这时,南京明皇宫里的建文帝朱允炆长吁短叹,他从东走到西,从西走到东,来来回回,朱允炆想不通,那个口口声声说自己是高皇帝的好儿子,他怎么能对自己的侄儿这么凶狠,不依不饶,每一招每一式都要将侄儿皇帝往死路上赶,他到底是不是高皇帝的亲骨肉?朱允炆想不通自己以礼治国,仁义天下,怎么会换来这么凶狠的一批野兽围困京师?朱允炆想不通,自己极为倚重的黄子澄、齐泰等亲信大臣怎么这么没用,"削藩"前他们说得头头是道,但谁知就此"削"出了北方大"刺头"燕王来,打了快四年的仗,自己身为天子却居然快要成为阶下囚了,几天前就派黄子澄、齐泰外出宣诏"勤王",不说这"勤王兵"连一个影子都见不到,就是齐、黄两人也像断了线的风筝,他们到底还来不来救驾?朱允炆想不通,方学士方大师那么有才,满腹经纶,可如今兵临城下,他却噤若寒蝉,江郎才尽,这到底怎么啦?皇爷爷,您将大明的江山交给了我,可我没守好啊!没有做好祖上的嘱托,这就是不孝,人世间最大的罪孽莫过于此,活着还有什么意义?想到这里,朱允炆把心一横,打算上吊自杀。

就在这时,翰林院编修程济赶紧前来劝住:"皇帝陛下,您可万万使不得啊!今日之大难,小臣我早已为陛下预测到了,为今之计,没有比外逃更好的办法了,而且这外逃也不能乱跑,只有往南方去,才能躲过这场大劫难。"【明】谈迁《国榷·惠宗建文四年》卷12,P837)

本来万念俱灰的建文帝听到朝中有名的神算子程济的这么一番劝说后就立马打住了,可能有人要问:这个程济究竟是个什么人?他有那么大的本领能为建文皇帝预测到这场大难?

程济,朝邑人,有的书上说他是安徽绩溪人,他精通术数,能掐会算,本领非凡。洪武末年他出任岳池教谕(即岳池县学校长),可没干几年,他把自己送进了天牢里去了,这究竟是怎么一回事?

原来,朱元璋死后,皇太孙朱允炆即位,这个岳池县学校长程济不好好地教他的书,而是干起了自己的"副业"来,还捅了一个天大的娄子——为建文帝及其江山社稷算了一卦,发现未来的某月某日大明帝国的北方将有人起兵造反。程济算完卦以后惊讶不已,出于士大夫"齐家治国平天下"的高度责任感,他马上上书给朝廷,将算卦所得到的结果告诉给了这位新即位的年轻皇帝。

建文帝刚登基不久,大明帝国到处都洋溢着喜悦,怎么穷乡僻壤里冒出这么一个大胆狂徒,尽是一派胡言乱语,朝廷当然无法容忍,建文帝尽管心很仁慈,但他也十分忌讳啊,自己刚即位就碰到有人这样"咒"他,一时来火,以"非所宜言"为名下令将程济逮到京师南京来,关在天牢里。程济这下可将祸闯大了,按照当时的规定,他将要被处死。临刑前,程济大声喊道:"陛下,罪臣再次恳请您啊,不要急于将罪臣我给杀了,您可以将我先关起来,等一段时间看看形势再说,要是罪臣预测不准,您再杀罪臣也不迟啊!"建文帝明事理,觉得程济讲得有理,于是当即下令将程济放回牢里,暂时不杀。

没过多久,朱棣在北平起兵造反,建文帝闻讯后就想起了程济,他从心眼里佩服这位犯了死罪的县学校长,于是马上下令将程济从牢里放了出来,提升他为翰林院编修(相当于中央政策研究室的研究员或者说顾问一类)。朝廷组织人马北伐时,建文帝就派程济作为军中参谋一同北上,但建文朝军队作战可实在不咋样,败多胜少。淮河之战败绩以后,程济被建文帝召回到了南京。但也有人说,建文朝北伐军曾经在徐州大败燕军,朝廷将领开心透顶,就在徐州树碑纪功,举宴欢庆。沉浸在喜悦之中的朝廷军队将领人人笑逐颜开,个个喜不胜收,可就是程济一人郁郁寡欢,有人发现他的行为极其怪异,深更半夜别人都睡了,程济不仅不睡,还一个人偷偷地溜出了军营,到了纪功树碑的地方去,小心翼翼地打开包裹,取出蜡烛与冥纸来,然后点上了火,将所带的冥钱一一给烧了。有人看了实在不理解:祭奠一个胜利记功碑这到底是哪门子的事?

后来朱棣率领燕军从北方流窜到南方来,路过徐州时,见到了朝廷将领所立的那块记功碑,他顿时就火冒三丈,立即下令:"将纪功碑给我捶了!"手下人捶了两三下,朱棣就改主意了,马上又下令:停止捶碑,让人将刻在记功碑上的朝廷将领的名字给一一抄下来。

"靖难"战争结束时,朱棣取出从记功碑上抄下来的名单,按图索骥地缉拿建文"奸党分子",唯独程济得以幸免,因为他的名字正

第 4 章 逃离南京 亡命天涯

好刻在朱棣军士捶碑的落锤处,这下程济"神算子"的名气就更大了。但也有人认为,"靖难"战争中朝廷军队没有在徐州打过什么胜仗,换句话说,压根儿就没有这么回事。(《明史·程济传》卷143,列传第31)

● **朱元璋临终前留下神秘的铁盒子救了建文帝的命**

金川门事变突发而来,程济看到建文帝走投无路,他马上起了一卦,给建文帝进行占卜,结果发现建文帝只有到南方去才能躲过这场大劫难。经历了那么多的事,建文帝直后悔当初错怪了程济,他现在可以不信别人,但对具有"神算"特殊本领的程济却是深信不疑了。程济一劝导,建文帝就放弃了自杀的念头。

就在这时,一直在建文帝身旁的太监王钺"噗通"一声跪倒在地,他对建文帝说:"皇上,小的有事要向您禀告。昔日太祖高皇帝升仙时,曾经给您留下一只箧子,命小的悄悄地将它安放在皇宫里头的奉先殿(等于是皇宫里的朱家家庙),并特别指示:'只有当大难临头之际方可打开它'。"

大殿上的大臣们一听到竟有这样的事情,就不约而同地说:"那就赶紧把它拿来啊!"王钺以及在边上的几个太监听到这样发话,就三步并作两步地直奔奉先殿,一会儿就将那只红色的箧子抬来了,顿时整个大殿上的所有人的目光都锁定在那只红箧子上,只见那红箧子四周都被铁汁浇灌住了,就连两把锁也被浇灌死。建文帝见到红箧子就放声大哭,稍稍过了一会儿,他缓过神来就下令:马上将皇宫给点燃了!手下人听到建文皇帝的发话,赶紧行动,没过几分钟,明皇宫上空顿时升起了浓浓的火焰。这时,建文皇帝的正妻马皇后(大臣马全之女)见到这等情势,马上明白了一切,她义无反顾地跳入了火海……

翰林院编修"神算子"程济等不及建文帝发话,他就自作主张,命人赶紧取来铁器,猛砸那只红箧子,不一会儿,红箧子被砸开了,众人睁大眼睛想看看高皇帝给他的孙子到底留下了什么宝器能救其于大难之中?但令众人失望的是,红箧子里面宝器什么的全没有,有的就是当年"鞋巴子脸"小和尚求生的"法宝":度牒即和尚身份证3张,其上面分别写着名字:应文、应能、应贤;袈裟、帽鞋一应俱备,还有一把剃刀;白金即银子十锭;最令人惊奇的是红箧子内还有朱元璋的朱书御笔:"应文从鬼门出,余从水关御沟而行,薄暮,会于神乐观之西房。"这话的意思是:应文从鬼门出外,其余的大臣从水关御沟潜行,到黄昏时,会集在南京城南的神乐观之西房。

建文帝朱允炆见到皇爷爷留给他的这些救命"宝贝",顿时什么都明白了,他不停地念叨:"天数啊!天数!"程济见优柔寡断的建文帝又要折腾了,他赶紧出来打住,为建文帝薙发,这样,应文和尚有了"着落"了,那么,应能、应贤又指的是谁?建文朝大臣中有个叫杨应能的,他是建文帝的三弟(同父异母弟)朱允熥吴王府上的教授(相当于老师与师傅)。杨应能见到度牒有他的大名,便主动出来认了,也薙发为僧,甘愿跟随朱允炆亡命天涯;这时有个监察御史叫叶希贤的也毅然决然地走出了人群,对建文帝说:"小臣名贤,朱书所言'应贤'应该是指小臣,小臣也甘愿薙发跟随陛下,直到永远!"应文、应能、应贤各有"着落"了,他们一一薙发易服,此番情景极为悲壮、凄惨。(【清】谷应泰:《明史纪事本末·建文逊国》卷17,P279)

这时,兵部侍郎廖平向建文帝提议:"再大的功业莫过于保护好嗣君,恳请皇帝陛下让小臣来保护好太子殿下!"建文帝听后觉得十分有理,马上将太子朱文奎叫了出来,让他赶紧拜见廖平。简单的拜礼过后,众人一股劲地催促,廖平只好带了太子朱文奎先走了。(【明】谈迁:《国榷·惠宗建文四年》卷12,P837)

当时在朝堂上还有五六十个忠臣立即齐刷刷地跪倒在地上,放声痛哭,纷纷表示誓死追随建文皇帝,为国尽忠。建文帝大为感动,但他想到了更多的事情,于是便说道:"人太多了难保有什么闪失,你们在朝为官多年,官名册上历历记载,如果都走了,燕贼必定深究不歇;况且,你们各有妻儿老小,一旦跟随朕出亡了,日后必定牵肠挂肚,心神不宁。就这样,各自赶快散去吧!"

这时,有个年轻太监伏地不起,哭着跟建文帝说:"陛下平时对小的不错,可小的无力帮助陛下保护江山社稷,惟愿为陛下一死。恳请陛下赶紧赐予御衣御帽,让小的代陛下而去,则陛下逃出后就可永世安宁了。"

听了小太监的这番话,建文帝心如刀绞,他实在不忍心啊!可大臣们在不停地劝着建文帝就依了小太监,建文帝含着泪水将自己身上的龙袍脱了下来,递给了小太监,只见小太监穿上龙袍,向建文帝作揖谢恩后,马上奔出大殿,迅速地跨上白马,义无反顾地驱马纵身于火海之中,远远望去还真像是建文帝自焚而死了。

这时,吏部尚书张紞、监察御史曾凤韶也都站了出来,哭着对建文帝说:"臣愿以死报陛下!"建文帝执意地拂手,示意他们赶快离开! 顿时间,整个朝堂上又哭声一片,有几个大臣听从建文帝的谕旨,离开了明皇宫。(【清】谷应泰:《明史纪事本末·建文逊国》卷 17,P279;【明】谈迁:《国榷·惠宗建文四年》卷 12,P837)

那么,建文君臣最后究竟是怎么逃离出明皇宫呢?

● 建文君臣是怎么逃离明皇宫的?

600 年来人们一直在试图破解建文帝在明皇宫突然"蒸发"之谜。目前为止有两种说法:

第一种说法:建文帝通过明皇宫里头及其周围的暗道逃离的。明朝著名的史学家谈迁是这样说的:建文帝在明皇宫大殿上打发走了一些大臣后,他就与神算子程济、中书舍人梁良用等人通过暗道悄悄地走出了西华门,来到了西华门外的秦淮河,沿着秦淮河往南走,找到了一只空船,建文帝一行人赶紧登船,梁良用拼命划船,往着城南方向行驶,没一会儿,就到了南门,他们弃船登岸,改变了出逃的路线与方向。梁良用哭着对建文帝说:"陛下,臣就此与您永别了!"说完他就走到朱雀桥上投河自尽。梁良用与梁中节、梁良玉、梁田玉等都是同族人,梁家一族有 8 人在建文年间同朝为官,他们个个都是忠臣节士,仅投河殉国者就有 5 人。

再说建文帝一行在南门登岸以后,潜出聚宝门(今南京中华门),乘着夜间月色,他们悄悄地来到了聚宝门东北方的神乐观(今光华东路上的江苏冶金机械厂)。不久,其他十几个大臣也一一来到,当夜,建文君臣就宿于道士王升所在的神乐观,密议出亡之事。

（【明】谈迁：《国榷·惠宗建文四年》卷12，P837）

第二种说法：建文帝通过明皇宫暗道、穿越鬼门而逃离的。持这种主张的，影响比较大的就要数明末清初学者谷应泰了。他说，建文帝和9个大臣通过暗道逃离了明皇宫大殿，直奔鬼门。（原文见前面的引文）

鬼门在明故宫的什么地方？长期以来一直都没有确切的解释，有人认为鬼门应该在明故宫的北边，因为古时候人们出殡时往往不从正门即南门而是从北门出去的，因此有人推测：鬼门在明故宫的北边，也有人说就是太平门。最近潘群先生向笔者提供了一条很有意义的信息：明末清初在苏州一带上演了一出有关建文帝出亡的昆剧《千钟录》，其中就提到了"鬼门"，其台词是这样的："我名允炆，今僧名应文，乃应我之名也。还有朱书一纸：'应文从鬼门而出'。但未知鬼门在何处？"另一人作答："宫中地下暗沟名为鬼门，直通后河。"（【清】徐子超：《千忠禄》，中华书局1989年6月第1版，P21—22）

尽管这是戏剧本子，但它诞生于明代盛传建文帝出亡的苏州，苏州距离南京很近，作者将鬼门解释为地下暗沟或许是借助明代南京人的习惯说法吧，而且后面还有句"直通后河"，这里的"后河"即"后湖"，苏州人口语中的"河"与"湖"是一个音，笔者就是苏州人，对此再熟悉不过了。

后湖，今天没这个名字，它已改名为玄武湖。在玄武湖解放门一带至今人们还能看到有一叫做"武庙闸"的地下水关通道，它直穿明城墙，通往南京市政府大院——这里就是明代京城内的孔庙所在。

说到这儿，必须强调，笔者如此考证并不是说这个武庙闸的地下水关通道就是当年建文帝出逃的地下暗沟什么的，而是说类似于这样的地下通道即使经历了600年沧桑我们还能见到，想必当年建文帝出逃完全有条件。

我们回归正题。就在建文帝和9个大臣赶往鬼门时，迎面碰上了神乐观道士王升，建文帝一行人十分惊讶：我们的秘密行动，这个王升老道怎么会知道？再说王升见到建文帝等人一脸的惊讶，连忙跪下叩头，解释道："万岁！请毋惊讶，贫道早就知道陛下要来这里。昨天夜里高祖皇帝托梦给贫道,让贫道在此恭候!"听到这番天方夜谭似的说辞后建文帝即使再惊诧也容不得多想了,于是他就本能地随着王升乘船来到了太平门,接着又跟着王升到了神乐观。这时,天色已暗,杨应能、叶希贤等13人也一一到了,总共有22人,夜宿神乐观,他们是兵部侍郎襄阳人廖平;刑部侍郎贵池人金焦;翰林院编修三原人赵天泰;翰林院检讨泽州人程亨;按察史祥符人王良;参政南康人蔡运;刑部郎中定海人梁田玉;监察御史松阳人叶希贤;翰林院编修绩溪人程济;中书舍人定海人梁良玉、梁中节;临川人宋和;连州人郭节;刑部司务黄岩人冯㷊;所镇抚沅人牛景先;杞县人王资、杨应能、刘仲;翰林待诏浦江人郑洽;钦天监襄阳人王之臣;太监和州人周恕;徐王府宾辅吴江人史彬(即史仲彬)。(【清】谷应泰:《明史纪事本末·建文逊国》卷17)

● 南京神乐观建文君臣定下出亡之计

众大臣会集神乐观,一起讨论以后的出路问题,建文帝说:"既然命已如此,今后我们就以师徒相称,不必拘泥于君臣之礼了。"诸大臣听到这话,一个个都哭着称"是"。这时有人提出这样的观点:这么多的大臣都跟随建文帝出亡,太显眼了,很容易暴露出来,最好选几个没有家室拖累的并很有力的大臣出来保护建文帝,但最多不要超过5人,其他大臣各找地方隐蔽起来,暗中给建文帝予以生活接济,遥相呼应。建文帝当即称赞说:这个主意不错!大家说着说着就围着一个环形,席地而坐,王升道士忙个不歇,送来了夜宵,大家吃完了夜宵,就将出亡之计商量妥当了:始终不离开建文帝的有3人,即杨应能、叶希贤和程济,杨应能、叶希贤对外称比丘(比丘,梵语,亦作"必刍刍"。出家受具足戒者之通称。简单比划为见习和尚),程济称道人,不用说了,"大法师"就是建文帝啰。

解决好安全警卫问题以后,往来接济送衣送食的也必须要确定好,而且人还不能少,否则万一有个闪失,建文帝就可能会衣食无着或有生命之忧了,于是定下下列6人给衣送食:刑部司务冯催,称"塞马先生",时称"冯翁",时称"马公",时称"马二子";郭节时称"雪庵",后称"雪和尚";宋和时称"云门僧",时称"稽山主人",时称"槎主";编修赵天泰穿着粗布衣服,即称"衣葛翁",时称"天肖子";钦天监王之臣出身在世代以补锅为生的家庭里,就想以补锅作为掩护手段和日后谋生之计,所以外号为"老补锅";所镇抚牛景先号"东湖樵夫",亦称"东湖主人"。(【清】谷应泰:《明史纪事本末·建文逊国》卷17,P280;《明史·牛景先传、河西佣传、补锅匠传》卷143,列传第31)

关于给建文帝给衣送食的六人,有的书上记载不是上述这几个,而是吴成学、蔡运、冯㴤、赵天泰、梁田玉、史仲彬。(【明】《国榷·惠宗建文四年》卷12,P837)

在讨论完安全与生计问题以后,建文帝对大家说:"如今之势我想往云南去,依托西平侯沐晟,诸位看看怎么样?"徐王府宾辅史仲彬说:"大伙儿这么多人,声势也大,而燕王军队大抵控制了京师,一心要缉拿所谓的奸党分子,我们这么多人在一起行动,能不被人觉察出来而告发上去?以我之见,倒不如往来于山水名胜之间,四海为家。我等大臣中家资比较丰厚一点的,随时备好费用,任由皇帝陛下消受享用,有何不可?"建文帝说:"这个主意不错!"当时讨论决定,建文帝轮流居住在七个大臣的家里,这七个大臣是:廖平、王良、郑洽、郭节、王资、史仲彬、梁良玉。但此时建文帝忽然又想到了另外一些事,于是就说:"这个办法好是好,只可暂时住住而绝非是个长久之计啊,更何况我们现在所在的地方是京师南郊的天地坛附近,这还是一个十分危险的地方,明天天一亮我们就必须要离开,但往哪里去呐?"大伙儿讨论后一致认为:天亮后往浙江浦江方向去最为妥当,浙江浦江郑氏是个大族,历来以"忠孝"治家,且本朝开国以来,他们一向对大明君主忠心耿耿,皇帝陛下到那儿是再合适不过了。(【清】谷应泰:《明史纪事本末·建文逊国》卷17)

● 亡命天涯

◉ 建文帝本来要到浙江浦江的,结果却跑到了吴江去避难,最终又上了云南

就在建文君臣商议好出亡之计后,众人终于喘上一口气,心想:天亮以后就逃离南京,到了浙江浦江郑家落下脚,那就比较安全了。可就在当天夜里又有一件意想不到的事情发生了:建文帝的脚痛病发了,估计天亮以后走不了路,这下急坏了大臣们,怎么办?眼下只能是熬呗,一直熬到了天微微有点亮光时,大臣牛景先与史仲彬就急着出去找可以让建文帝载乘的交通工具。当他们走到城南的中河桥时,听到河里有"稀里哗啦"的划船声,牛景先与史仲彬赶紧轻声地喊话:"哪家客船?欲往何处?"船上的人用一口苏州话说:"我们来看看我家老爷!"史仲彬听出是苏州话,知道不可能是朱棣带来的北方人,心里就放心多了,赶紧与牛景先上前再仔细查问,这一问还问出个"巧"了。

原来这是史仲彬老家派人来南京打探消息的,史家老早就听说燕军南下,兵向京师,他们决定派家人来南京探探看,说不准还能帮上什么忙,碰巧给赶上了。

这下大伙儿别提有多高兴,史仲彬与牛景先赶紧回到神乐观,将建文帝悄悄地扶上了船,然后乘着天色尚未全亮的有利条件,建文君臣载乘船只逃离了南京。大约经过8天的行程,又是在天亮时终于到了位于吴江黄溪村的史仲彬家里。与建文帝一同逃到史家避难的有7位大臣,他们是程济、叶希贤、杨应能、牛景先、冯㴗、宋和、史仲彬,其余的就各自散去,相约好每月碰头一次。

再说,史家人听说皇帝来了,他们既喜又悲,喜的是史家有这么大的荣耀——皇帝驾临了,悲的是那么仁慈的一个好皇帝居然落到了这步田地。但不管怎么说皇帝来了就应该好好地招待,史仲彬将建文帝安置在他家大院西边的"清远轩"住下,各大臣赶紧出来拜谒建文帝,建文帝将他的居所"清远轩"改名为"提水月观",并亲自提笔用篆体写下了这几个字。过了三天,其余各个大臣偷

偷地来到史仲彬家聚会,他们在一起待了两天,建文帝就命令他们各自回去。

不久从南京传来消息,那个蛇蝎一般心肠的燕王朱棣在大肆屠杀建文忠臣的血雨腥风中登上了皇帝的宝座,他下令严厉审查建文朝在职逃跑官员,共查出463人,他们全部被朱棣从"国家公务员"花名册与档案中除去。到了建文四年的八月,朱棣又命令礼部下发文件到各地方州县衙门,彻底追查出逃的建文君臣的下落。这时,苏州府衙可能听到了什么风言风语,他们派了吴江邑丞巩德前往史仲彬家里"探探",巩德在史家瞄了一圈,也没有发现什么异常,但他临走时半开玩笑半当真地跟史仲彬说:"有人说建文皇帝在你们家里?"史仲彬回答道:"那是别人瞎说,哪有这样的事情。"巩德最终无获而返,但这次官府的"探风"很大程度上给建文帝君臣一个警示:敌人可能已经盯上了。第二天也就是八月十六日,建文帝与叶希贤、杨应能两个比丘和道人程济一同偷偷地离开了吴江史家,其余大臣也各自一一散去。

建文君臣4人从吴江悄悄出来后,搭乘船只来到了镇江,打南京北边的六合经过,一路西行,大约走了两个月的路程,在十月到达了襄阳兵部侍郎廖平的家里。刚巧碰上朱棣缉拿建文"奸党"的最高指示下达到了湖北,襄阳地方官府正在紧锣密鼓地追查建文君臣出亡踪迹,建文帝觉得:襄阳不能逗留,于是就决定,马上离开,前往云南去。(【清】谷应泰:《明史纪事本末·建文逊国》卷17,P281)

● 漏洞百出的"完美答案"——建文帝出亡后归葬于北京西山

一路上,建文君臣为了躲避朱棣的追杀,他们风餐露宿,可怜一代天子,在品尝了4年人上人的甜蜜和快乐以后,开始吃起了人下人的苦头。

明成祖永乐元年(1403)正月,在经过三个多月的艰难跋涉后,建文帝一行人来到了云南的永嘉寺。从此,他们就以云贵为根据地,往返于云贵、重庆、四川、陕西、甘肃、湖北、湖南、江苏、浙江、两广、福建等省份,进行了长达39年的秘密活动,最终建文帝还是回到了大明皇家宫中,这究竟是怎么一回事呢?(【清】谷应泰:《明史纪事

本末·建文逊国》卷17，P287—288）

据谷应泰的《明史纪事本末》所载：正统五年（1440）云南罗永庵一和尚假冒建文帝案爆发，明英宗下诏将涉案的所有"案犯"押赴北京。据说，当时建文帝与"神算子"程济刚好在罗永庵，所以他们也一同被逮去了。后来英宗朝廷查明：那个自称是建文帝的和尚是个冒牌货，倒是其余涉案的12个"案犯"中有一个是真正的建文帝，因为他年老了有着特别的思归之情，于是就跟审讯他的御史从实相告，御史秘密地给皇帝上了一个折子。明英宗马上选派了曾经服侍过建文帝的老太监吴亮出来辨认。经过确认后，最终将建文帝迎入北京明皇宫西内。

程济听说以后，颇为感慨地说："今日为止作为大臣我才算真正尽到了职啊！"他回到了云南，一把火将他们"修道"的大喜庵（最近网上有人说"大喜庵"即为"罗永庵"）给烧了，并遣散了那里的"修道"弟子。

建文帝入宫以后，明皇宫里的人都喊他为"老佛"，最终他老死在那里，死后葬于北京西山，皇帝下令对建文"老佛""不封不树"。（【清】谷应泰：《明史纪事本末·建文逊国》卷17；【明】谈迁《国榷·正统五年十一月丁巳》卷24，中华书局1958年12月版第2册，P1597）

以上就是建文帝下落之谜的一个"完美"的答案，典型的中国式的故事结局，这样的"智慧杰作"在我们的传统文学中尤为多见。我不太爱看传统小说，它们几乎一个样，什么公子落难，碰到一个美丽的富家小姐，两人一见钟情，以身相许，公子发奋苦读，金榜高中，小夫妻团圆。即使是谴责小说或者用现在时髦词语来讲，就是反腐倡廉小说也要将"皆大欢喜"作为故事的结尾，否则我们民族的情感上接受不了，这就是中国文化与西方文化之间的一大差别。西方文化中以悲剧结束的相当多，留下更多的是后人对前人、前事之思考；而我们的传统文化中强调的是"大团结"、"一团和气"，既然是"大团结"了还用反思与思考吗？所以我们传统社会几千年中后人不断地重复着前人的故事，以前人为榜样，帝王情结尤为严重。而对于帝王的认识，我国人就喜欢成功类型的帝王，相信"胜者王败者寇"的"真理"，那么要是胜者帝王有严重的罪恶，我们中国人都不大愿意去触及,因为他们都是"伟人",所以更不敢去批判,只好曲意地编造,上述"建文帝出亡后最终归葬于北京西山"就是这样一个典型。

● 对错误结论的剖析

明初的这段叔侄相争无情地向国人摆出了一个史实:下台的是个好皇帝,下台的主因是他不懂得"枪杆子里面出政权",上台的是个好坏参半的强势皇帝,怎么来描述这段政治与血亲、善良与邪恶之间的不可调和性? 只能采用民间津津乐道又能体现中国特色的"完美结局":建文帝历尽苦难终于回到了明皇宫里,朱棣对自己的侄儿作恶了,但他的子孙作了"补救"——在北京明皇宫里为建文"老佛"养老送终。但可能令广大国人实在失望的是,这个"完美答案"实际上是漏洞百出,这里仅举几例:

第一,上述建文帝最终结局的"叙述者"是谷应泰,说实在的谷应泰写的《明史纪事本末》一书整体史料价值很高,它成书于《明史》之前,相对来说,受当局的政治影响较少,是我们研究明史的很重要的一部著作,著名的明史专家吴晗先生将它与《明实录》、《明史》并列为研究明史的必读之作。但白璧有暇,谷应泰编撰《明史纪事本末》时对有关建文帝最终下落之谜的取材方面出了问题,从他叙述的整个"故事"内容来看,最早的"版权"应该是属于所谓的"史仲彬"。明史上确实有史仲彬这人,他是建文帝弟弟徐王府的宾辅,他也确实是吴江人,按照《致身录》的说法,史仲彬见证了建文帝流亡的过程,但考察历史上真实的史仲彬却无法做到这样,因为在朱棣孙子朱瞻基宣德年间(丁未年,1427)史仲彬被仇家邻人告发,被捕入狱,最后没出牢门就死了,这里就存在了一个问题:一个老早就被关了起来的"政治犯"怎么会追随建文帝走东跑西?

第二,谷应泰编撰《明史纪事本末》对有关建文帝最终结局中说到太监吴亮出来验证一事,其叙述十分生动、到位。建文帝见到昔日服侍过他的奴才吴亮一眼就认出来了,但吴亮假装不认识,建文帝就开导吴亮回忆过去,后来吴亮趴下检验眼前这位建文帝是不是左脚上有趾,当吴亮认出了所谓的建文帝后,他羞愧地上吊自杀了,等等。

对此,著名明清史专家孟森先生考证后指出:"《实录》载正统六年三月丁巳,宥司礼监太监吴亮罪。锦衣卫奏,内使范好管本监外橱,私以闲地役人匠,与太监吴亮种菜,纵容人匠置饮食之具,以致火延厨房,内竹木白藤车辆等料150余万,尽焚之。亮等俱当鞫罪。上命司礼监记亮死罪,宥之。此正杨应祥瘐死之时,而以为亮复命自经,何邪?"(【民国】孟森:《建文逊国事考》,《孟森著作集·明清史论著集刊》上,中华书局2006年4月第1版,P5)

第三,谷应泰在《明史纪事本末》中说建文帝最后死在北京,葬在西山。谈迁在《枣林杂俎·建文皇帝葬》中记载着:"建文帝葬处,距景帝陵不远,石碑题曰:'天下大法师之墓。'驸马都尉巩永固,请追谥称皇帝。上语辅臣曰:'建文无墓,何凭追复尊号?'乃止。盖辅臣不知据此以对也"(【清】杨士聪:《玉堂荟记》)。但孟森先生经过考证后认为,北京西山的塔寺根本不是建文帝的,而是辽金元时代的贵族墓葬:"北京金山口景陵之北,相传有天下大师之塔,谓是建文帝坟,此尤无据。(朱)彝尊尝登房山,山隅有乱塔寺,瘗僧骨不可数计,绕山村落,田中也多僧塔,或题司空,或题司徒,或题帝师、国师,盖辽、金、元旧制则然。所称天下大师,不足为异,而乃诬为建文帝墓。既云不封不树矣,其谁复立石为表?"(【民国】孟森:《建文逊国事考》,《孟森著作集·明清史论著集刊》上,中华书局2006年4月第1版,P2)

第四,自《致身录》、《从亡随笔》、《明史纪事本末》等问世后,有关建文帝出亡之事不仅是妇孺皆知,而且越来越"明朗化",有人甚至说得出建文帝某年某月到了什么地方,见了哪几个建文朝故臣,某年某月建文帝脚痛病犯了,又是某人偷偷地为他治好了(【清】谷应泰:《明史纪事本末·建文逊国》卷17,P281—288)。这就怪了,原本发生在明初的历史越到后来越说得具体了,似乎有人一直在跟着建文帝,见证了以往的一切,这可能吗?

对于如此绘声绘色的建文帝出亡及其出亡后事,同为明清之际的史学家查继佐在他史学著作《罪惟录》中提出了"十六疑"。(【清】查继佐:《罪惟录·外志·建文逸纪》志卷之32)

查继佐考证了当时各种流传的建文帝下落之谜,认为没有一个答案是可靠的,而唯一可信的是建文帝的尊号"让皇帝",那是南明政权给建文帝平反,重新将其"归入"皇家祖祠太庙时所追尊的,弘光帝还恢复了建文纪年,将"革除"的反动又给它翻了过来。建文帝当政四年,最终被朱棣赶下台,他逊国而去,不是"让皇帝"又是什么?(【清】查继佐:《罪惟录·惠宗帝纪》帝纪卷之2)

以上我们通过论证,否定了"建文帝出亡后最终归葬于北京西山"之说,那么有读者朋友肯定要问了,建文帝出亡后到底如何?或言建文帝最终出亡何处?

● 建文帝全国"漫游"

从明到清,从古代到近代,直至现代,无数的人们都在不懈地追寻建文帝出亡后的最终下落之谜。

2008年笔者曾将明清以来建文帝出亡各地的主要学说作了一番梳理,制作了《明清以来有关建文帝出亡各地主要学说简表》,并放在2009年3月出版的《大明帝国:从南京到北京》之《文弱的书生皇帝朱允炆卷》的第6章内,没想到该书出版后引起了海内外朋友的普遍关注和喜爱。

四五年过去了,有关建文出亡问题的研究又有了新的进展,尤其是2009年8月福建宁德的考古新发现和2010年7月在南京明孝陵召开的"首届明建文帝下落之谜国际研讨会",使得人们对建文帝下落之谜的问题有了新认识。

今笔者将从明代到近现代的有关建文帝出亡后的最终下落之谜的学说重新作修订,我们还是按照大的省区划分,将之归纳起来,大致有云南说、贵州说、重庆说、四川说、两广说、两湖说、福建说、海外说、浙江说、安徽说、江西说、陕西说、青海说、甘肃说以及江苏说。

明清以来有关建文帝出亡各地主要学说简表

出亡省份	具体地点	学说主要来源	出亡故地与遗迹
云南说	昆明	民间传说	圆通山"圆通寺"、西山"太华寺"
	武定	民间传说、谈迁《枣林杂俎·建文皇帝遗迹》	武定县狮子山正续禅寺中有建文帝原型的老衲样塑像、明惠帝祠阁
	洱源	民间传说	洱源县牛街乡龙门舍坝子观音山的龙眠洞
	楚雄	民间传说	楚雄广通寂照庵、牟定县莲城寺
	滇南	民间传说	滇南的指林寺
	大理	民间传说、王崇武:《明靖难史事考证稿》	"大理民家仍有以惠帝(建文帝)为鼻祖者"
	玉溪	民间传说	玉溪通海秀山慈仁阁有建文帝坐像
贵州说	贵阳	民间传说	贵阳太子桥、龙洞、一宿庵、清镇市东百花湖畔的灵永寺、清镇城西华盖洞、红枫湖镇云峰山
	长顺	《贵州省志·名胜志》、金玫《白云山序》、《徐霞客游记》	长顺县思京乡白云山上的罗永庵内有潜龙佛殿、建文铜像、建文帝的亲笔书写的诗、建文帝的遗像
	平坝	民间传说、山东大学刘乐一教授的考证	平坝城高峰山万华禅院原住持范清珍藏的一张"大明建文皇帝遗像"、高峰禅寺有明万历年间的石刻——收留建文帝的事迹
	安顺	民间传说、刘乐一教授、林国恩高级工程师解读	安顺地区关岭布依族苗族自治州县城东15公里晒甲山上的"红崖天书"

(续表)

出亡省份	具体地点	学说主要来源	出亡故地与遗迹
重庆说	市郊	民间传说、谷应泰的《明史纪事本末》	重庆南温泉公园建文峰、建文庙、让皇殿、建文井、"建文遗迹"的石碑
	市郊	民间传说、谷应泰的《明史纪事本末》	磁器口镇白崖山又名龙隐山,白崖寺曾名宝轮寺,后更名为龙隐寺,磁器口镇也名为龙隐镇
	市郊	民间传说、谷应泰的《明史纪事本末》	重庆江北区有个铁山坪森林公园的僧官寺
	渝北	民间传说	重庆渝北区的龙兴镇、龙藏寺;统景镇、御临河
	宜宾	民间传说	宜宾的越溪河一带的隆兴寺
	峨眉山	民间传说	峨眉山寺庙
四川说	富顺	民间传说	金田寺建文帝像
	什邡	民间传说	什邡市的鋈华镇鋈华寺
	邻水	民间传说	邻水的善庆里(即今天的幺滩镇)、无粮寺、御临河、御临峡、御临桥
	巴州	民间传说	巴州县(今平昌县望京乡)金龙台佛罗寺又名望京寺
	崇州	民间传说	崇州市街子镇西部"凤栖山"上的"光严禅院"、晓皇寺、回龙寺、龙潭寺、瑞龙桥、御龙桥、朝元寺以及建文帝禅院
	大邑	民间传说	大邑县白岩寺
	巴中	民间传说	符阳坝、佛头山、金花寨
	马边	民间传说	乐山市马边彝族自治县牛王寺

第 4 章 逃离南京 亡命天涯

(续表)

出亡省份	具体地点	学说主要来源	出亡故地与遗迹
四川说	江油	民间传说、明末陆人龙的小说《型世言》	江油市重华镇的龙州大业山(也就是今天的藏王寨山)龙泉寺(今改名"回龙寺")
	广元	民间传说、广元市青川县青溪镇当地的"广佛碑"上的《鼎建华严庵碑志序》、《明史纪事本末》	广元市青川县青溪镇莲花山上的"建文陵"、华严庵,及庵前曾有一块写着"大明建文皇帝万岁万岁万万岁"黄龙镶边的金字牌,有人称之"明十四陵"、"建文陵"
	达县	民间传说、邓高《支撑"明朝建文帝魂归四川省达县中山寺假说"的主要证据》	达县中山寺、地名朱明安、皇二岭
两广说	肇庆	民间传说	广东肇庆七星岩仙女湖"石洞古庙"旁的"出米洞"
	南宁	民间传说、《徐霞客游记》、邓士奇《应天禅寺记》等	广西南宁横县宝华山原有横州寿佛寺,相传明初建文帝避难于此,寿佛寺改称为应天寺,曾有建文帝亲书"万山第一"题额
	宜山	民间传说、《徐霞客游记》	据说广西宜山还保留了建文帝亲书的"祭台"和"泣血"两方石刻
	玉林	民间传说、谷应泰的《明史纪事本末》	玉林市的水月岩,据说当年建文帝在此避难了12年才前往思恩府主动公开身份
湖广说	衡州	谈迁《枣林杂俎·建文皇帝遗迹》	衡州有华严寺建文岩、碑记
	益阳	民间传说	益阳会龙山栖霞寺
	娄底	民间传说	娄底湄江藏君洞和传说中的建文帝墓

（续表）

出亡省份	具体地点	学说主要来源	出亡故地与遗迹
湖广说	长沙	民间传说、杨扩军：《关于影珠山与明建文帝出亡我之见解》	长沙县影珠山
	湘潭	何歌劲《建文帝改名何必华落籍湘潭论》、《建文帝之谜》	《湘潭银塘何氏八修族谱》和《湘潭锦石何氏七修族谱》等资料
	武昌	《让氏家谱》、《让庆光老人的来信》	让庆光：《让氏家谱》、台湾陈万鼐：《明惠帝出亡证》、商传：《〈让氏家谱〉与建文帝出亡考》、武昌洪山宝通禅寺、洪山区青菱乡青菱湖畔的青菱寺
	荆州	民间传说	荆州沙市太师渊的章华寺
福建说	泉州	陈水源《杰出航海家郑和》、《清源文献纂续编》	泉州开元寺
	福州	谷应泰《明史纪事本末》、查继佐《罪惟录》、郑宽涛《试揭建文帝隐藏闽侯雪峰寺的神秘面纱》	福州的雪峰寺
	宁德	马渭源：《追踪大明第一谜案：建文帝出亡福建宁德?》；郑自海《论福建支提寺"建文袈裟"闭嘴龙纹饰为明初皇家的规制》；王道亨：《明建文帝朱允炆出亡宁德——长眠金贝考略》	福建宁德霍童镇支提山华严寺云锦袈裟；宁德市金涵畲族乡上金贝村古墓及其舍利塔

(续表)

出亡省份	具体地点	学说主要来源	出亡故地与遗迹
浙江说	浦江	《明史·郑濂传》、查继佐《罪惟录》等	浙江浦江郑氏家族有建文帝亲笔御书"孝义堂"、"建文帝井"、"跷脚灯头"、"老佛社"
	兰溪	清朝光绪年间编修的《兰溪县志》	浙江兰溪市灵洞乡白坑村东山上的东山寺(今名皇回寺)、"天王殿"、程济墓碑
	武康	谈迁《枣林杂俎·建文皇帝遗迹》	武康县证道寺
	永康	陈振鸽:《建文帝出亡永康考记》	据说当地村民发现疑似建文帝坟墓,轮流看守
	余杭	谈迁《枣林杂俎·建文皇帝遗迹》	良渚镇东明山古道寺今名"东明寺",曾有建文帝的自画像
	台州	谷应泰《明史纪事本末》、民间传说	天台县城附近赤城山上紫云洞曾经是建文帝的栖身之处
	宁波	徐兆昺《四明谈助》中所引雍正《宁波府志》、《明史纪事本末》	宁波桃花渡、莲花洋、普陀山
安徽说	广德	姜清《姜氏秘史》、黄佐《革除遗事》	安徽广德古道
江西说	上高	民间传说	江西的上高县的蒙山
	上饶	民间传说	江西的上饶市东北的三清山三清观龙头等物

(续表)

出亡省份	具体地点	学说主要来源	出亡故地与遗迹
江苏说	太仓	民间传说	苏州市太仓县双凤镇程济祠
	溧阳	民间传说	南京南边溧阳古道
	无锡	民间传说	据说无锡军嶂山成性寺大殿上的那块"大圆满觉"匾是建文帝留下的墨宝、惜杀桥
	苏州	张有誉《积翠庵记略》和清代撰写的《苏州府志》与《吴县志》,徐作生先生考证	苏州太湖西洞庭山岛上鼋山普济寺、吴县穹隆山福臻禅院、拈花寺、皇驾庵、御池、御桥池、神道、宝顶、方台、皇坟、皇驾庵雕龙柱础等
陕西说	汉中	潘京《明建文帝在汉中南郑的下落探寻》	"挂榜崖天书"
青海说	乐都	根据《创新渭源县志》记载推测,公维章《明建文帝出亡青海瞿昙寺新探》	类似明代汉族皇家宫廷风格的佛门寺院建筑群——瞿昙寺,人称"小故宫"
甘肃说	兰州	民间传说	相传张三丰弟子武当玉虚宫道人孙碧云在兰州金天观引诱建文帝露面
海外说	印度尼西亚	民间传说	印度尼西亚苏门答腊岛巴眼亚比村
	马来西亚	民间传说	马来西亚槟城、吉隆坡和马六甲等地都有传说遗迹
	法国	民间传说	当代法国球星里贝里自称是建文帝的后裔

注:①上表主要资料来源:【明】姜清《姜氏秘史》、【明】黄佐《革除遗事》、【明】赵士喆《建文年谱》、【清】查继佐:《罪惟录》、【清】张廷玉《明史》、【清】谷应泰《明史纪事本末》、【明】谈迁《国榷》和《枣林杂俎》、徐作生《泛槎考谜录·十二历史悬案揭秘》、2010年7月南京明孝陵《首届明建文帝下落之谜国际研讨会论文集》、何歌劲《建文帝之谜》和因特网等;②上表原由笔者在2008年制作,放在2009年3月出版的《大明帝国:从南京到北京》之《文弱的书生皇帝朱允炆卷》的第6章内,不曾想到被国内一些网站和出版社、博物馆公然盗

用,其又不署名作者,从事知识文化工作的明火执仗地盗用他人的劳动果实,居然脸不红,皮也够厚的。

  在这么多的建文帝出亡最终下落之谜的"学说"中有着十分浓烈的非理性成分,尤其是近年来,各地为了发展经济,大打历史旅游品牌,什么样的历史人物都可能挖出来,哪怕是坏蛋或文学虚构的人物,都成为了地方政府争抢的"宝贝",最令可笑的是有两个地方为了抢了大淫棍西门庆的故里而几乎对簿公堂,那么对于历史上的好皇帝朱允炆就更不用说,谁都争着要。凡是发现老祖宗留下的某个不认识的"宝贝",就用建文帝御物这个帽子罩着,甚至还有所谓的祖传家谱一类,言之凿凿。更有个别媒体记者可能从来也没读过《明史》或《明实录》一类的基本明史史料,就能以他的常理来判断某物是否与建文帝有关,炒得越响,自己越能装作资深记者,报纸也就卖得越多,至于廉耻、脸皮都可以不要。

  其实有些所谓的文物、古物,只要读点历史的人都会知道。曾经有地方抬出一个螭首官印来,说是建文帝御宝。明眼人一看便知其假,无论是《明实录》还是《清实录》,对于礼制的记载都十分清楚,皇帝御宝是用龙的,也只有皇帝才能用这,螭首官印肯定是由比皇帝级别低的人才使用,所以某地抬出一个螭首官印一看就让明眼人知悉其在炒作。地方在炒作,学术界也不甘寂寞,有些人明明知道就不说,或者绕着弯子说废话,什么也说不死,什么也不肯定、也不否定,由此造成了建文帝下落之谜的"学说"越来越多,越来越让人眼花缭乱。

第5章 宁德考古
揭秘悬案

目前就建文帝出亡各地之说而言,几乎每个地方都宣称他们有所谓的"物证"。但细细推敲的话,要么是孤证,要么是一家之言,自说自话,缺乏层层相连的科学考察证据链,故而笔者一直没对哪一种之说表示过分浓烈的兴趣,但3年前的宁德考古却使我改变了观点。2009年因宁德地方政府的邀请,笔者曾3次前往当地进行实地考古,因发现其有诸多的奇特之处:如支提寺袈裟"透露"的"秘密"既与历史文献相合,又与当地的上金贝古墓所隐含的信息相"呼应",等等。由此笔者与南京大学潘群先生等一致认为:建文帝最终出亡宁德!

对此,中国中央电视台国际中文频道和新闻频道等国内外著名媒体都做了如实的报道。不料却也招来了非议与责难。从纯学术角度来讲,这是十分正常的事情。但问题是这种非议和责难带有极大的非理性,有人甚至想重演他们及其老鼻祖在"文革"中的拿手好戏,这一切想来让人鄙薄不已!

要知道,攻击是代替不了史实与科学研究的,尤其值得人们注意的是,历史学是一门唯史实为依据的学科,与其密切相关的考古学在某种程度上是起到先导性与补充性、核实性等作用,考古正确与否就必须要与历史文献相比对。就目前各地所谓的"建文帝出亡地"而言,惟福建宁德的古物与古文献相合相应,因此说,宁德支提寺稀世袈裟的"出世"本身就"暴露"了建文帝最终出亡的秘密……

2009年年初,笔者在苏北盱眙明祖陵考察时,突然接到江苏省郑和研究会秘书长郑自海先生打来的电话,他告诉笔者:福建宁德最近发现了疑似建文帝墓。这样的消息近年来特别多,也没什么新鲜感,当时笔者就没多大在意。几天后回宁,郑老嘱咐公子郑宽涛先生将福建宁德古墓的相关信息发了过来。说实在的,光看照片上的古墓,几乎什么也看不出来,这事也就在不经意间过去了。过了段时间,福建宁德方面发来了有关上金贝古墓更多、更详细的资料,由此逐渐改变了笔者的最初想法。就在这时,福建宁德方面向我、郑自海先生、郑宽涛先生和南大教授潘群先生等人发出了邀请,让我们前往他们那里去实地考察一下,于是我们就开始了宁德的考古历程。

笔者曾三次前往福建宁德考古现场,其中10月份的一次时间最长,一个人在那儿待了一周,收集了大量的考古资料,拍摄了几百张照片和十几小时的视频,在掌握了翔实的第一手考古资料的基础上,我查找与比对《宋史》、《元史》、《明史》和《明实录》等正史以及最新的考古成果,然后展开分析研究,最终笔者将宁德华严寺云锦袈裟和上金贝古墓的神秘主人"锁定"为失踪了600年的明朝第二位君主建文帝,由此破解大明第一大谜案(好几篇相关文章已在报刊上发表过)。其理由和证据如下:

● 华严寺云锦袈裟"出世","暴露"建文帝最终出亡秘密

华严寺位于福建宁德市霍童镇辖区的支提山上,故世称其为支提寺。支提山坐落于闽东鹫峰山脉中段东麓,远近有九十九峰,层峦叠嶂,绵亘百里,俯瞰全景,宛如莲花,峻秀深邃,古称"闽国东岳"。有名山则有菩萨说法,有刹土则有佛现身,据宋代《高僧传》所载:"释元表,三韩人也,天宝中,来游华土,仍往西域,瞻礼圣迹,遇心王菩萨指示,东南方有灵府。遂负《华严经》八十卷,寻访霍童,礼天冠菩萨,至支提石室而宅焉……于时属会昌搜毁,表将经以华榈木函盛,深藏石室中。殆唐大中元年,保福慧评禅师素闻往事,躬率信士迎于甘露都尉院,其纸墨如新缮写,今贮福州僧寺焉。"这是有关支提山的最早文字记载。历经沧桑,至闽属吴越时,

吴越王钱俶闻其事，宣问祖籍福建福清的杭州灵隐寺了悟禅师，了悟禀说："臣少游闽至第一洞天（指宁德霍童，笔者注），父老相传，山有菩萨止住，时现天灯照耀，宝馨鸣空，知是天冠说法地也。"钱王遂委了悟南来觅圣，开山建寺，此为支提建寺的缘起（图6）。（详见宁德华严寺印发的由赵朴初先生题写"中国支提山——华严寺"字样的简介手册）

图6　福建宁德支提寺（亦名华严寺、华藏寺）

结合宁德地方史料，今人可知华严寺的兴盛始于宋代，但就其闻名范围而言，恐怕最主要还是在福建、浙江一带。据清代崔嶷编写的《宁德支提寺图志》所述，自明朝永乐起，支提寺渐为大明帝国皇家所重，并不时地得到皇帝、皇后或皇太后的御赐，御赐之物很丰富，有佛经、佛像等，甚至还说明万历时大明朝廷赐给支提寺和尚大迁好几件云锦袈裟。据此有人就认为：宁德支提寺内至今还保存完好的那件特殊云锦袈裟就是万历朝廷赐给支提寺的。

不过据笔者在宁德实地考察与查阅相关的史料后发现，史实并非如此。

● 云锦、袈裟为何物？

2009年10月初，在宁德当地统战部杨部长的帮助下，笔者找到了当年"发现"云锦袈裟的支提寺前住持妙果法师，妙果法师已年逾古稀，一般不接待外人，但因陪同笔者一同前往的杨部长曾任过当地的乡党委书记，所以笔者不仅有幸地见到了妙果法师，而且还当面聆听了他"发现"云锦袈裟的经过（妙果法师说的是当地闽东语，幸好杨部长为笔者作了"翻译"）：在上个世纪五六十年代之际，当时年轻的妙果听说有一件与皇帝有关的云锦袈裟流落到了当地一个农民的手里，妙果曾向他要，可那农民不肯给，最后妙果法师竭尽财力用120斤的地瓜粉同他进行了交换，这才将云锦袈裟从凡界接回到了佛门圣地。

然而美中不足的是，该云锦袈裟一直没有引起世人的真正认识。2009年6月7日《扬子晚报》刊载了《南京为少林寺造云锦袈裟——明代云锦袈裟明年复制成功》一文，文中说："（南京云锦研究所）张洪宝告诉记者，2001年，古刹少林寺方丈释永信提出能否为他定做一件云锦袈裟。所里接到任务后，十分犯难，因为从来没有听过有云锦袈裟这一说，更没见过实物。2003年张洪宝开始查找资料，但毫无收获。2005年他开始设计，拿出了10多个方案，也没有被认可。正当所里为如何制作袈裟犯愁时，福建宁德华严寺提出能否为该寺复制一件寺里珍藏的明代袈裟。这件袈裟非同寻常，是目前世上仅存的一件云锦袈裟。据说，明万历年间只做了四件，目前传世一件。华严寺的高僧称这件袈裟比万历要早，是**明永乐年前制作的**……华严寺藏的这件明代云锦袈裟与现代的袈裟有着异同点，现在大家看到方丈们披的袈裟大多为大红底色明黄格纹，在工艺上明显的古代比现代要复杂精细得多。记者问为何从照片上看，明代的云锦袈裟色彩没有新制作的这件鲜艳？张洪宝说：'那是因为**年代久远，500多年了**，还不褪色？'他告诉记者，从他的经验判断，明代的云锦袈裟应当与现在新制作的一样鲜艳，以大红和明黄为主，中间织有多种金线，图案也十分复杂。"（蔡震：《南京为少林寺造云锦袈裟 明代云锦袈裟明年复制成功》，载2009年6月7日

《扬子晚报网》》

可是7个月后的2010年2月1日,同一张报纸《扬子晚报》上发表了同一作者的"新作"《华严寺金龙袈裟不是建文帝的》(该文载《扬子晚报》2010年2月1日A4版),一个原本说是500多年前的宝物在半年后顿时像魔术大师刘谦所玩的魔术一般,一下子变成了400年前古物,其变化之快真令人目瞪口呆,这究竟是哪门子的事?

其实,在笔者看来,这里边至少涉及两大关键性的专业与学术问题:一个是云锦,一个是袈裟。我们先来讲讲云锦。

据南京云锦权威的资深老专家徐仲杰先生的研究:"云锦,有说因为它的图案纹饰应用'云纹'较多而得名。据考证,元、明、清三代南京生产的传统提花丝织锦缎,过去并没有'云锦'这个名称。根据民间云锦业中的艺人谈:它是晚清以来,南京民间丝织业划分为'花'、'素'两个行业后才出现的名称。当时织'素'缎(无花织物)的,称为'缎业';织'花缎'(提花织物)的,称为'锦缎业'。南京锦缎,过去由于是御用'贡品',用料考究、织造工精,花纹色彩典丽精美,人们把它比喻像天上云霞般的美丽,因而南京生产的各种提花丝织锦缎在晚清以后就统被名之为'云锦'。现在一提起'云锦'二字,大家都知道这是指南京生产的各种提花丝织锦缎。"(徐仲杰:《南京云锦史》,江苏科学技术出版社1985年4月第1版,P19)

我们将徐老的考证做个最为简洁的概括:云锦在元明清时代本无其名,是晚清以后南京生产的各种提花丝织锦缎的统称。那么南京云锦有何特点呢?

徐老说:"南京云锦区别于其他地区锦缎的一个重要特点为:**它是大量用金(捻金、镂金,也包括镂银和银线)、并善于用金装饰织物花纹的提花丝织物**。我们从云锦的主要品种'妆花'(包括满金织地,金地上织五彩纹的'金宝地')、'织金'、'织锦'等织物来看,它们的花纹,或**全部织金**、或**部分加金**;或**大面积地**应用各种金(捻金、镂金;捻金又有紫赤圆金和淡圆金之分)和银(捻银、镂银)线,交织于一件彩锦中(如属于'妆花'类的'金宝地',就常用这种手法处理),使整件织物形成一种金彩辉映、瑰丽灿烂、典雅而高贵的艺术效果。"(徐仲杰:《南京云锦史》,江苏科学技术出版社1985年4月

第1版,P15)

由此看来,南京云锦是大量用金并善于用金装饰织物花纹的提花丝织物。这里面突出了用金的问题,以此来考察福建宁德支提寺袈裟的话,其原料为南京云锦看来是不成问题的,更有前文所引的《扬子晚报》报道——南京云锦研究所同志进行的实物鉴定为证。现在人们所关心的是另一个问题——袈裟。

说到袈裟,一般人所知道的无非是电影里或佛事大法会上方丈们所穿的那种特殊衣服。那么,从学理上又将如何来表述它?

袈裟是指"佛教僧尼的法衣。梵语'迦沙曳'的省称。孟郊《送谈公》诗之十一:'牵师袈裟别,师断袈裟归。'吴融《还俗尼》诗:'柳眉梅额倩妆新,笑脱袈裟得旧身。'"(《古代汉语词典》编写组:《古代汉语词典》,商务印书馆 2004 年 8 月版,P730)此为袈裟简明之解释,若要详尽一点的话,由史东等人编写的《简明古汉语词典》这样说道:"佛教僧尼的法衣。将布帛割截成长方形小片,染以间色,更缀合缝制而成。用意在防垢秽,并不同于俗。故又有割截衣、间色衣、无垢衣等名称。"(史东:《简明古汉语词典》,云南人民出版社 1985 年 3 月第 1 版,P212)

今权威的《辞海》说:"袈裟,梵语迦沙曳之略,译曰不正怀、浊染等,亦云缁衣,以其色浊而名。又其制作法,先将布割截为长方形小片,更缀合之而成,宛如田畔,故亦云割截衣,又名田相衣。"(舒新城等主编:《辞海·衣部》,中华民国三十七年十月再版,P1212)

但据笔者目前所掌握的资料来看,恐怕明代学者朱国桢对袈裟名称的解释最为详细:"袈裟名水田衣,又名稻畦帔。王维诗:'乞饭从香积,裁衣学水田';王少伯诗:'……一名无垢衣,一名忍辱铠,一名销瘦衣,一名离尘服,一名莲花服,一名福田衣,一名水田衣,一名稻畦帔,一名逍遥服,一名无尘衣,一名去秽衣,一名离染服,乃知袈裟之原,始于迦罗沙曳'。至(晋代——笔者加)葛洪始加衣字也。"(【明】朱国桢:《涌幢小品》卷 28)

而同为明代人的郎瑛对袈裟颜色变化之考证则为今人提供了有益的参考:"僧衣,僧旧着黑衣,元文宗宠爱欣笑隐,赐以黄衣,其徒后皆衣黄。故欧阳原元《题僧墨菊》诗云:'苾蒭元是黑衣郎,当代深仁始赐黄;今日黄花翻泼墨,本来面目见馨香。'又萨天赐赠

《欣笑隐》诗云:'客遇钟鸣饭,僧披御赐衣。'正谓是也。今制禅僧衣褐,讲僧衣红,瑜伽僧衣葱白。"【明】郎瑛:《七修类稿·僧衣》卷24)

以上对袈裟的诠释很到位,既讲了袈裟的颜色变迁,又讲了它的构成——是由割截成长方形的一片片布帛染以间色后缀合缝制而成的,这是人们对袈裟的概括性认识。

而福建宁德华严寺云锦袈裟却与众不同,如果是不经意瞄一眼的话,那它就几乎没有什么特别的。该袈裟是由长约100厘米的15个长方形小片云锦缀合缝制而成,其整体呈长方形,长度约为一个170厘米高度人伸出双手手臂(人呈大字型)的长度,宽度约为100厘米。由于年代久远,它确实给人的感觉是"其貌不扬",甚至有的地方还有较为严重的破损,套用时下一些人中流行的一句话:"不就是那个破玩意儿"。但要是你仔细观察的话,或许就有石破天惊的大发现。(参见图7:袈裟整体图)

- 八吉祥等图饰特征告诉人们:华严寺云锦袈裟应为明代早期的一件法衣

按理说,袈裟是出家人的法衣,即使再高档的袈裟也是佛家之物,因此,其图饰主题应该是以佛教为主,它的位置应该是在特别显眼的地方,且其图案也应该大而醒目。可宁德华严寺云锦袈裟却很特别,八吉祥、卍字与狮子(又像麒麟)相间的佛家题材图饰在整个袈裟中不仅显得不怎么显眼,而且其"占据的面积"大约不到整个袈裟的1/20。具体分述如下:

○ 八吉祥图饰分散在袈裟的三个地方,只有集中注意力才能看清楚。

佛教八吉祥图饰是指法螺、法轮、宝伞、宝幢、莲花、宝瓶、金鱼、盘长(结)等八种宝物。法螺,据佛经所载,佛祖说法时声震四方,如海螺之音,故而每遇佛家大型法会之际常常吹鸣海螺,其象征佛音声震四方,名声远扬;法轮,原是古印度的一种很有威力的武器,后来有人将它引申为宇宙间速度最快的交通工具,佛教法轮寓意佛法无边,又像轮子一样旋转不息,普度众生。宝伞,代表至高

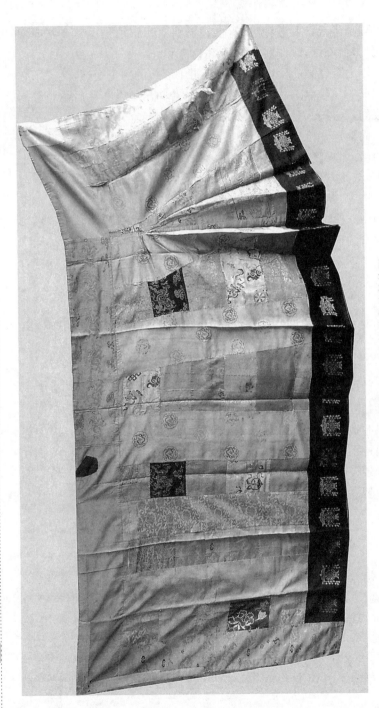

图7 福建宁德华严寺云锦袈裟整体图

无上的权威,象征遮蔽一切魔障和痛苦,保佑人们平安;宝幢,原是古印度呈圆柱形的一种军旗,军中首领以此统率全军击败敌军,后引申为战胜一切烦恼魔军,取得事业的巨大成功与胜利,故而宝幢又可称为胜利幢;根据佛教的传说,当年佛祖出生时就与众不同,他诞生在莲花上,莲花出污泥而不染,纯洁柔美,予人愉悦,在佛教中象征着解脱一切烦恼、清静、圣洁和吉祥;宝瓶是佛之一切善法的宝库,象征财富和智慧诸宝汇聚无漏,福德与智慧俱备,寓意财运亨通,福智圆满,长寿无疆,吉祥如意,故而也深受人们的喜爱;金鱼眼睛常开着,因此在佛教中金鱼眼象征着佛眼,表示佛时时在关照着芸芸众生,又金鱼自由畅游,引申为自由、超越和永生;盘长结又称吉祥结,今称中国结,佛教说,佛有无穷无尽的教法,如网状型,人们若依此就能从生存的海洋中获取智慧之宝和觉悟之宝,寓意为心灵沟通与永恒的爱。(参见《北京雍和宫法器说明册》和周丽丽:《瓷器八吉祥纹机关探》,《上海博物馆集刊》,1987年第4期,第312—332页)

佛教八吉祥最初源于古代印度文化,在早期佛教绘画与造型艺术中,八吉祥图饰大多出现在佛祖释迦牟尼成佛图中,或装饰于象征释迦的双足图案中。它最早传入中国的地区可能就要数西藏了,内地开始流行八吉祥图饰比较晚,大致是在元代。元朝统治者崇尚藏传佛教,因而八吉祥随着藏传佛教的流传而为人们所普遍熟悉,但那时主要用于佛教活动。

朱元璋建立明朝时虽然一反元制,但在治藏问题和宗教信仰方面却基本上延续了元代的做法,加上明前期皇帝都崇信藏传佛教,故而使得明代前期藏传佛教依然大行其道,伴随之,在中国内地已流传的佛教八吉祥突破了佛教活动的范畴,加上它与中国本土的趋吉避害心理相通,所以其更为人们所乐意接受。明初朱元璋甚至规定将八吉祥作为他诸子亲王府宫殿上的装潢图饰。

《明实录》载:洪武四年春正月戊子日,"(朱元璋)命中书定议亲王宫殿制度,工部尚书张允等议,凡王城高二丈九尺五寸,下阔六丈,上阔二丈,女墙高五尺五寸,城河阔十五丈,深三丈,正殿基高六尺九寸五分,月台高五尺九寸五分,正门台高四尺九寸五分,廊房地高二尺五寸,王宫门地高三尺二寸五分,后宫地高三尺二寸五分,正门、前后殿、四门城楼,饰以青绿点金,廊房饰以青黑。四城正门,以红漆金涂铜钉。宫殿栱攒顶,中画蟠螭,饰以金,边画**八吉祥花**。前后殿座,用红漆金、蟠螭帐,用红销金、蟠螭座后壁,则画蟠螭、彩云,立社稷山川坛于王城内之西南,宗庙于王城内之东南,其彩画蟠螭改为龙,从之。"(《明太祖实录》卷60)

《明史》载,明初定"亲王府制:洪武四年定,城高二丈九尺,正殿基高六尺九寸,正门、前后殿、四门城楼,饰以青绿点金,廊房饰以青黛。四城正门,以丹漆金涂铜钉。宫殿栱攒顶,中画蟠螭,饰以金,边画**八吉祥花**。"(《明史·舆服四》卷68,志第44)

那么明前期的八吉祥呈现出什么样的特征?杨鸿姣在《明代藏传佛教八吉祥纹样在汉地的传播及其风格演变》一文作了较为详尽的考证与论述。他指出:**法轮在元代是花轮,到了明初变化成八辐或六辐轮;法螺在明初更加注重对细节的刻画,尤其是对尾部旋进的内部结构的表现;宝伞在明初以继承元代风格的捆住型居多,但相对于元代则更加华丽,较突出流苏和帷幔;明初莲花花瓣排列较为密集,装饰性增加;一对金鱼呈对称式布局**,等等。"吉祥结在永乐时期还保留元代的上下成尖状的特征,宣德时期则演变为上下各有一结的形制,这一形制被后世所承袭,成为吉祥结的固定样式,直至现代的中国结也与此一脉相承。此外,在汉地八吉祥图形中,飘带自永乐时期开始成为必不可少的要素之一。"(杨鸿姣:《明代藏传佛教八吉祥纹样在汉地的传播及其风格演变》,载《西藏艺术研究》,中国西藏信息中心网站2008年11月5日发布)

如果我们将上述明朝早期八吉祥的这些特征用来考察和研究宁德华严寺云锦袈裟中的佛教图饰的话,都能一一找到相对应的答案(参见图8:宁德华严寺袈裟八吉祥图饰)。该袈裟的法轮是六辐轮,法螺尾部旋进结构刻画细腻、形象,流苏与帷幔装饰下的宝伞正被捆着,还有起到点缀作用的飘带自然流畅……不过由于年代久远与破损的缘故,袈裟上的宝瓶之类的个别法物,我们现代人很难辨别清楚,但这并不妨碍我们对它的认定,结合**明清不同阶段南京云锦织法技术与用料、用色、用金之特征进行综合考察**(后文详述),我们认为:**宁德支提寺云锦袈裟应该是明代早期的一件法衣**。(明中叶后八吉祥完全不同了,如宝伞为撑开来形状,可参见徐仲杰先生的《南京云锦史》第136页。)

图8 宁德华严寺袈裟八吉祥图饰

另据云锦研究专家的研究表明,华严寺云锦袈裟为明永乐以前制作的。2009年6、7月间,各媒体相继报道:"南京云锦研究所设计室主任、云锦研究专家张洪宝介绍说,南京云锦研究所曾为北京十三陵(管理处)复制过多件龙袍……宁德支提寺(即华严寺,笔者注)提出能否为该寺复制一件寺里珍藏的明代云锦袈裟。经鉴定,这件袈裟是明永乐之前制作的。"(《支提云锦袈裟惊世人》,载《福建日报网》,2009年7月31日《电子商务平台网站》和2009年《福建省档案局网站》;《南京为少林寺造云锦袈裟——明代云锦袈裟明年复制成功》,载2009年6月7日《扬子晚报网》)

● 佛教图饰在华严寺云锦袈裟整体中不占主导,说明袈裟主人身份很特别?

○ 佛教卐(卍)字与狮子(又像麒麟)图饰

宁德华严寺云锦袈裟上还有佛教内涵题材的就要数卐字图案与狮子(又像麒麟)图饰。在该云锦袈裟的上方横幅下的左右对称的地方,有两个小方块的佛教题材的图饰——六瓣花形内狮子(又像麒麟)图案,中间杂以佛教卍字如意云纹相间(参见图9:宁德华严寺云锦袈裟佛教卐(卍)字与狮子图饰),如此位置之图饰咋看起来还真让人看不清,这意味着华严寺云锦袈裟中佛教题材的图案是辅助性质的? 更有3块分散的八吉祥图饰加上这2小块佛教卐字与狮子(又像麒麟)相间的图饰几乎构成华严寺云锦袈裟佛教题材内容的全部,其所"占据面积"可能是整个袈裟的1/20还不到,且在整个袈裟的图饰中显得微不足道,这一切似乎是在告诉人们:袈裟主人或置办者拥有较少的出世意识或迫不得已出家或作为装饰点缀? 由此笔者联想到明中都鼓楼上的卍字(参见图10:凤阳鼓楼上卍字),中都凤阳是大明帝国都城之一,亦即非佛教圣地,但它的鼓楼上居然用着大大的卍字,看来明初卍字是表达万事吉祥如意的一种心愿,当然也不排除宗教性质在内。但如果我们将袈裟上的卍字与狮子(又像麒麟)图饰相间在整个袈裟中所占据的位置与"面积"综合起来分析,笔者认为宁德华严寺云锦袈裟图饰所要表现的主题应该是以非出世内涵为主,如果再将明代早期佛教八吉祥图饰之特征用来考察宁德华严寺云锦袈裟的话,那么我们可以认定,该袈裟的主人应是明代早期之人,而且他的身份还很特别? 那么他究竟是谁? 在解答这个问题之前,我们不妨先来看看该袈裟的缘边图饰是什么?

图9 宁德华严寺云锦袈裟佛教卐(卍)字与狮子图饰

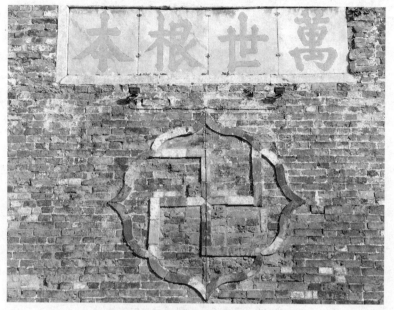

图10 明中都凤阳鼓楼上的卍字

- **宁德华严寺袈裟缘边图饰至少向世人"表明":该袈裟与大明皇家有关**

  ○ 袈裟的左边和右边皆为云龙文图案,这说明该袈裟与大明皇家有关?

宁德华严寺袈裟最左边的一长条云锦上绣有20条小五爪龙,其中间是云纹;最右边一长条云锦上绣有约22条小五爪龙,其中间也是云纹,左右形成对称,这是典型的传统中国人审美情趣;而最吸引笔者注意的是其云龙纹饰边,由于生活在南京,笔者经常上明孝陵和明故宫,那里残存的大明皇家殿陛上的石刻云龙纹早已深深地镌刻在脑海里,所以当笔者在宁德华严寺见到袈裟上的云龙纹图饰时就不由自主地发问:这袈裟会不会是大明皇家的?(图11)

翻阅《明史》,其清楚地记载着,整个明代对于舆服的制作要求和"享用"等方面都有极为严格的规定。**能够享用云龙纹舆服的第**

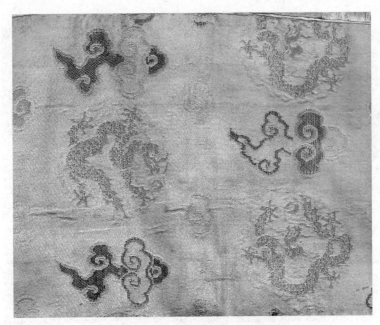

图 11 宁德华严寺袈裟云龙纹饰边

一号人物当数**大明天子**了。除了龙袍,皇帝坐的轿子上也应有云龙装饰。"大辂,高一丈三尺九寸五分,广八尺二寸五分。……辂亭高六尺七寸九分,四柱长五尺八寸四分。槛座皆红髹。前二柱戗金,柱首宝相花,中**云龙文**,下龟文锦"(《明史·舆服一》卷65,志第41)。"以青饰辂盖,亭内贴金斗拱,承红髹匡宝盖,斗以八顶,冒以黄绮,谓之黄屋;中并四周绣五彩**云龙**九。天轮三层,皆红髹,上安雕木贴金边耀叶板八十一片,内绿地雕木贴金**云龙文**三层,间绘五彩云衬板八十一片。盘下四周,黄铜钉装,施黄绮沥水三层,每层八十一折,间绣五彩云龙文。四角垂青绮络带,各绣五彩云升龙。圆盘四角连辂坐板,用攀顶黄线圆条,并贴金木鱼"(《明史·舆服一》卷65,志第41)。"玉辂,亦驾以二象,制如大辂,而无平盘下十二楅之饰。辂亭前二柱,饰以搏换贴金升龙。屏风后无上四楅**云龙**及云板之饰。天轮内用青地雕木饰玉色**云龙文**。而太常旗及踏梯、行马之类,悉与大辂同。"(《明史·舆服一》卷65,志第41)

除此之外,皇帝衣服外面的饰品如玉钩、玉带之类也不能有丝毫的马虎,史书记载:"皇帝冕服……玉钩二,玉佩二,各用玉珩一、

瑀一、琚二、冲牙一、璜二；瑀下垂玉花一、玉滴二；瑑饰云龙文描金……"（《明史·舆服二》卷66,志第42）

第二个可以享用云龙纹服饰的是皇后,"皇后冠服:洪武三年定,受册、谒庙、朝会,服礼服。其冠圆匡,冒以翡翠,上饰九龙四凤,大花十二树,小花数如之。两博鬓十二钿。袆衣,深青绘翚,赤质,五色十二等。素纱中单,黼领,朱罗縠逯襈裾。蔽膝随衣色,以緅为领缘,用翟为章三等。大带随衣色,朱里纰其外,上以朱锦,下以绿锦,纽约用青组。玉革带。青袜、青舄,以金饰。永乐三年定制,其冠饰翠龙九,金凤四,中一龙衔大珠一,上有翠盖,下垂珠结,余皆口衔珠滴,珠翠云四十片,大珠花、小珠花数如旧。三博鬓,饰以金龙、翠云,皆垂珠滴。翠口圈一副,上饰珠宝钿花十二,翠钿如其数。托里金口圈一副。珠翠面花五事。珠排环一对。皂罗额子一,描金龙文,用珠二十一。翟衣,深青,织翟文十有二等,间以小轮花。红领褾襈裾,织金云龙文。中单,玉色纱为之,红领褾襈裾,织黼文十三。蔽膝随衣色,织翟为章三等,间以小轮花四,以緅为领缘,织金云龙文。玉谷圭,长七寸,剡其上,瑑谷文,黄绮约其下,韬以黄囊,金龙文。玉革带,青绮鞓,描金云龙文,玉事件十,金事件四。大带,表里俱青红相半,末纯红,下垂织金云龙文,上朱缘,下绿缘,青绮副带一。绶五采、黄、赤、白、缥、绿,纁质,间施二玉环,皆织成。小绶三,色同大绶。玉佩二,各用玉珩一、瑀一、琚二、冲牙一、璜二,瑀下垂玉花一、玉滴二；瑑饰云龙文描金;自珩而下,系组五,贯以玉珠,行则冲牙二滴与二璜相触有声；上有金钩,有小绶五采以副之,纁质,织成。青袜舄,饰以描金云龙,皂纯,每舄首加珠五颗。"（《明史·舆服二》卷66,志第42）

第三个可以享用云龙纹舆服的是皇太子,"皇太子金辂,高一丈二尺二寸有奇,广八尺九寸。辕长一丈九尺五寸。……辂亭高六尺四寸有奇,红髹四柱,长五尺四寸。……亭内周围青斗拱,承以丹漆匡,宝盖斗以八顶,冒以红绮,顶心绣云龙,余绣五彩云文。天轮三层皆红髹,上雕木贴金边耀叶板七十二片,内饰青地雕木贴金云龙文三层,间绘五彩云衬板七十二片,四周黄铜装钉。上施红绮沥水三层,每层七十二折,间绣五彩云龙文。四角之饰与大辂同,第圆条用红线。"（《明史·舆服一》卷65,志第41）

第四个可以享用云龙纹服饰的是皇太子妃,"皇太子妃冠服:洪武三年定,礼服与皇妃同。永乐三年更定,九翚四凤冠,漆竹丝为匡,冒以翡翠,上饰翠翚九、金凤四,皆口衔珠滴。珠翠云四十片,大珠花九树,小珠花数如之。双博鬓,饰以鸾凤,皆垂珠滴。翠口圈一副,上饰珠宝钿花九,翠钿如其数。托里金口圈一副。珠翠面花五事。珠排环一对。珠皂罗额子一,描金凤文,用珠二十一。翟衣,青质,织翟文九等,间以小轮花。红领褾襈裾,织金**云龙文**。中单玉色纱为之。红领褾襈裾,领织黻文十一。"(《明史·舆服二》卷66,志第42)

总之,从《明史》的记载来看,在大明帝国能够享用云龙纹舆服的只有四个人,即皇帝、皇后、皇太子、皇太子妃。我们将之再概括一下,即只有皇帝与其配偶和皇帝接班人及其配偶才能享用云龙图饰的舆服,**而福建宁德华严寺袈裟左右两边长条云锦上偏偏是云龙纹,难道这是巧合**?或言这云锦袈裟就是大明皇帝或皇家的?笔者不敢妄断。

○ 袈裟的最下方22个灯笼里绣有"福寿"的字样,居然在《明史》上有"对应出处"

再看华严寺袈裟最下边上的那些并立而排的22个灯笼,仅粗看看除了灯笼还是灯笼,好像什么信息也没有,但若你仔细察看的话,就会发现其内有各式字体的"福寿"两字,那它们在大明皇家有无"对应出处"?(图12)

图12 宁德华严寺袈裟上的灯笼

《明史·舆服志》"大辂"(皇帝坐的大轿子)条中这样说道:"大辂,……亭内黄线绦编红髹匡软座,下莲花坠石,上施花毯、红锦褥席、红髹坐椅。

靠背上雕描金云龙一,下雕云板一,红髹**福寿**板一,并褥。椅中黄织金椅靠坐褥,四围椅裙,施黄绮帷幔。"(《明史·舆服一》卷65,志第41)

大明皇帝的人力轿子上也有"福寿板","轿者,肩行之车。……其制(明制),(皇帝轿子)高六尺九寸有奇。……轿杠二,前后以镀金铜龙头、龙尾装钉,有黄绒坠角索。四周红髹板,左右门二,用镀金铜钉铰。轿内红髹匡坐椅一,**福寿**板一并褥。椅内黄织金绮靠坐褥,四周椅裙,下铺席并踏褥。有黄绢轿衣、油绢雨衣各一,青毡衣,红毡缘条云子。"(《明史·舆服一》卷65,志第41)

大明皇后的大辂上也有"福寿板","皇后辂一,高一丈一尺三寸有奇,平盘。……辂亭高五尺八寸有奇,红髹四柱。槛座上沉香色描金香草板十二片。前左右有门,高四尺五寸有奇,广二尺四寸有奇。门旁沉香色线金菱花槅各二,下绦环板,有明栔,抹金铜鈒花叶片装钉。后红髹五山屏风,戗金鸾凤云文,屏上红髹板,戗金云文,中装雕木浑贴金凤一。屏后红髹板,俱用抹金铜鈒花叶片装钉。亭底红髹,上施红花毯、红锦褥席、红髹坐椅一。靠背雕木线金五彩装凤一,上下香草云板各一,红**福寿**板一并褥。椅中黄织金绮靠坐褥,四周有椅裙,施黄绮帷幔(或黄线罗)。"(《明史·舆服一》卷65,志第41)

查遍整个《明史》记载,能够享用"福寿"字样舆服的只有两人,即皇帝和皇后。由此看来,华严寺袈裟周边饰以云龙纹图案和下方22个灯笼内绣上"福寿"字样都似乎是在"暗示"人们:这不是一件普通的袈裟,而是极有可能与大明帝国皇家有关!

鉴于上述几个因素,我们至少可以这么说,福建宁德华严寺云锦袈裟与大明皇家有关。

● 宁德华严寺"九五之尊"龙饰主题云锦袈裟向世人"表明": 它与大明皇帝有关

众所周知,在中国传统社会,有龙饰物就与皇家有关。尤其是明代对龙凤图饰的使用极为讲究,规制也极为严格。

洪武三年八月丁丑,"诏中书省,申禁官民器服,不得用黄色为饰及彩画古先帝王、后、妃、圣贤人物故事、日、月、**龙**、**凤**、狮子、麒

麟、犀象之形,如旧有者,限百日内毁之。"(《明太祖实录》卷55)

洪武四年二月壬申,"上将幸临濠,谕中书省臣,制:'奉先殿、四代帝、后、神主及龛,须精致。'朕还日,视其成。礼部遂奏:'神主之制,高一尺二寸,阔四寸,跌高二寸,用木为之饰,以金镂、以青字,神龛高二尺,阔二尺,跌高四寸,朱漆镂金,**龙凤花板开二窗**,施红纱,侧用金铜环,内织金文绮为借。'从之。"(《明太祖实录》卷61)

洪武二十四年六月己未,朱元璋"诏六部、都察院同翰林院诸儒臣,参考历代礼制,更定冠服、居室、器用制度"。"官民人等所用金银、磁碇等器,并**不许制造龙凤文**,及僭用金酒樽、椅桌、木器之类,亦不许用朱红金饰。公侯伯至二品,酒注酒盏用金,余用银,三品至五品酒盏许用金,余用银;六品以下酒器许用银,庶民酒注用锡,酒盏用银,余用磁漆。官民人等所用床榻,**不许雕刻龙凤**并朱红金饰,**床帐不许用玄、黄、紫及织绣龙凤文**。"(《明太祖实录》卷209)

《明史》载:"明初俭德开基,宫殿落成,不用文石甃地。以此坊民,武臣犹有**饰金龙**于床幔,马厩用**九五间数**,而豪民亦或熔金为酒器,饰以玉珠。**太祖皆重惩其弊**。"(《明史·舆服一》卷65,志第41)

上述史料明确告诉人们,**明初太祖立制:擅用金龙图饰和"九五"礼数要以重罪论处**。

明代"胡蓝大狱"的"原始"审讯记录——《逆臣录》载:当年大明中青代大将军蓝玉之所以最终被杀就是因为有人控告蓝玉在自己的裤子膝盖处绣有龙饰图案,有谋反之嫌。

朱元璋的心腹大将廖永忠也是因为这个原因而最终走上了不归路,"(洪武)八年三月,(廖永忠)坐僭用龙凤诸不法事,赐死。"(《明史·廖永忠传》卷129)

洪武时代惟一杀剩的两位开国侯爷之一、建文朝第一次北伐统帅耿炳文一生小心谨慎、忠君为臣,但在"建文"转向"永乐"的那个血雨腥风的非常年代里,最终他还是被按上了逾制擅用龙凤图饰的罪名而被迫自绝。史载:"燕王称帝之明年,刑部尚书郑赐、都御史陈瑛劾炳文衣服器皿有龙凤饰,玉带用红鞓,僭妄不道。炳文惧,自杀。"(《明史·耿炳文传》卷130)

以上都是明初之事,那么明中叶以后对严禁龙凤之类图饰的使用执行得怎么样?

明代后期著名的文人学者沈德符给今人留下了这样的记载:"今揆地诸公多赐蟒衣,而最贵蒙恩者,多得坐蟒。则正面全身,居然上所御衮龙。往时惟司礼首楫常得之,今华亭、江陵诸公而后,不胜纪矣。按正统十二年,上御奉天门,命工部官曰:'官民服式,俱有定制。今有织绣蟒、龙、飞鱼、门牛、违禁花样者,工匠处斩,家口发边卫充军。服用之人,重罪不宥。'弘治元年,都御史边镛奏禁蟒衣云:'品官未闻蟒衣之制,诸谱书皆云蟒者大蛇,非龙类。蟒无足无角,龙则角足皆具。今蟒衣皆龙形。宜令内外官有赐者俱缴进,内外机房不许织。违者坐以法。'孝宗是之,著为令。盖上禁之固严。但赐赉屡加,全与诏旨矛盾,亦安能禁绝也!"(【明】沈德符:《万历野获编·蟒衣》卷1,文化艺术出版社1998年6月第1版,P22)

这段史料是说:正统十二年,明英宗曾在北京明皇宫的奉天殿下诏谕给大明工部,严令帝国臣民必须要遵照服舆的"祖制"规定,凡是在衣服上绣有蟒、龙、飞鱼、门牛以及其他违禁图饰的,制作工匠要论罪处斩,工匠的家族成员要发往边疆卫所去充军;而穿用此类严重违禁的服饰者更是重罪不饶。严禁服舆"违制"大约执行了几十年,到了明孝宗时,违禁之风又"卷土重来"。弘治元年,都御史边镛给明孝宗上奏,要求严禁蟒衣,理由是当时的蟒衣上制作的"蟒"很像龙,他指出了蟒与龙之间的差别,蟒是没角没脚的,而龙是既有角又有脚。明孝宗是个有道之君,当即准了都御史边镛所奏,诏令天下,凡是乱用蟒衣者,或以假乱真者,要以国法论处。但随后不久,皇帝赏赐的蟒衣逐渐多了起来,这本身就与先前孝宗的诏令相抵牾。大约到了明代后期,皇帝赐给大臣的蟒衣更是屡见不鲜。但即使这样,就连最受皇帝厚爱的大臣也最"多得坐蟒"。

沈德符对有明一代蟒服的实际使用状况之考察使我们看到:尽管蟒服在明代中后期大行其道,但它毕竟不是"龙袍",因为蟒与龙是有着很大的区别,即有无角和脚的问题。

而笔者在福建宁德华严寺见到的那件云锦袈裟不仅布满了各种"走势"的龙纹:如正中偏上有两个"蓝地逐珠龙纹"、中偏下有"黄地夔龙团花纹"、正上现有六个"金地龙赶珠纹",等等,而且它们都是有角有脚的,绝非是蟒衣,由此,笔者进一步认定,该袈裟为皇家或皇帝所享用。

问题在于皇家与皇帝不是同一概念,那会不会该袈裟是某个大明皇室成员的?我们在回答这个问题之前不妨再来看看该袈裟的主题图饰向人们诉述了什么?

华严寺袈裟除了两边饰以云龙纹的2长条云锦以外,从左到右约有13长条,再加上正上方1长条,共计约有14条云锦,由此形成了该袈裟的主题图饰——"九五之尊"的龙饰图案(参见彩图:宁德华严寺袈裟整体图)。其正中间间隔分布着5条张牙舞爪的五爪龙(该袈裟右下方有一三角形褶皱,平放时其内3条龙常被遮住),它们大致有我们成年人的拳头那么大,而在整个5条五爪龙的上边即袈裟的"横幅"上,笔者曾与南京大学潘群教授反复数了几遍,却只有6条与正中间5条五爪龙差不多大小的五爪龙。当时笔者一时纳闷:怎么会是6这个数,但在仔细观察之后发现,"横幅"上的6条五爪龙并不居中,而是靠右了,若按照居中去比划的话,那么"横幅"上6条五爪龙的左边应该还有3条五爪龙的位置已经被黄色丝绸"补"住了。据此,笔者认定,此袈裟原本"横幅"上应该有9条五爪龙(图13～图22)。

以上所论是将该袈裟平放时所呈现的图饰情景,那么要是将该袈裟穿在身上又将出现何状?笔者当即向华严寺当家慧净法师提出了这样的请求,但没想到他不同意,慧净的解释是,华严寺口头相传的规矩,除非是有着特别德行的高僧,一般住持和方丈等都不能穿此特别的袈裟,幸好陪同笔者的统战部杨部长在旁,他帮助笔者向慧净作了说明:"因研究之需要,您就试着穿一下吧!"慧净碍于情面,就为笔者穿起了袈裟。

当慧净穿好袈裟时,笔者一下子愣住了,原本"横幅"上的那9条五爪龙顿时"跑到"慧净的领子上,原先袈裟右下方一三角形褶皱处平放时被遮住的3条龙此时却全"跑"了出来,笔者当即对慧净身上袈裟的正面与背面所"露"出的五爪龙数了数,恰巧又是5条。更为巧合的是,整个袈裟披在身上时那9条龙与5条龙之分布格局与清朝乾隆帝年轻时的正装画像有着较大的相似。(清代皇帝画像较多为西方传教士所作,其写实主义成分极高——详见马渭源《论明清西画东渐及其与苏州"仿泰西"版画的出版、传播》和《论西画东渐对明清中华帝国社会的影响》,分别载于澳门《中西文化研究》2007年第2期与2009年第1期)

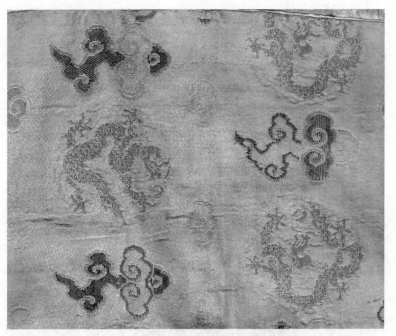

图 13　袈裟左右两花条边上的云龙纹

图 14　宁德华严寺袈裟上正中间的五爪龙

图 15　袈裟上的五爪龙 1

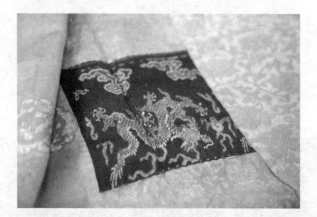

图 16　袈裟上的五爪龙 2

图 17　袈裟上的五爪龙 3

图 18 袈裟上的五爪龙 4

图 19 袈裟上的五爪龙 5

图 20 袈裟上的五爪龙 6

图 21　袈裟上的五爪龙 7

图 22　袈裟上的牡丹

在中国传统社会里,"九五之数"是人世间的最高礼数,只有皇帝才能享用,不得任意造次,尤其自明代开始对其规定更为讲究、更为严格。

据《明太祖实录》所载:洪武三年,定朝会宴享乐舞之数。其中有首歌颂皇帝朱元璋的曲子《风云会》,它是这样唱的:"天眷顾,淮西真人起布衣,正乾刚**九五**,龙飞驾驭,英雄收俊杰,承永命布皇威,一剑立鸿基,三军拥义旗,望云霓四海人归,整顿乾坤,除暴虐,歌圣德,庆雍熙。"(《明太祖实录》卷56)

洪武六年六月辛巳,"中都皇城成,高三丈**九尺五寸**,女墙高**五尺九寸五分**,共高四丈五尺四寸五分,午门、东华门、西华门城楼台基俱高**五尺九分**,午门东南西南角楼台基与城楼台基同,玄武门城楼台基高**五尺九寸五分**,其东北西北角楼台基亦与城楼台基同。御道踏级文用**九龙**四凤云朵,丹陛前御道文用龙凤、海马、海水、云朵,城河坝砖脚**五尺**,以生铁镕灌之。"(《明太祖实录》卷83)

洪武二十四年六月己未,朱元璋"诏六部、都察院同翰林院诸儒臣,参考历代礼制,更定冠服、居室、器用制度"。"**其官民房屋并不许盖造九五间数**,及歇山、转角、重檐、重栱,绘画藻井、朱红门窗,其楼房不在重檐之例。公、侯、伯前厅、中堂、后堂各七间门,屋三间,俱用黑板瓦盖屋,脊用瓦兽,梁栋斗栱檐桶彩色绘饰,门窗枋柱俱用黑漆油饰……"(《明太祖实录》卷209)

具体到舆服,据《明史·舆服志》等史料所载,能享用"九五礼数"之龙饰舆服的也只有贵为人极之主了。皇帝的大辂亭、卤簿大驾等都是如此规制:"以青饰辂盖,亭内贴金斗拱,承红髹匡宝盖,斗以八顶,冒以黄绮,谓之黄屋;中并四周绣**五彩云龙九**"(《明史·舆服一》卷65,志第41)。"(洪武)二十六年,(大明)始定卤簿大驾之制。玉辂一,大辂一,**九龙车一**,步辇一"(《明史·舆服一》卷65,志第41)。甚至连皇帝的舆服一类的制作尺码也得严格遵循"九五礼数","大马辇,……其制,高一丈二尺五寸**九分**,广八尺**九寸五分**,辕长二丈五寸有奇,辇座高三尺四寸有奇,余同大辂。"(《明史·舆服一》卷65,志第41)

如果乱用礼数那是要受到非常的处置。洪武二十八年十一月乙亥,"《礼制集要》成。先是,上谓翰林学士刘三吾等曰:'朕自即位以来,累命儒臣历考旧章,上自朝廷,下至臣庶,冠婚丧祭之仪、服舍器用之制,各有等差,著为条格,俾知上下之分,而奸臣**胡惟庸**等擅作威福,谋为不轨,借用黄罗帐幔,饰以**金龙凤文**,迩者逆贼**蓝玉**,越礼犯分,床帐护膝皆饰**金龙**,又铸金爵以为饮器,家奴至于数百,马坊、廊房悉用**九五间数**,而苏州府民顾常亦用金造酒器,饰以珠玉、宝石,僭乱如此,杀身亡家。尔等宜重加考定,以官民服舍器用等第,编类成书,申明禁制,使各遵守,敢有仍前僭用者,必置之法,成造之人,如之。至是书成,其目十有三,曰冠服、房屋、器皿、伞盖、床帐、弓矢、鞍辔、仪从、奴婢、俸禄、奏启、本式、署押、体式、服制,颁布中外。'"(《明太祖实录》卷243)

朱元璋讲因为宰相胡惟庸家里帐幔用了金龙凤纹,大将军蓝玉不仅床帐、护膝用了金龙图饰,而且他家在建造马坊、廊房时还用了九五间数,这等违制,只能招来杀身亡家了。由此说来,"九五礼数"只能是皇帝享用,其他任何人要是乱用了都要受到非常严厉的处置。

而华严寺袈裟的主题图饰恰恰就具有"九五"礼数,在它们的中间间隔性地排列着许多饰有9蟒的长条云锦。而最为重要的是,与饰有九蟒的长条云锦相间的还有那9条五爪龙和5条五爪龙有规律地分别居正上与正中位置,谁敢享用这等"九五之尊"龙饰主题的袈裟?只有皇帝了!至于其他皇室成员根本就没资格享用,更别提文臣武将了。由此,笔者认为,**该袈裟必定与大明皇帝有关或为皇帝享用。**

● **万历朝官方史书和明万历年间支提寺重建目击者谢肇淛所作的"碑记"等告诉我们:支提寺五爪龙袈裟不是万历朝明廷所赐的!**

看了上述考证,有人可能会提出这样的问题:那会不会这件袈裟是哪个高僧或道士的?

根据《明史》所载"僧道服:洪武十四年定,禅僧,茶褐常服,青绦玉色袈裟。讲僧,玉色常服,绿绦浅红袈裟。教僧,皂常服,黑绦浅红袈裟。僧官如之。惟僧录司官袈裟,绿文及环皆饰以金。道士,常服青法服,朝衣皆赤,道官亦如之。惟道录司官法服、朝服,绿文饰金。凡在京道官,红道衣,金襕,木简。在外道官,红道衣,木简,不用金襕。道士,青道服,木简。"《明史·舆服三》卷67,志第43)

我们否定了华严寺袈裟为高僧服或道士服,可能有人还会提出这样的疑问:会不会是大明皇家赐给哪个高僧的?

2010年2月1日《扬子晚报》一整版发表了《华严寺金龙袈裟不是建文帝的》一文,全文较长,从标题来看真可谓大吸眼球,但仔细阅读后却令人十分失望,该文中居然没有一条确实与可靠的依据,纯凭直觉感官得出了结论,其所要表达的一个中心意思是,现宁德支提寺云锦袈裟是明万历皇帝御赐给大迁国师的。文中说:

"华严寺史称支提寺,在《支提寺志》中明确记载着,这件紫衣袈裟为明万历皇帝御赐给当时的主持大迁国师的袈裟,一共四件,如今只保留下独此一件。""从龙的纹样看,与明初早期的龙纹有所区别,应该是明中期的龙纹图案。而五爪龙出现在袈裟上,不一定证明就是皇帝穿的,三爪龙、两爪龙,反而皇帝龙袍上会有的。""从这些纹样看,与北京定陵出土的万历皇帝龙袍纹十分相似,证明确实是万历年间的东西。"(载《扬子晚报》2010年2月1日A4版)

那么依据呢?文中提到的唯一可查询的依据叫《支提寺志》,但据目前公开出版的该书压根儿就不叫这名,而叫《宁德支提寺图志》,因为该书除了文字外还有一张大图,福建省地图出版社1988年8月第1次出版,它为清康熙年间贡生崔嵸等人编写;文中第二大常识性错误是说大迁为"主持",而就实应该是"住持",连"主持"与"住持"这类基本知识都没有搞清楚,让人看了不能不晕;第三处常识性错误是说大迁为国师。明朝对藏传佛教领袖有封国师的称号,但笔者孤陋寡闻,却从未见过明朝对内地佛教领袖有这样的隆遇,要不然福建一下也变成了藏传佛教特区不成?

对于国师及其以上的封号之讲究,是明初几代皇帝手里定型的,主要受封的是藏区宗教领袖,在此,笔者将明初60~70年间封赏国师以上的僧官尊号列表如下:

明初60~70年大明朝廷封赏的藏区国师以上高级僧官简表

封赏者	封赏时间	封赏之尊号	受封喇嘛	受封影响重心	史料出处
朱元璋	洪武五年四月	灌顶国师	故元灌顶国师章阳沙加	乌思藏怕木竹巴	《明太祖实录》卷73
朱元璋	洪武五年十二月	炽盛佛宝国师	故元摄帝师喃加巴藏卜	乌思藏	《明太祖实录》卷79
朱元璋	洪武七年正月	国师	故元和林国师朵儿只怯烈失思巴藏卜	和林(全称哈拉和林,今蒙古国内前杭爱省)	《明太祖实录》卷89
朱元璋	洪武七年七月	灌顶国师	答力麻八剌	朵甘乌思藏	《明太祖实录》卷91

(续表)

封赏者	封赏时间	封赏之尊号	受封喇嘛	受封影响重心	史料出处
朱元璋	洪武七年七月	圆智妙觉弘教大国师	故元帝师八思巴之后公哥坚藏巴藏卜	萨迦（今西藏拉萨西南）	《明太祖实录》卷91
朱元璋	洪武七年七月	灌顶国师	帕竹第悉释迦坚赞	帕木竹巴	《明太祖实录》卷188
朱　棣	永乐四年三月	灵藏灌顶国师	灵藏着思巴儿监藏	灵藏	《明太宗实录》卷52
朱　棣	永乐四年三月	馆觉灌顶国师	宗巴斡即南哥巴藏卜	馆觉	《明太宗实录》卷52
朱　棣	永乐五年十二月	净修三藏国师	耳亦赤	凉州	《明太宗皇帝》实录卷74
朱　棣	永乐五年十二月	净戒三藏国师	八儿思	凉州	《明太宗皇帝》实录卷74
朱　棣	永乐六年五月	灌顶慈慧圆智昔应国师	僧清来	土鲁番城	《明太宗实录》卷79
朱　棣	永乐八年九月	灌顶弘慈妙济国师	绰思吉领禅巴藏卜	四川长河西（甘孜藏区康定县）	《明太宗实录》卷108
朱　棣	永乐八年九月	净慈妙智国师	掌巴监藏	四川长河西	《明太宗实录》卷108
朱　棣	永乐八年九月	普济慧应国师	掌巴哈罗思巴	四川长河西	《明太宗实录》卷108
朱　棣	永乐八年十月	净觉弘济国师	班丹藏卜	青海西宁	《明太宗实录》卷109
朱　棣	永乐八年十月	广慧普应国师	高日干	青海西宁？	《明太宗实录》卷109
朱　棣	永乐八年十月	慈善弘智国师	失剌查	青海西宁？	《明太宗实录》卷109

（续表）

封赏者	封赏时间	封赏之尊号	受封喇嘛	受封影响重心	史料出处
朱棣	永乐十年正月	慧慈弘应国师	把奔	青海西宁？	《明太宗实录》卷124
朱棣	永乐十年正月	净慈佑善国师	湛查	青海西宁？	《明太宗实录》卷124
朱棣	永乐十年正月	净觉弘慈国师	包剌麻	青海西宁？	《明太宗实录》卷124
朱棣	永乐十一年二月	灌顶圆通妙济国师	哈立麻寺绰思吉监藏	乌斯藏	《明太宗实录》卷137
朱棣	永乐十一年二月	灌顶净慈通慧国师	簇尔卜掌寺端竹斡薛儿巴里藏卜	乌斯藏	《明太宗实录》卷137
朱棣	永乐十三年二月	灌顶慧应弘济国师	领占端竹	乌斯藏	《明太宗实录》卷161
朱棣	永乐十六年正月	弘智净觉国师	端岳藏卜	青海西宁	《明太宗实录》卷196
朱棣	永乐十六年正月	广济妙净国师	马儿藏	青海西宁	《明太宗实录》卷196
朱棣	永乐十六年正月	普济净慈国师	思我失星吉	青海西宁	《明太宗实录》卷196
朱棣	永乐十六年正月	弘慈广智国师	仑奔宛卜查失儿监藏	青海西宁	《明太宗实录》卷196
朱棣	永乐四年十二月	灌顶圆通善慧大国师	哈思巴罗葛罗思	乌思藏	《明太宗孝实录》卷62
朱棣	永乐五年三月	灌顶圆修净慧大国师	字隆遖瓦桑儿加领真	乌思藏	《明太宗实录》卷65
朱棣	永乐五年三月	灌顶通悟弘济大国师	高日瓦领禅伯	乌思藏	《明太宗实录》卷65
朱棣	永乐五年三月	灌顶弘智净戒大国师	果栾罗葛罗监藏巴里藏卜	乌思藏	《明太宗实录》卷65

（续表）

封赏者	封赏时间	封赏之尊号	受封喇嘛	受封影响重心	史料出处
朱 棣	永乐十年正月	灌顶净觉弘济大国师	班丹藏卜	青海西宁	《明太宗实录》卷124
朱 棣	永乐十一年五月	灌顶圆通慈济大国师	哲尊巴	萨迦（今西藏拉萨西南）	《明太宗实录》卷140
朱 棣	永乐十一年五月	灌顶慧慈净戒大国师	必力工瓦（止贡巴）端竹监藏	必力工瓦（今拉萨东北）	《明太宗实录》卷140
朱 棣	永乐十一年五月	西天佛子灌顶净慈弘智广慧大国师	日托巴罗葛罗监粲	乌思藏	《明太宗实录》卷140
朱 棣	永乐十二年正月	灌顶圆通慈济大国师	哲尊巴之父妥巴阿摩葛	萨迦（今西藏拉萨西南）	《明太宗实录》卷一百四十七
朱 棣	永乐十三年二月	灌顶慈慧妙智大国师	缘旦监昝	乌思藏？	《明太宗实录》卷一百六十一
朱 棣	永乐十三年四月	妙觉圆通慧慈普应辅国显教灌顶弘善西天佛子大国师	释迦也失	拉萨及其周边地区	《明太宗实录》卷163
朱 棣	永乐四年三月	灌顶国师**阐化**王	吉剌思巴监藏巴里藏卜（扎巴坚赞）	帕木竹巴（今拉萨南）	《明太宗文实录》卷52
朱 棣	永乐五年三月	灌顶国师**护教**王	宗巴斡即南哥巴藏卜	馆觉（即今昌都贡觉）	《明太宗实录》卷65
朱 棣	永乐五年三月	灌顶国师**赞善**王	著思巴儿监藏	灵藏（即今昌都贡觉北）	《明太宗实录》卷65
朱 棣	永乐十一年五月	**辅 教 王**	萨迦派首领南渴烈思巴	思达藏（今西藏日喀则境内）	《明太宗实录》卷140

(续表)

封赏者	封赏时间	封赏之尊号	受封喇嘛	受封影响重心	史料出处
朱棣	永乐十一年五月	**阐教王**	噶举派领真巴儿吉监藏	必力工瓦（今拉萨东北）	《明太宗实录》卷140
朱棣	永乐十一年五月	**西天佛子**灌顶净慈弘智广慧大国师	巴罗葛罗监粲	日托（近中巴边境的西藏阿里境内）	《明太宗实录》卷140
朱棣	永乐十三年夏四月	妙觉圆通慧慈普应辅国显教灌顶弘善**西天佛子**大国师	释迦也失	拉萨等地	《明太宗实录》卷163
朱棣	永乐五年三月	万行具足十方最胜圆觉妙智慧善普应佑国演教如来**大宝法王**西天大善自在佛**领天下释教**	白教：噶玛噶举黑帽系第五世活佛得银协巴即《明实录》中的"哈立麻"	萨迦、乃东、拉萨、止贡、达龙、康区噶玛等地	《明太宗实录》卷65
朱棣	永乐十一年五月 41个	万竹圆融妙法最胜真如慧智弘慈广济护国宣教正觉**大乘法王**、西天上善金刚普应大光明佛**领天下释教**	花教：元初被封为国师、帝师的萨迦派第五代祖师八思巴之后贡噶扎西即《明实录》中的昆泽思巴	萨迦（今西藏拉萨西南方）	《明太宗实录》卷140
朱瞻基	宣德九年六月	万行妙明真如上胜清净般若弘照普应辅国显教至善**大慈法王**、西天正觉如来自在大圆通佛。	黄教：格鲁派创始人宗喀巴弟子释迦耶希（又名绛钦曲杰）即《明实录》中的释迦也失	拉萨及其周边地区	《明宣宗实录》卷111
朱高炽	永乐二十二年十月	圆觉妙应慈慧普济辅国光范弘教灌顶大善大国师	西天剌麻板的达	洮州卫（今甘南藏区东部）	《明仁宗实录》卷2下

（续表）

封赏者	封赏时间	封赏之尊号	受封喇嘛	受封影响重心	史料出处
朱高炽	永乐二十二年十月	圆融妙慧净觉弘济光范衍教灌顶广善大国师	僧录司右善世智光	洪永时三使尼泊尔、西藏等大西域	《明仁宗实录》卷2下
朱瞻基	洪熙元年六月	圆妙广智大国师	右善世端竹领占	陕西临洮（甘肃兰州南大门）	《明宣宗实录》卷2
朱瞻基	洪熙元年十二月	净觉慈济大国师	僧录司右阐教班丹札失	岷州（甘肃定西市岷县）、北京	《明宣宗实录》卷12
朱瞻基	宣德元年二月	净慈普应大国师	宛卜格剌思巴监藏号	曲先（柴达木盆地西北）、安定等西北)	《明宣宗实录》卷14
朱瞻基	宣德元年二月	弘慈广智大国师	仓奔宛卜查失儿监藏	曲先、安定（甘州西南）等西北地区	《明宣宗实录》卷14
朱瞻基	宣德元年二月	普觉净修大国师	吒思巴领占	曲先、安定等西北地区	《明宣宗实录》卷14
朱瞻基	宣德元年二月	慈善真修大国师	失迦思端宛卜	曲先、安定等西北地区	《明宣宗实录》卷14
朱瞻基	宣德元年二月	妙慈通慧大国师	达巴儿监参	曲先、安定等西北地区	《明宣宗实录》卷14
朱瞻基	宣德二年三月	阿吉簇弘妙广济大国师	吒思巴儿监藏	曲先、安定等西北地区	《明宣宗实录》卷26
朱瞻基	洪熙元年正月	必里衛慈善弘智國師	失剌查	河州、洮州地区	《明仁宗实录》卷6下
朱瞻基	宣德元年三月	灌顶净修弘智国师	阿木葛	乌思藏	《明宣宗实录》卷15
朱瞻基	宣德元年三月	灌顶国师	锁南星吉	乌思藏	《明宣宗实录》卷15

(续表)

封赏者	封赏时间	封赏之尊号	受封喇嘛	受封影响重心	史料出处
朱瞻基	宣德元年三月	国师	领占端竹	乌思藏	《明宣宗实录》卷15
朱瞻基	宣德元年三月	国师	桑结巴高竹斡	乌思藏	《明宣宗实录》卷15
朱瞻基	宣德元年三月	国师	领占班竹儿	乌思藏	《明宣宗实录》卷15
朱瞻基	宣德元年三月	国师	端竹监藏	乌思藏	《明宣宗实录》卷15
朱瞻基	宣德元年十一月	国师	端的监藏领占藏卜	西北临洮府	《明宣宗实录》卷22
朱瞻基	宣德元年十一月	戒净慈应国师	赏触领占	西北安定卫	《明宣宗实录》卷22
朱瞻基	宣德八年三月	国师	剌麻孔思巴舍剌	河州西宁	《明宣宗实录》卷100

从上表可以看出，明初60～70年间大明朝廷从未封过一个内地高僧为国师或国师以上的高级僧官，那么明中后期呢？尤其是万历朝有没有封赏过什么叫大迁的高僧为国师？翻阅596卷的《明神宗实录》，其内出现"国师"字样的共计34处。不过遗憾的是，里边并没有《扬子晚报》那位记者先生和他所采访的"专家"所想象的什么大迁国师，讲的全是藏区高僧那些事。（可查《明神宗实录》卷1～卷596）

撇开种种硬伤，我们来说说"现宁德支提寺云锦袈裟为明万历皇帝所赐"论者的主要依据，即清朝康熙时期崔嵸编写的《宁德支提寺图志》中的有关章节，笔者不妨将它录下公布给广大的读者朋友：

该书第二卷"寺"部分记述了这样的信息："至万历元年，北京吉祥寺大迁和尚感明肃皇太后兆梦事，以师礼敕命中兴，赐额'万寿禅寺'。其规制自髻发脉，三折而下为祖堂、为大雄宝殿，左为伽蓝堂，右为祖师堂，东西两廊连于钟鼓二楼，前为天王殿，殿下甬道距山门长可百武，一时殿阁寮舍备极雄丽。十八年春，迁师诣京复命,太后迎居慈寿寺。八阅月,请乞还山,敕赐全藏六百七十八函,金冠一顶、五爪金龙紫衣一袭、黄盖一把、御杖、金瓜锤、龙凤旗各一付。十九年,抚院赵公参鲁以支提居万山中,艰于祝诵,题请于朝,遵旨奉龙藏及御器并师于本省开元寺供养。师惮应接,诸宰官捐修升山寺为师宴息之所,委藏务于护藏日新法师。二十五年,皇太后遣内官张文赍赐渗金大毗卢一尊,绕座千佛,重一千斤,供大殿中。二十七年,神宗显皇帝体圣母意,钦差御马监太监赵永复赍赐全藏镇山。"【清】崔嵸:《宁德支提寺图志》卷之二,福建省地图出版社1988年8月第1版,P15)

有关中兴大迁和尚,崔嵸这样介绍说:"中兴大迁和尚,师讳圆慧,大迁其字也。北京左护卫指挥杨公邦卿少子。年十九依本京吉祥寺翠峰禅师披剃受具……万历元年,兹(应为慈,笔者校)圣宣文明肃皇太后一夕梦僧人导至东南支提山,礼天冠菩萨,及醒,命中使图迹僧仪,唯师酷肖梦中,召见称懿旨,事以师礼,因敕入闽中兴梵刹。时支提遭钟奎之诬,寺毁僧散,守山僧一阳,志存兴复,力不从心。先是,阳公梦赤虬绕树之祥,适师奉命来山,喜符夙愿,力任兴造之役。师遂命工度材,凡七载告竣。殿宇廊庑焕然一新。其时,三山王参知应钟、林方伯懋和诣师征诘奥义,赞赏不已。及当道刘中丞尧悔、商直指为正、郑观察善及诸藩臬大臣、乡摺(应为缙,笔者校)绅先生,莫不延之上席,以及海内缁素望风皈向参请,殆无虚日,座下恒绕数千指。至十八年,诣京复命,皇太后迎居慈寿寺,遣近侍张近朝左右供奉。未几,请乞还山,太后传旨云:'是山皆有寺,何处不为家?'复留八阅月,赐金冠、黄伞、紫衣、御杖,遣替僧万安赍赐龙藏并随藏器物种种,悉备镇山,甚隆宠也。越三年,诣阙谢恩,太后传旨慰劳。居五阅月奏归,乃赐紫衣四袭,敕中使王文送至江南……"【清】崔嵸:《宁德支提寺图志》卷之三,福建省地图出版社1988年8月第1版,P30—31)

上述两段文字记载中主要有这样几个信息:第一,明万历时有个叫大迁的和尚受皇家之命到宁德来重新建造支提寺,时间是在万历十八年以前;第二,大明皇家两次赐给大迁和尚紫衣袈裟,共计五袭;第三,万历十八年左右,明神宗母亲慈圣皇太后曾赐藏经六百七十八函;第四,万历二十五年后慈圣皇太后"遣内官张文赍赐渗金大毗卢一尊,绕座千佛,重一千斤,供大殿中"。

那么清代人崔嵸这样的记载是否可靠呢?我们不妨来看看明代中后期学问家、福建八大藏书家、明万历年间支提寺重建目击者谢肇淛在《支提山华藏寺重建佛殿碑记》中是如何说的:"今皇帝御极之元年,大比丘大迁公既以无上法宝引导当途,诸宰官为天冠菩萨重建华藏寺于宁德县之支提山。其后十八年,慈圣宣文明肃皇太后以迁和尚道臻觉路,化被海邦,赐藏经六百七十八函。二十五年,复赐渗金大毗卢铜佛一尊。二十七年,皇帝陛下复赐藏经如皇太后。是时和尚已圆寂矣。而高足弟子明启住持当山,实膺二圣敕命。先是,和尚之建寺也,特以安处徒众,修习梵业,以故梁栋仅侈于鸟巢,而殿宇远逊于龙藏。及是,则一亩苔龛,不足副九重之睿藻;数椽花窟,宁堪奉半满之灵文?于是明启遂与诸僧而廖谘之,而邑侯区君日振与余友今蜀参知曹君学佺离辞题疏,为明启怂惠。明启乃肃恭斋法,为众生植根,遂命佣度材,撤鄙陋而架峥嵘;庚□□而就轮稇。赤墀开杜噜之花;缥瓦响频伽之鸟。慧灯与紫泥而并朗,法云扶绀殿以高张。是盖匪但珍藏御赐之三乘,亦所以恭祝蕃厘于二圣者也。是役也,工始于癸卯夏五月,竣于己酉秋八月。兹者,余以服除,将赴阕下,因为支提之游,明启辈谓余有泉石凤根,乞一言以纪始末。余闻昔日了悟禅师之初入山也,一夕之间,丛林宝堑,忽有忽无;香界僧伽,倏聚倏散,愚者疑为幻化,智者赞为神灵。以余观之,成住□空,不分彼此,旦夕尘劫,何较短长?当宋开宝之初,此寺建于侯王,鸳瓦虬檐亏蔽云日,何其盛也。及我正德之末,奇祸中于阐提,千门万户列遘郁攸,又何衰也。迁公兴复于前,弟子夸丽于后。此与了悟所见虽殊迟速,然入佛法眼则百千万亿劫又何异于一瞬者乎?但始者起灰烬为化城,既而由化城为宝所。今诸阇黎欲余记其始末,是以宝所为有是所,有是所者则白坏空,是非余所谓宝所也已。"(【明】谢肇淛:《支提山华藏寺重建佛殿碑记》,载《宁德支提寺图志》卷之四,福建省地图出版社1988年8月第1版,P45—46)

从这篇《支提山华藏寺重建佛殿碑记》中我们可以看出**作者谢肇淛是明万历年间支提寺佛殿重建的见证者**,文中提到了大明皇家赠送的藏经六百七十八函和渗金大毗卢一尊,但没有说大迁和尚将支提寺修得"殿宇廊庑焕然一新"以及大迁本人"海内缁素望风皈向参请,殆无虚日,座下恒绕数千指",而是说"和尚之建寺也,特以安处徒众,修习梵业,以故梁栋仅侈于鸟巢,而殿宇远逊于龙藏……",到了万历十八年以后"慈圣宣文明肃皇太后以迁和尚道臻觉路,化被海邦,赐藏经六百七十八函"。**更为重要的信息是谢肇淛只字未提到什么五爪龙的袈裟或紫衣袈裟什么的。**

那么是不是谢肇淛不识货?绝对不是。

谢肇淛,明中后期福建长乐人,长乐与宁德相距行车2小时左右的路程。有朋友向笔者介绍说,宁德与长乐曾在历史上被划入一个行政区,因此说谢肇淛是宁德当地人或言宁德周围地区人也不为过,当然这不是问题的关键。更有,谢肇淛出身于书香门第的官宦之家,他的原配岳丈郑述是嘉靖二十九年进士,官至广东布政司参议,他的继母为明中后期福建文化名人徐熥的姐姐,而谢肇淛本人又是万历二十年进士,他先后在浙江、南京、云南和广西等地为官,天启元年升任广西按察使,第二年又晋升为广西右布政使和左布政使。由此说来谢肇淛是个官位高、见识广的福建名人,他"喜博览,自六经子史,以至象胥、稗虞、方志、地志、农圃、医卜之书无不蓄"(【明】谢肇淛:《谢肇淛集》,第一册,江苏古籍出版社2003年5月第一版,P2—5)。他满腹经纶,一生著作等身,堪称明中后期的大学问家,如此之人怎么会连五爪龙的袈裟或紫衣袈裟所包含的价值与荣耀都不懂?相比之下,崔嵸是相距谢肇淛半个多世纪后的清代贡生,无论是治学学问、人生阅历还是社会地位都比不上谢肇淛;**再说记述明万历时代的事情难道清代人记述得要比明万历时代的见证人还要可靠吗?** 打个最为通俗的比方,发生在五六十年前的事情,难道民国时代见证人所了解的还不如当今人们清楚?

再说,要是大明皇家真的赐予什么样的重大宝物宝器的话,明代的官史《明实录》应该是有所记载的。万历朝的事比较集中记载在《明神宗实录》中,翻阅没有标点的300多万字、596卷的《明神宗实录》,笔者终于找到了福建宁德支提寺与大迁和尚的相关史料,其仅有两处,今引如下:

"万历十九年闰三月丁卯"条载:"福建所属建安、瓯宁、政和、浦城诸铁炉旧已禁开,其宝丰、遂应二银坑邻近有支提寺,奸宄易藏,**僧大迁**等称奉赐藏经将**铜物**、**旗仗**等件贮住,又海上有番僧,欲效香山故事,乞内地建寺,抚臣曹参鲁请将支提寺僧移入省城寺中,并申矿禁,其海上勾番者,分别首从,照私通日本禁例重治。贩广□船许至高州部覆。从之。"(《明神宗实录》)卷234)

"万历十九年闰三月己丑"条载:"礼部题异端之害,惟佛为甚,缘此辈有白莲、明宗、白云诸教,易以惑世生乱,故禁宜严。近福建有僧妄称钦差,欲重建支提寺,以觊银坑之利。又有番僧亦乞内地造寺,为通番之计,汉上栈道亦复有游僧,妄称差遣,即京师中近有五台僧,自号密藏禅师,潜住惑众,合严行禁逐。上命严逐重治之。"(明神宗实录)卷234)

这是目前我们所能看到的**明朝具有最高权威性的官方正史记载**,两段史料中透露出有关福建宁德支提寺与大迁和尚的信息如下:

第一,"大迁"和尚没有像有人所说的那么高的地位,更不是当今一些所谓"考证者"与"行家"所热捧的"国师",《明神宗实录》明明白白地呼他为僧,明朝有国师封号,不过大迁没得到,只要翻翻《明实录》便可知之。

第二,那个叫"大迁"的和尚奉命欲往宁德,但因为宁德周围有银矿,支提寺和尚都被要求从宁德迁往省城去;

第三,万历十九年"有僧妄称钦差,欲重建支提寺,以觊银坑之利",万历帝"命严逐重治之"。

第四,**大明皇家没给支提寺赠送袈裟**,赠送之物为藏经、铜物、旗仗等。

有人看到上述引用的史料"僧大迁等称奉赐藏经将铜物、旗仗等件"中的"等件"里会不会包含了五爪龙的袈裟或紫衣袈裟什么的?

答案是,不可能!

因为五爪龙的袈裟何等珍贵,一般来说,它不是人臣所能享用得到的!我们不妨再来看看大明朝号称为两大"宰辅"之一的张居正从万历皇帝或皇太后那里得到了什么御赐之物?

隆庆六年八月已巳,"(万历帝)遣中官赍赐大学士张居正奖谕,敕书一道、银一百两、大红纻丝**蟒衣一袭**、彩段四表里,敕略曰:'天植忠贞,性成渊懿,抱匡世之才略,行以诚心,富华国之文章,本于正学,苟利社稷,则无爱发肤,能定国家而不动声色,为朝廷爱惜人材,为祖宗谨守成宪,纪纲縣之振肃,庙社赖以奠安,毕公勤劳四

世,盖多弼亮之功,潞公历事三朝,犹执谦恭之节。'居正疏谢,上报闻。"(《明神宗实录》卷4)

万历元年四月丙子,"大学士张居正等□辞广捷升荫,不允,温旨嘉之,赐居正银百两、**纻丝六表里**,调阳六十两四表里,仍各**蟒衣一袭**。"(《明神宗实录》卷12)

万历元年八月甲寅,"以建元圣寿,赐辅臣张居正**银六十两、钞罗、斗牛、蟒衣各一袭**,吕调阳银四十两,纱罗、仙鹤衣各一袭,讲官陶大临、丁士美各银二十两、二品胸背罗衣一袭,陈经邦等四员各银十五两、五品罗衣一袭,正字官二员各银十两、本品罗衣一袭,居正等疏谢,上报闻。"(《明神宗实录》卷16)

万历元年十一月壬辰,"以辅臣张居正六年考绩,**赐银五十两、纻丝四表里、钞五千贯、茶饭五卓、羊三只、酒三十瓶**,又持谕先生启沃朕心,平治天下,功在社稷,兹当六年考满,特于例外加赐银一百两、**蟒衣、斗牛各一袭**,少示优眷,不必辞。居正疏谢,上复报闻。"(《明神宗实录》卷19)

万历二年五月辛巳,"上(指万历帝)御文华殿讲读时,辅臣张居正偶患腹痛,上知之,**手调辣面一器以赐**,并辅臣吕调阳,各赐金镶牙箸一双同食。"(《明神宗实录》卷25)

万历二年十一月丙子,"上(指万历帝)以圣母慈圣皇太后圣节,赐辅臣张居正等**银纻蟒衣有差**,讲官丁士美等六员及正字官徐继申等二员各赏次之。"(《明神宗实录》卷31)

万历二年十一月壬午,"以平建州王杲,遣英国公张溶告太庙。辅臣张居正言:'辽东功次,近年所无,总兵为最,巡抚次之,总督又次之,升赏之典宜以此为准,兵部居中调度,亦宜升赉。疏中推叙,臣等实为滥及,决不敢当。'次日,上御皇极殿鸿胪寺宣捷,百官致辞称贺。上手札嘉奖辅臣,欲加升荫,居正等恳辞,准免。各**赐银两、表里、大红纻丝蟒衣**。"(《明神宗实录》卷31)

万历三年十月辛巳,"上御文华殿讲读。是日,命中官持《论语讲章》,指其中所引《南容三复白圭》一语,出问辅臣:'白圭何诗也?'辅臣张居正具以诗旨对,中官领以复。上之究心文学如此,**赐辅臣张居正貂皮六张**,吕调阳、张四维各四张,讲官申时行等各三张。"(《明神宗实录》卷43)

万历三年十一月己亥,"赐圜丘分献陪祀执事管官彩币,又特赐辅臣张居正**大红彩织坐蟒胸背纻丝一表里**、**大红彩织蟒衣膝襕纻丝一表里**,吕调阳、张四维各大红彩织仙鹤胸背纻丝一表里、大彩织蟒衣膝襕纻丝一表里,申时行大红金织孔雀胸背纻丝一表里,陈经邦、何雒文、许国、王家屏各大红金织白鹇胸背纻丝一表里,沈一贯大红金织鹭鸶胸背一表里,正字官马继文大红金织白鹇胸背一表里,何初大红金织鹭鸶纻丝一表里。"(《明神宗实录》卷44)

万历三年十一月癸卯,"先是,上出郊视,牲毕,微感风寒,次日当传制誓戒,百官以进药,免朝,旋愈,至日出,诣郊坛,以扈驾**赐辅臣张居正金嵌宝石瓢一个**、**蟒衣带二条**、**斗牛笔袋一个**、**刀筋叉三事……**"(《明神宗实录》卷44)

万历五年五月己酉,"初,兵部以罗旁叙功及辅臣张居正等,居正拟票乃差第诸有功者,各赏赉而不及阁臣。是日中官传谕改票来行,于是居正等疏言:'前已奉旨,以后边功不许叙及辅臣,臣等又岂敢身自犯之?请赐停寝,以安微分。'上乃从之,**仍赐居正银百两**、**蟒衣**、**彩叚**,调阳、四维各银币。"(《明神宗实录》卷62)

万历六年正月戊辰,"**赐元辅张居正坐蟒**、**胸背蟒衣各一**,次辅吕调阳、张四维等斗牛、蟒衣各一,讲官申时行等本衣各一。"(《明神宗实录》卷71)

万历六年正月癸酉,"初,上践阼即修建慈宁宫,以居圣母。张居正奏言:'圣龄方幼,慈驾且居乾清,朝夕与处,俟大婚之后,移居未晚。至是,期迫乃还御慈宁,因谕居正曰:'婚礼在迩,我当还本宫,不得如前看管,先生其敬承之。'**仍赐蟒衣**、**彩叚等物**以示意居正。"(《明神宗实录》卷71)

万历六年正月丁卯,"上元节赐辅臣张居正、吕调阳、张四维等**酒膳有差**。"(《明神宗实录》卷71)

万历六年正月辛未,"赐辅臣张居正脯醢酒果等物。"(《明神宗实录》卷71)

万历六年正月甲戌,"以皇太后还御慈宁宫,赐大学士张居正等**银币有差**。"(《明神宗实录》卷71)

万历六年正月(己卯),"是日,特赐张居正、吕调阳、张四维等**金万喜字及银抹金喜字等物有差**。"(《明神宗实录》卷71)

万历六年正月辛巳,"仁圣皇太后万寿节,上御皇极门受群臣朝贺,诣慈庆宫行礼,**赐大学士张居正等酒馔**。"(《明神宗实录》卷71)

万历六年二月戊申,"以恭视写昭妃宜妃金册,**赐张居正等各银二十两、纻丝表里**。"(《明神宗实录》卷72)

万历六年三月乙卯,"以册妃礼成,上御皇极门,百官致辞称贺,**赐辅臣张居正等各银三十两、纻罗四表里**。"(《明神宗实录》卷73)

万历六年三月戊午,"以恭上两宫徽号礼成,**赐辅臣张居正等银币有差**。"(《明神宗实录》卷73)

万历六年三月己未,"以写诏书成,赐辅臣张居正等、中书徐继中等各**银币有差**。"(《明神宗实录》卷73)

....

张居正是万历帝的老师,又是内阁首辅,可以说贵近人主,万历帝对他是恩宠有加,即使皇太后也对张先生格外礼尊,但是翻遍了300多万字、596卷的《明神宗实录》的每个角落,记载着万历皇帝与皇太后赐给张居正的只是银两、彩币、纻丝表里、美味佳肴、好酒、金嵌宝石瓢、斗牛篋袋、貂皮、金镶牙箸、脯醢酒果、手调辣面,等等,要说最为贵重还有"蟒袍"或言"蟒衣",而不是"龙袍"或"龙衣"。换句话来说,**万历年间即使是贵近人主的宰辅张居正得到皇帝或皇太后的赏赐之物也只是蟒袍或蟒衣,没有龙衣**。

而有人说:福建宁德支提寺五爪金龙袈裟是明万历朝廷赐给大迁和尚的,大迁是僧,难道张居正的地位还不如一个僧吗?(笔者在此声明:绝无贬低"僧"或"大迁"之意。)要不然,万历帝或其母亲犯浑了?

当然,要说龙衣或言龙饰衣服赐给人一例没有,这也太过于绝对。不过就要看看被赐予对象是谁了?万历朝还真有这么一个特例:

万历三十三年十二月丁未,"内阁以皇孙诞育……皇帝致书叔祖岷王:'朕仰承昊穹锡佑,祖德垂庥,于今年十一月十四日,皇太子第一子生,专书奉报,薄遣仪物,用表亲亲之意,至可收纳。'惟叔祖亮之礼物**大红织金闪色团龙常服纻丝一袭**、纱一袭、罗一袭。叔祖唐王文与礼物俱同,叔沈王、楚王、肃王、蜀王文与礼物俱同,但改惟叔亮之弟潞王、崇王、鲁王、荣王、淮王、襄王、代王、吉王、韩王、庆王文与礼物俱同,但改致书为书與,又改专书以报,又改惟弟亮之侄,周王、赵王、晋王、秦王、德王、衡王、侄孙荆王文与礼物俱同,但改致书为书與,又改专书以报,又改惟王亮之郑世子益、世子靖江王**大红织金团龙常服纻丝一袭**,文俱同,但改致书为书與,又改专书,以报惟亮之。"(《明神宗实录》卷416)

整个《明神宗实录》只有这么一段史料记载,由此看来**能享受"织金团龙常服纻丝"的只有大明皇室成员**。换句话来说,万历年间大明皇家成员由皇帝特赐是可以享用龙饰图案的,除此之外,那是严厉禁止的。有史为证:

万历二年十二月乙巳,"礼部覆礼科右给事中梁式题禁左道三条:一曰:'清祠宇。盖寺观庙宇俱载令甲内,有创建必俟奏闻,所以重祠典而端好尚也。今各处大小庵观寺院不可数计矣,而鼎建日繁,募徒相望,规制僭拟于王,度淫祠煽惑,于民风甚非,所以尊主威伐奸萌也,如蒙敕礼部下所司,毁其太甚,罪其擅作,非但民风晓然,各归本业,而奸党渊巢亦彻过半矣;二曰:禁僭踰。夫印文,非官长不用,所以示法守,**龙凤之制非皇家不用**,所以明等威。今寺观焚修疏文,皆用自刻木印,**小民进香旗旛等物多绘龙凤**,是公符可以模拟,而禁物可以私造,小民无知窃弄,往往陷于刑辟,臣愚以为禁之,便又徒众广集,崇奉者如市,则私度之禁与夫约省之条,又不可不申明也;三曰:禁香醮。盖小民进香势之所不得禁也,然揭龙旗而鸣金道路,顶香马而混迹妇男不亦甚乎?民间祈禳势之所不得禁也,然悬榜而高筑坛场,张盖而公行衢巷,不亦甚乎?异端粉饰,声客以诳惑愚俗,未有如近日之盛也。**乞敕下礼部申饬严禁**。'俱从之。"(《明神宗实录》卷32)

万历三十二年九月癸亥,"户科都给事中姚文蔚题接凤阳抚臣李三才揭报,税监陈增搜获参随程守训、王惟忠等奇珍异宝、**潜逆龙文**及家人所供银四十万,惊心骇魄,恨此辈积恶之久而败露之迟,又喜税监能自觉悟而责发之也。但此一事,属人心观望,纪纲存亡,关系不小,前此言者虽多,而增为撑护犹可谓,上未及知,今增自发于地方抚按,会报于阙下,业已形诸邸报,传诸四方矣。夫皇上既已闻且见之,而处置稍不尽法,纪纲全无,反不如未发之为愈也。上命李三才奏内有名人犯,即逮来京追问,不许连累无辜,以安地方。"(《明神宗实录》卷400)

万历四十八年五月乙巳,"礼部右侍郎孙如游上言:'窃惟徼福免祸者,人情也,而巧言祸福以中人心者,左道也。此在白莲、无为等教已两经臣部具题严禁驱逐。近又有红封、大成等教,则避白莲之名,而传其钵,逃无为之号,而广其派,四方各有教首,谬称佛祖,罗致门徒,甚至皇都重地,辄敢团坐谈经,十百成群,环观聚听,且以进香为名,踵接于路,**无论舆仗,擅龙凤为王法所不容**,而旌旗蔽日,金鼓喧天,万一草泽、奸盗或景附以潜藏穴细人,或窜入以内应,是玩视之,以为缁衣黄冠之流者,正酝酿之,以成绿林、黄巾之变者也。方今天不悔祸,人皆幸灾,凡枵腹亡命之辈,方苦栖身无处,而左道适为之窟,归附愈多,势焰愈炽,未必无刘福通其人者,生心窥伺,而四海兵饷又为辽左征调殆尽,诚恐变出不虞,未易扑也。矧值母后梓宫指日发引,都门内外倍宜周防,窃计乌合匪类必有窝藏寺庙庵观,更为匿奸之薮。而城坊厂卫皆有诘奸之司,除臣行文在京、在外地方,但有白莲诸教潜住即加严缉究遣,金鼓旗帜等物追发营伍备用,其游食僧道并窝家严逐连坐;更乞天语,申饬中外臣工一体遵行,庶法纪肃而人心正,乱萌消而世界清矣。'上是之。"(《明神宗实录》卷594)

人臣、小民甚至宗教界都不得擅自享用龙凤图饰看来还是众所周知的,就是人臣私下里、小民们在敬佛时偷偷地画上了龙凤图案就没事?也不行!"**龙凤之制非皇家不用**。"(《明神宗实录》卷32)

由此看来,明代自朱元璋起对龙凤的禁忌之执行一直十分严格,即使纲纪松弛的万历时代还是重视龙凤图饰的禁用,连画画也不行!

从上面翔实缜密的史实考证中我们可以看出,**无论是明朝最具有权威性的官方正史记载**,还是明代中后期学问家、福建八大藏书家、明万历年间支提寺重建目击者谢肇淛所作的"碑记"都既没说福建宁德支提寺五爪金龙袈裟是明万历朝廷所赐予的,也没说大迁和尚是什么国师,可是到了五六十年以后的清代,这一切顿时就"变脸"了,紫衣袈裟顿时"长出"五件了,大迁也变成了慈圣皇太后的师傅了("事以师礼"语见上引文,【清】崔嶷:《宁德支提寺图志》卷之三,福建省地图出版社1988年8月第1版,P30)。到了三四百年后的今天在某些"考证研究者"和那记者先生那里"僧"大迁又变成了"国师",如此考证古物古史,实在令人大开眼界。

另外还有一个重要的证据,那就是宁德支提山华严寺保存完好的《宗谱》。

近来笔者有幸查看到了可能是《宁德支提寺图志》的资料来源——宁德华严寺内藏的编撰于清代的《华严寺宗谱》,该《宗谱》中明确记载道:"(万历十八年)圣上敕赐御宝一,赐大藏经六百三十函,敕谕亭一座,内有敕书一封,敕谕碑一座,御藏碑一座,四大部经各一十二部,金带黄凉伞一把,龙凤旗二副,幢幡一十二首,金冠一十二顶,龙棍一副,龙函一副,**凤锦条紫衣十二领**,凤锦悼帏一十二副,经签一十二双,经袱一十二副,褊衫一十二领,路费银三百两,护藏银五百两,宝号钱二十贯,慈圣母宝象四轴随藏法器全备,钦差太监张护送于十八年八月十五日,到省城蒙都察院老爷赵可怀启本留藏镇省……"(《华严寺宗谱》今藏宁德霍童支提山华严寺,见图23:《支

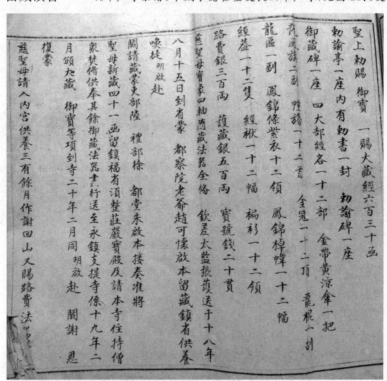

图23 支提山华藏万寿寺宗谱源流考证

提山华藏万寿寺宗谱源流考证》照片）

"凤锦条紫衣"五字明确指出是凤锦紫衣而不是龙饰主题图案的袈裟。由此看来，后人在编撰《宁德支提寺图志》时至少说是叙述不够精确或不甚严谨，以至于最后以讹传讹了，越说越离谱。最近笔者同潘群先生说起了《宁德支提寺图志》讹误问题，潘老觉得甚为好奇，于是他就仔细查对，居然发现其错误多多，如，第 43 页《由霍林上支提记》目下对谢肇淛的介绍，该书说谢为广东大方伯，大方伯为先秦以后对地方封疆大吏的代称，谢肇淛是明清之际的福建名人，他当过广西右布政，称得上大方伯，但《宁德支提寺图志》将广西右布政说成了广东大方伯，连广东、广西都没有搞清楚，该书的史料价值实在令人质疑。

据此，我们至少可以得出这样一个结论：**福建宁德支提寺五爪金龙袈裟是明万历朝廷所赐予的，恐言而无据！**

● 从南京云锦的织法与用料等方面来看：宁德支提寺袈裟不是万历朝的！

说到这里，可能有人发出这样的疑问：从史料上我们已经否定了**宁德支提寺五爪金龙袈裟是明万历朝廷所赐予的**，那会不会如某人从云锦织法与用料等角度所作的判断："从龙的纹样看，（宁德支提寺云锦袈裟）与明代早期的龙纹有所区别。应该是明代中期的龙纹图案。""从这些纹样看，与北京定陵出土的万历皇帝龙袍纹样十分相似，证明确实是万历间的东西。"（蔡震：《华严寺金龙袈裟不是建文帝的》，载《扬子晚报》2010 年 2 月 1 日 A4 版）

对此，笔者曾请教了南京云锦界的一些老前辈及其后人，其中云锦前辈李章甫的后人李少卿先生等对笔者帮助最多。李老潜心研究南京云锦十余年，但他从不张扬，当笔者登门求教时，他予以了十二分热情的指点。当笔者打开宁德支提寺袈裟视频和展示出相关照片后，李老如数家珍地说道：在云锦学理上，那个八吉祥图案叫做"黄地八吉祥妆花缎"，灯笼图案叫做"蓝地织福寿字灯笼纹"，还有"黄四合如意云纹"与"黄地夔龙团花纹"，等等。从整个袈裟的织法与用料来看，这绝对是件稀世珍宝，**都说南京云锦最大**

的特点是善于用金,而宁德支提寺云锦袈裟的用金是相当惊人的,其实这也真是元到明初南京云锦的一大特点;而从织法技术来讲,该云锦袈裟中有"缂丝",而缂丝盛行于宋到明初,由此可以说宁德支提寺云锦袈裟应该是元末明初之物,绝不可能像有人所断言的那样,说它是明中后期万历的,那是另外一种模样。

那么,什么叫"缂丝"? 什么叫善于用金?

《辞源》说:"缂丝,即刻丝,宋时之丝织物。刻丝:《鸡肋编》:'宋人刻丝法起定州,以熟色经于木铮上,随所欲作花草禽兽,收以小梭,织纬时先留其处,方以杂色线缀于经纬之上,合以成文采不相连,视之如雕镂之象,故名刻丝。'《格古要论》:'刻丝作宋时旧织者白地或青地子织诗词、山水或故事人物、花木、鸟兽,其配色如傅彩。又谓之刻色作。'按《名义考》云:'刻之义未详,《广韵》:缂乞格切,织纬也。则刻丝之刻本作缂,误作刻。'"(舒新城等主编:《辞海》,中华民国三十七年十月再版,P1052;P183)

到了元代,由于统治者掌握和控制了一批善织金锦的西域锦绮工,加上元帝国掠夺和占有了大量的黄金,缂丝用金和大量用金成为那时的时尚。《元史·镇海传》说:"先时收天下童男女及工匠,置局宏州。既而得西域织金绮纹工三百余户,及汴京织毛褐工三百户,皆分隶宏州,命镇海世掌焉"。这里所称"西域人",显然即是宋洪皓在《松漠纪闻》中说起过的先居秦川为熟户,后为金人徙迁于西北甘肃一带,为人卷发深目,眉修而浓,眼睫以下多虬髯,**善捻金线**,**又会克丝**(即刻丝,笔者注)织作的回鹘人。这种织锦工人和中国丝织物的发展,有不可分割的联系,元代"纳石失"金锦的生产实由之而来(见沈从文先生《龙凤艺术》"织金锦"一文)。

对照上述资料,我们大致可以看出,缂丝技法在元朝似乎逐渐地融入了用金,正在演变成"纳石失"金锦生产,而善于用金的南京云锦是"始于元,而盛于明清",这是符合历史实际情况的。

这里必须指出,从总体来讲,南京云锦"到了明代,又进一步发展创造了加金'妆花'的新品种,使其以'织金'和'妆花'这两个具有代表性的品种而闻名,形成了南京提花丝织锦缎自己特有的地方特色。"(徐仲杰:《南京云锦史》,江苏科学技术出版社1985年4月第1版,P19;P14)

而较为详细地说来,即使是同是明代,其初期与中后期,云锦的织法与用料还是有着很大差别的。明代初期主要是沿用元代的"纳石失"织金锦法和人们常说的"刻丝"技术,有史为证。《金陵梵刹志》载:明永乐二十年十月初六日,"上(指朱棣)御奉天门,赐僧道官宴,天下众僧亦在丹墀。宴毕,先赐一如(僧名)刻丝观音菩萨,有旨问云:'你道是什么?'不敢对,上云:'我两年摆布的水晶数珠一串'"(【明】葛寅亮:《金陵梵刹志·钦录集》卷2,有幸在本书临付梓时,潘群教授提供了这段珍贵的史料,在此特谢! 注:现在版的《金陵梵刹志》中的这段记载被人删除了。)明初史载中提到了"刻丝"织品成了皇帝的御赐之物,由此可见刻丝技术和织金锦法在明初还盛行。那么明代中后期呢? 可大不如以前了。南京云锦权威徐仲杰先生说:明代南京织造的锦缎,分起"本色花"(即单色的暗花缎)、"妆花"、"织金"三种类别,以"织金"和"妆花"为具有地方特色的代表品种,也是云锦中织造成就很高的主要品种。在特定用途的织物上,还有把起本色暗花与织金同时施织在一件织品上。或把起本色暗花与妆花两种织造方法同织在一件织料上。前者如近年在南京出土的明魏国公徐俌(徐达后裔,明中叶人,笔者注)墓中,殉葬的袍服里有一件起本色暗花的缎袍,胸前的官补则是用织金方法织成。后者如北京十三陵定陵出土的**明万历皇帝殉葬的妆花纱龙袍**,在起本色暗花的纱地上,**织有十几条姿态不同的五彩妆花云龙**,织造工艺之复杂、织品效果之精美,令人叹为观止。(徐仲杰:《南京云锦史》,江苏科学技术出版社1985年4月第1版,P51)

我们将上面所引的徐老之研究成果作个概括:**万历皇帝的"妆花纱龙袍"是本色暗花与妆花两种方法结合织成的**,以此再来看看宁德支提寺云锦袈裟的用料和织法,据南京云锦界的一些老前辈及其后人所判断,其明显为元末明初的"纳石失"织金锦,两者在织法上有着很大的不同;再从用料角度来看,据当年参加明万历皇帝龙袍复制的南京云锦研究所的老前辈说,为了完成好复制工作,有人曾拆了北京十三陵定陵出土的明万历皇帝殉葬的妆花纱龙袍碎片,结果发现其为高级锦缎,根本就不像福建宁德支提寺云锦袈裟那样大量用金,换句话来讲,压根儿就不是《扬子晚报》上所说的:

宁德支提寺云锦袈裟"与北京定陵出土的万历皇帝龙袍纹样十分相似,证明确实是万历间的东西"。

至此,我们完全可以说,**无论是明朝最具有权威性的官方正史记载和明万历年间支提寺重建目击者谢肇淛所作的碑记,还是南京云锦发展史上的用料与织法技术等方面专业知识都告诉我们:宁德支提寺五爪龙云锦袈裟不是明万历时期的,也不是万历朝明廷所赐的**!

● 支提寺五爪龙袈裟也不是清代的

既然如此,那么宁德支提寺云锦袈裟到底是哪个朝代的?会不会是清代的?

答案是:不会!理由与证据如下:

第一,据目前网上公布且已经定论的四川发现清廷所赐袈裟上的龙饰图案来看,其周边有许多小龙,中间并没有龙,而是布满了佛祖圣像等佛教图饰。(参见图24:清廷所赐袈裟图)

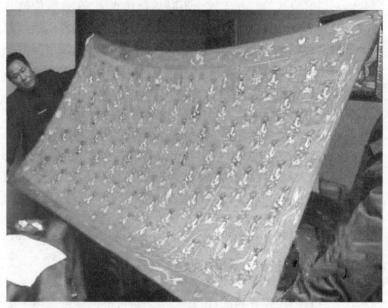

图24　清廷所赐袈裟图

我们回过头来再看宁德华严寺那件袈裟,它几乎"通篇"布有皇家特有的龙饰图案,且其主体图案是具有"九五"礼数之五爪龙。与此相比,佛教图饰所"占据"的位置既小又不显眼,在整个袈裟的图饰中显得微不足道,与清代皇家赐给高僧的法衣规制迥异。

第二,明清云锦用色不同

"从明、清两代御用锦缎的配色技术来看,明代的锦缎配色重活色效果,用色并不多,但色彩的组织配合,非常动人而悦目。清代的配色,重色晕(亦叫润色)的运用和表现,讲究花纹配色的深浅层次变化。如'妆花'织物上用色非常多,一件织品花纹的配色可达十几色,乃至二三十种颜色;桃红、粉紫、檀褐等色常用于彩锦中,这在明代的锦缎中是非常少见的。清代的云锦(如'妆花缎'、'金宝地'),还擅长将两色金或四色金交织于一件彩锦中,造成了极为辉煌富丽的装饰效果,这在明锦中是不见的。"(徐仲杰:《南京云锦史》,江苏科学技术出版社 1985 年 4 月第 1 版,P54)

清代御用锦缎之所以华艳,一方面是由于经过几百年的发展,云锦业中用金技术有了较大的提高和发展,另一方面是由于明清之际以利玛窦为首的西方传教士不断地浮槎东来,在宣教传道的同时,不断地传播西洋绘画艺术,并直接地影响到清代宫廷绘画艺术——清宫如意馆中的不少御用画师率先接受写实主义精神的西洋画法(马渭源:《论西画东渐对明清中华帝国社会的影响》,澳门《中西文化研究》2009 年第 1 期),而清代南京御用云锦不少图案就是直接根据如意馆画师的画稿织成的,因此也就造成了"敢于用色"多少带有西洋画风之味的清代南京御用云锦极为辉煌富丽的装饰效果。

我们以此反观宁德华严寺那件云锦袈裟,其用色不多,搭配悦目,绝没有清代云锦那般鲜艳辉煌,反倒与明代云锦用色如出一辙。

第三,明清云锦用金不同

"明代所用的金线较清代的粗,金线泛赤色,与清代的金线相比,差别很大,色泽也不如清代的悦目。"(徐仲杰:《南京云锦史》,江苏科学技术出版社 1985 年 4 月第 1 版,P54)

这一点我们较容易判定,读者朋友不妨将清代皇帝龙袍与宁德华严寺云锦袈裟作个整体比对,你就不难发现,其两者差别甚大,宁德华严寺云锦袈裟所用金线较粗一些,整个袈裟呈黄色偏红一点,属于明代云锦用金用色的典型。

第四,明清云锦布势格调不同

"明代的调子深沉凝重,有一种雄壮的气势;清代的调子华美秀丽,配色充满着柔和的情趣,二者的风格迥异,可以一望而知"(徐仲杰:《南京云锦史》,江苏科学技术出版社1985年4月第1版,P54)。而宁德华严寺云锦袈裟图饰布势合理,格调高雅,气势雄浑,尤其是它的顶部那现有的六条"逐珠五爪龙"走势雄健,"画神笔法"既老道又深沉凝重,是地道的明代云锦布势格调,与清代云锦大异其趣。

通过上面对明清御赐袈裟的图饰整体布局、明清云锦用色、用金和布势格调等几个方面的差别比较,我们可以肯定:福建宁德支提寺五爪金龙袈裟绝不是清朝的!

至此,我们否定了福建宁德支提寺云锦龙袈裟为明万历的说法,也否定了其为清代的说法。有读者朋友可能要这样问了:那它到底是谁的?

在解答这个问题之前,我们不妨将目光再聚焦到前面对支提寺云锦袈裟整体图饰的分析上来。

● 华严寺云锦袈裟"出世","暴露"建文帝最终出亡的秘密

通过上文的考证,我们看到,充满神秘色彩的现存宁德华严寺云锦袈裟规制特别,迷雾重重,尤其是其**"通篇"布有皇家特有的具有"九五"礼数的龙饰主题图案,并占据了整个袈裟的主体位置**,其宗旨中透露出强烈的入世信息,而与此相比,佛教的出世信息却被"镶嵌"在入世的主题下,由此笔者认定:华严寺云锦袈裟的主人至少必须具备两个"要件":一是皇帝;二是和尚。再结合前文考证过的,这是一件与明初皇家或皇帝有关的极品袈裟,综合起来看,**华严寺云锦袈裟实物至少向世人透露出了三个关键性的"元素"**:

第一,这是一件与明初皇家或皇帝有关的云锦袈裟;

第二,享用该袈裟的主人应该是贵不可言的人间之主——皇帝;

第三,这件袈裟的主人曾经当过皇帝后又当了和尚。

要具备这样三个要件,在大明帝国的列帝中除了**建文帝**还真找不出第二个皇帝来了。

到此为止,有人可能会产生这样的疑问:华严寺云锦袈裟是建文帝的,看来这是没什么问题了,但为什么它会出现在福建宁德,会不会有人带过去的?

不会!理由是:人们常见的袈裟是怎么"穿"的?确切地说是披在和尚身上的。而华严寺云锦袈裟只有贵不可言之人才可"享用",一般人是不能也不敢"穿"的,甚至连披一披身上都不敢。因为在传统社会里,谁要"穿用""九五"礼数的特殊服饰,这就意味着僭制与谋反,其结果是,不仅本人要被处以极刑,而且其家族也要被问罪。上文中所引的胡惟庸、蓝玉等,不就是因为僭制乱用礼数而招来了身杀家亡之大祸!所以说,除了皇帝亲自"穿用""九五"礼数的特殊服饰之外,别人是碰也不敢碰的。退一步来说,即使是有人带过去,那也要有相当于皇帝身份的人才能享用啊,这不就反证出建文帝跑到了福建宁德了吗?!

因此说,就从宁德华严寺这件特殊的云锦袈裟"出世"本身而言,它就"暴露"了建文帝最终出亡之秘密。

至此,揭秘 600 年历史谜案应该可以画上一个小小的句号,但好奇的人们不竟还要问:既然说建文帝最终出亡福建宁德了,那他又归藏何处?

笔者认为:距离支提山不远的宁德市金涵畲族乡上金贝山应为建文帝最终魂归地。

● 上金贝古墓"奇巧"多多,实为明建文帝魂归地

宁德市金涵畲族乡上金贝村,原本是一个与外界的交往很不密切的畲族人居住的闽东山区村落。2008 年初宁德市委组织部部长郑民生等领导率领大家搞"新农村"建设,来到金涵畲族乡上金贝村,深入田间地头展开工作,无意间发现了一座金贝古墓。为此,他们邀请了原福建省博物馆副馆长王振镛等考古专家对它进行勘察,随后认定其为元末明初的僧人墓,但有人提出了不同的看

法(图25)。自此开始,上金贝古墓的认定成为国内外新闻媒体与相关人士的关注热点。2009年5月、8月和10月笔者三上福建宁德进行实地考察,并对相关史料进行反复研究与比对,提出如下观点:

图25 上金贝古墓与舍利塔整体图

● 宁德上金贝古墓不是元末明初僧人墓

就目前而言,对宁德上金贝古墓的认定主要有两种观点,即认为其为元末明初僧人墓和明建文帝墓。主张上金贝古墓系僧人墓者认为:宁德上金贝古墓建造年代为元末明初,墓主人身份为僧人沧海珠禅师,而不是建文帝。其主要的依据是:"墓中舍利塔上碑文中'**御赐金襕佛日圆明大师第三代沧海珠**禅师之塔'的前十个字,指的是宋末元初高僧印简。印简,字海云,忽必烈还没有建立元朝的时候,居住在大都,是其**老师之一**。佛日圆明圆寂后,**忽必烈御赐佛日圆明大师**,这在《续灯存稿》、《五灯全书》、《补续高僧传》及《南宋元明禅林宝林》等史籍中都可以找到。"(李熙慧:《福建文物局组织专家论证:宁德古墓与建文帝无关》,2009年9月30日《海峡都市报》;又参见2009年10月2日《扬子晚报》蔡震的《福建文物局称宁德古墓并

非明朝建文帝之墓》)

咋看上去,言之凿凿,但如果你仔细阅读其所开列的书籍、认真比对其观点与所谓的证据,就会发现其实难以自圆其说,笔者兹列于下:

○ "佛日圆明大师"为忽必烈的老师,从严格的历史学来说:查无实据

认为上金贝古墓系僧人墓者依据古墓的碑铭的20字进行一一解读,这本来是件好事。笔者也曾顺着其思路进行查找和考证:忽必烈在大都尚未称帝之前曾拜了印简为老师,要是忽必烈真有这样的老师,众所周知,我们传统的正史是以皇帝为轴心,对于皇帝极其亲近之人(只要没有政治讳忌和负面影响的)应该是大书特书。皇帝拜师学习,说明圣君好学,并不存在什么不可言之,再说忽必烈以异族入主华夏内地,巴不得有人将如此光彩的"圣迹"载入史册。可实在令人失望的是,笔者翻阅了《宋史》、《元史》和《新元史》,它们都没有记载说:印简或"佛日圆明大师"就是忽必烈的老师。

按照常规,正史中的《释老传》是记载佛道最为集中的地方,可《元史·释老传》中却没有提一下那个所谓的忽必烈老师。

《元史》说:"元兴,崇尚释氏,而帝师之盛,尤不可与古昔同语。"接着《元史》记载了八思巴、亦怜真等十几个国史帝师,就是没有那个所谓的忽必烈老师"佛日圆明"或印简。(详见《元史·释老传》卷202,列传第89)

诚然,由于当年朱元璋要结果要得太急,宋濂等人在一年不到的时间内赶出了一部《元史》,故而其向来颇受研究者非议。民国时有人就着力编写了《新元史》,那么《新元史·释老传》中有没有那个所谓的忽必烈老师?

《新元史》中对等重量级的元帝师、国师记载如下:"八思巴、胆巴、必兰纳识里、丘处机、马钰、谭处端、刘处元、王处一、郝大通、孙不二、康泰真、祁志诚、张宗演、张留孙、吴全节、郦希诚、张清志、萧辅道、李居寿、莫起炎。"(《新元史·释老传》卷243,列传第140)

《新元史·释老传》中也没有那个所谓的忽必烈老师,由此笔

者怀疑自己查找的方向错了。既然认为上金贝古墓系僧人墓者说"佛日圆明大师"就是忽必烈的老师,那么会不会在元朝皇帝的《本纪》里有所记载呢?查《元史》、《新元史》中所有的《本纪》,但依然是一无所获。此时笔者忽然想到忽必烈为宋末元初之人,为了谨慎起见,又查阅《宋史·释老传》,结果还是未见所载。最后笔者想到忽必烈时代有位影响大元国策制定的重量级人物——刘秉忠,查《元史·刘秉忠传》,有这样一段文字记载:"世祖在潜邸,**海云禅师被召**,过云中,闻其博学多材艺,邀与俱行。既入见,应对称旨,屡承顾问。秉忠于书无所不读,尤邃于易及邵氏经世书,至于天文、地理、律历、三式六壬遁甲之属,无不精通。论天下事如指诸掌。**世祖大爱之,海云南还**,秉忠遂留藩邸。后数岁,奔父丧,赐金百两为葬具,仍遣使送至邢州。服除,复被召,奉旨还和林。"(《元史·刘秉忠传》)卷157,列传第44)

既然见到有海云的记载,笔者回头再仔细阅读《元史》,但查遍了《元史》,有关海云禅师的记载也只有《元史·刘秉忠传》中2处提到,这就让笔者产生这样的疑问:要真是海云被忽必烈拜为老师的话,正史应该有更多的记载啊?

当然主张上金贝古墓为僧人墓者会说《五灯全书》、《补续高僧传》等非正史或言野史中有所记载呀,其曰:"佛日圆明"就是"印简","印简"就是"海云"。

《五灯全书》:"庆寿璋禅师法嗣北京大庆寿**海云印简**禅师,宁远宋氏子,生而神悟……于是,俾从中观沼受业,年十一纳具戒,十二,沼听参问……年十八,元兵破宁远,四众逃散,师侍沼如故……**元世祖**至元庚辰五月,沼将迁寂,书偈曰:七十三年如掣电,临行为君通一线,泥牛飞过海东来,天上人间寻不见。无疾而逝。阇维,**收顶骨舍利**,师为乞缘造塔供奉……及开法后,两主庆寿,**世祖以师道事之**……师年五十六。忽患风痹。**仁宗延祐**丁巳闰四月一日。集众说偈毕。遂泊然而逝。茶毗,获舍利无算。谥**佛日圆明大师**。"(《五灯全书》卷56)

《补续高僧传》载:"海云大士传**印简**,山西之岚谷宁远人,姓宋氏,微子之后,生于**金之泰和壬戌年**,人品恢伟,童幼神悟……师年十三时,**成吉思皇帝**征伐天下,师在宁远,于城陷之际,稠人中俾师敛髻。师告曰:若从国仪,则失僧相也,遂获如故……师既入燕,至大庆寿寺……丁酉正月,**加师先天镇国大士之号**。己亥冬,命主大庆寿寺。壬寅,**护必烈大王,请师赴帐下**,问佛法大意,王大悦,从师受菩提心戒。因奏曰:我释迦氏之法,于庙堂之论,在王法正论品,理固昭然,非难非易,恐王者不能尽行也,又宜求天下大贤硕儒,问以古今治乱兴亡之事,当有所闻也。**王大悦,锡以珠袱金锦无缝大衣,奉以师礼。**将别王,王问:佛法此去,如何受持?师曰:'……恒念百姓不安,善抚绥,明赏罚,执政无私,任贤纳谏,一切时中,尝行方便,皆佛法也。'……王益敬焉,寻奉命统僧,赐白金万两,即昊天寺建大会,为国祈福。**蒙哥皇帝即位,顾遇隆渥**。丙夏辰,**旭威烈王奉以金柱杖**、**金缕袈裟**,求法语开示。七月,师会诸耆旧,录所长物见数,令主后事。丁巳夏,说偈毕,师云:汝等少喧,吾欲偃息。侍僧急呼主事人至,师吉祥,泊然而逝矣,世寿五十六,荼毗,**获舍利无算**。护必烈王为建塔于大庆寿寺之侧,谥**佛日圆明大师**,望临济为十六世。"(【明】吴门华山寺沙门明河撰:《补续高僧传》)

看了上述两段有关佛日圆明的"史料"记载,笔者产生了四大疑问:

第一,正史上的"海云"在野史里一下子"变脸"了:"海云"就是"印简",也就是"佛日圆明大师",这三者真的能画等号吗?

第二,正史《元史》成书于明朝初年,相比明清之际成书的《五灯全书》和《补续高僧传》至少要早200年,难道明初正史史料价值反而不如大讲仙道神异的明清野史?(如果存在政治上的忌讳当属例外,但从海云与元主之间的关系来看不存在什么政治忌讳)

第三,《五灯全书》载,佛日圆明大师死于元**仁宗延祐**年间。《补续高僧传》载,佛日圆明死于蒙哥时期,这就怪了:**一个人死的时间居然相差了**50**来年**,这究竟是一个什么样的神人?

第四,从《五灯全书》和《补续高僧传》记载的内容来看,其宗教传说与民间轶闻甚多,甚至还有许多鬼怪迷信,这等野史能否作为信史?

上述这些问题都是不难回答的,明眼人一看便知。

那么"佛日圆明"到底作何解释呢?查《辞海》"佛日,佛家语,佛能觉悟众生,如日之破暗,故以日为喻。《涅槃经》:'佛日将没大涅槃山。'《隋书·李士谦传》：'佛日也，道月也，佛五星也。'"（《辞海·人部》中华书局中华民国三十七年十月再版，P98）"圆明"中的圆即圆圈、圆形，明者，光亮也。（《辞海·口部》，中华书局，中华民国三十七年十月再版，P307）故而，圆明即为圆光，应该指佛之圆光。

透过上面的查找、比对与考证，笔者认为，所谓**"佛日圆明大师"**为忽必烈的老师，从严格的历史学来说，查无实据。

既然如此，那么他的第三代**沧海珠**禅师又是何许人也？

○ 上金贝古墓碑刻上的"沧海珠"就是上金贝古寺的建造者"止云沧海"？

主张上金贝古墓为僧人墓者认为古墓碑文上的"第三代沧海珠禅师"就是上金贝古寺的建造者"**止云沧海**"，其曰："明嘉靖和万历版《宁德县志》也记载：'金邶寺，唐大中八年建。至和间圆轨居之，宋季圮废。元大德间，住持**止云沧海**重建'，众多地方志中提到的'止云沧海'，和僧塔碑刻'沧海珠'、蒙泉石刻'住山沧海作'，实际上是同一个人，就是元大德年间重建金邶寺的僧人，'止云'、'珠'都属于他的别名法号。"（《福建文物局组织专家论证：宁德古墓与建文帝无关》，2009年9月30日《海峡都市报》）

看了上述的文字，给人的感知：沧海是一个僧人，"止云"就是"沧海"，"沧海珠"也就是"沧海"，那么依据呢？按照上述的逻辑：在一个僧人名字前面或后头加上一两个字就是原来这个僧人的别名与法号，"实际上是同一个人"。我们姑且沿着这样的逻辑进行一番考证，就拿主张上金贝古墓为僧人墓者深信不疑的非正史作为例证：《五灯全书》不同地方记载着不同朝代的几个"圆明大师"："**临安府灵隐正童圆明禅师**"（《五灯全书》卷第34）；"**柳州宜章圆明希古禅师**"（《五灯全书》卷第36）"瑞州清凉觉范慧洪禅师……高宗建炎戊申五月，示寂于同安，太尉郭公天民奏赐**宝觉圆明**之号。"（《五灯全书》卷第38）

如果按照上述的主张上金贝古墓为僧人墓者的逻辑，那么就会出现这样的"等量关系"："正童"就是"圆明"；"圆明"就是"希古"；"宝觉"就是"圆明"，原本三个不同朝代不同地方的禅师在荒诞逻辑演绎下顿时被推定为一个人，这岂不是笑话？因此说，主张上金贝古墓为僧人墓者在大打文字太极游戏时,始终没有确切地回答重建金贝古寺者是不是金贝寺古墓之主人的问题,仅凭猜测,没有提出任何确切的依据;同时他们又回避了上金贝古墓一个最大的怪异难题:金贝寺古墓为什么既有墓又有塔?

○ 既有墓又有舍利塔就能认定它是元末明初僧人墓?

众所周知,元朝的国教是藏传佛教,藏传佛教信徒死后是天葬,没有坟茔;而我们内地佛家人死后一般是火化塔葬,也不用墓葬,但宁德上金贝古墓主人却十分奇特:他既有墓又有塔,这究竟是为什么?

对此,主张上金贝古墓为僧人墓者解释说:沧海的祖师爷印简道行孤高,为朝野所重,曾为忽必烈说法。成吉思汗赐予"告天人"称号,圆寂后封号"佑圣国师"。印简的大弟子赜庵环禅师,封荣禄大夫、大司空。**第三代弟子刘秉忠是元代丞相**,显赫一时。**与刘秉忠同辈的沧海蒙罩着这么一层光环**,所以处处都不忘抬出祖师爷以示夸耀。况且,根据民间"金太监"的传说,可以得出沧海具有高贵的家世,也很可能担任过僧录司这样一级的官员。就是没有担任过任何官职,凭借以上的两条优势,再加上元代僧人都拥有大量田产,沧海建造一座亦僧亦俗、亦墓亦塔的豪华寿域又有什么值得奇怪的呢? 又说:"据元代孔克齐《至正直记·卷一·茔墓建庵》:予尝谓茔墓建庵,此最不好,既有祠堂在正寝之东,不必重造也。但造舍与佃客所居,作看守计足矣。至如**梵墓以石,墓前建拜亭之类,皆不宜。此于风水休咎有关系,慎勿为之可也**。"(2009.6 新浪博客《建文帝墓论证考辨》)

主张上金贝古墓为僧人墓者的上述观点中有几个问题值得我们注意:

第一,元代佛教徒活着的时候风光并不等于死后一定要造墓,这是一个逻辑问题。再说元朝统治者并非对所有佛教派系都是扶持与崇尚的,他们主要尊崇的是藏传佛教,对禅宗是实施抑制。而宁德金贝寺等流传的是禅宗而非藏传佛教,怎么主张上金贝古墓为僧人墓者肯定地说元末宁德上金贝古墓主人——僧人显赫非凡?

就此疑问,笔者曾向南大潘群教授请教,潘老热情地向笔者提供了一个重要"线索":《中国史稿》对元朝的佛教政策和海云大师有所介绍,"成吉思汗专门颁布命令,要部属对临济宗僧侣中观、海云师徒'好与衣粮养活着,教做头儿。多收拾那般人,在意告天。不拣阿谁休欺负,交达里罕(蒙语自由自在之意)行者。'(念常:《佛祖历代通载》卷21)成吉思汗以后的蒙古诸汗,都继承了这一政策,许多佛教寺院得到了优厚的赏赐,高级僧侣如海云、万松等人都受到特殊的礼遇,一些重大政治问题都要征询他们的意见。"(吴泰、陈高华等人编写的《中国史稿》第5册,人民出版社1983年6月第1版,P601)

看来这个叫海云的禅宗高僧在成吉思汗及以后的蒙古诸汗时还颇受礼遇和尊重,但没有说他被拜为国师和帝师,换句话来说,他的特殊礼遇还没有达到藏传佛教领袖的那种规格,更有,在他身后,忽必烈出于统治的需要逐渐开始"崇教抑禅"。对此,吴泰、陈高华等学界前辈在《中国史稿》第五册中这样说道:"十三世纪上半期,蒙古政权统治下的北方佛教,以禅宗的临济宗和曹洞宗为盛,律宗趋于衰落。十三世纪四十年代,吐蕃地区归附蒙古政权,吐蕃的喇嘛教随着传入中原和蒙古地区。喇嘛教内部也分成许多派别。其中萨迦派的领袖们最受蒙古统治者尊崇,相继被封为国师或帝师。此外,许多喇嘛教上层人物都封官拜爵,'百年之间,朝廷所以敬礼而尊信之者,无所不用其至。'(《元史·释老传》卷202)喇嘛教势力盛极一时,禅宗就相形见绌了。不仅如此,忽必烈在一度推崇禅宗之后,还转而采取'**崇教抑禅**'的态度(《国朝文类》卷61,姚燧:《董公神道碑》)。在统一全国以后,这种倾向特别明显。他在召集江南佛教上层人物聚会时,'升教居禅之右'(《佛祖同纪》卷48),**还从北方派遣禅宗以外各教派的僧侣三十人到江南各大寺院宣讲**,扩大这些教派的影响(《佛祖历代通载》卷22;《【至正】金陵新志》卷11《祠祀志》)。因此,**无论南北,禅宗的势力都有所下降**,天台宗等教派有所上升。"(吴泰、陈高华等人编写的《中国史稿》第5册,人民出版社1983年6月第1版,P603—604)

连受皇差宣讲于南方的30僧侣中都没有禅宗的份,何来禅宗极盛南方之状?元代福建又不是佛教禅宗特区?

第二,在中国传统社会里,佛、道、儒三家往往不分,你中有我,我中有你,中国内地佛教徒中往往有不少人精通阴阳风水,据此你能肯定上金贝古墓主人或建墓者就一定不懂风水?若是,依据何在?

第三,无论是正史还是野史都明确讲元代和尚圆寂后造塔,没讲造墓;而金贝古墓既有墓又有塔呀?

就按主张上金贝古墓为僧人墓者的说法,"佛日圆明"大师是忽必烈老师,他如何地生的伟大,死后殊荣,云云。翻阅《元史》其明确记载:**元代佛家人是没有墓葬,而是舍利塔葬**。"蒙古崇尚释教,及得吐蕃之地,思因其俗而柔之,乃设官分职而领之。于帝师,又立宣政院。其院使位居第二者,必以僧为之。帅臣以下,亦僧俗并用。于是,**帝师授玉印,国师授金印,宣命同于诏敕**。凡即位之始,降诏褒护,必敕章佩监络珠为字以赐。**及其卒而归葬舍利**,又命百官出郊祭饯。大德九年,专遣平章政事帖木儿乘传护送,赙金五百两、银千两、币帛万匹、钞三千锭。皇庆二年,加至赙金五千两、银一万五千两、锦绮杂彩共一万七千匹。"(《元史·刘秉忠传》)卷157,列传第44)

国师、帝师尚且塔葬,何来他们的徒子徒孙们反而要墓葬?野史《补续高僧传》和《五灯全书》也载佛日圆明为他的师傅"**收顶骨舍利,师为乞缘造塔供奉**"。(《补续高僧传》)

按照《五灯全书》的说法,佛日圆明是属于佛教禅宗的分支临济宗,禅宗的和尚圆寂后也是塔葬而不是墓葬,这是常识。

而主张上金贝古墓为僧人墓者对宁德上金贝古墓既有塔又有墓的怪异难题始终没有作出令人信服的解释或者干脆就回避不答,随即就作出上金贝古墓是元末明初的僧人墓之结论,让人看了顿感坠入云里雾里。

至此,我们看到主张上金贝古墓为僧人墓者所列出的依据与证明没有一条是站得住脚的。

当我们否定了上金贝古墓为元末明初僧人墓的观点以后,人们很自然要问:那宁德上金贝古墓的主人到底是谁?

● 宁德上金贝古墓应为明建文帝陵寝

通过上文我们对主张上金贝古墓为僧人墓者的观点及其所列

出依据的逐条分析与甄别，发现其在"根"上面出了问题，他们将是否真的存在的"御赐金襕佛日圆明大师第三代沧海珠禅师"作为考证的"原点"，在找不到确实证据的前提下陷入了逻辑与思维的误区。对此，我们不妨将其作为借鉴。

或许上金贝古墓舍利塔上碑文"**御赐金襕佛日圆明大师第三代沧海珠禅师之塔**"本身就是伪托的，从而导致世人对其无法解释清楚，那么我们再来看看上金贝古墓及其舍利塔上的图饰与构件等古物是否向世人"透露"了什么信息？对此，笔者反复进行了实地考证与资料比对，发现下列六者值得我们关注：

○ 宁德上金贝舍利塔造型与明中前期霞浦明教神龛佛座造型相同，更为巧合的是它还与南京明皇宫午门底座造型相同

缺乏相应的文献记载，碑文上的文字又无法解读通，因此有关上金贝古墓及其舍利塔的断代问题一时难倒了不少人。但笔者在本书的第一次出版时曾做了考证，而2010年春夏之交的霞浦考古之旅更使笔者确信，先前观点应该是没问题的（后文笔者将要详述）。

主张上金贝古墓为僧人墓者唯一支撑其观点的依据，就是至今无法给人解读清楚的"**御赐金襕佛日圆明大师第三代沧海珠**禅师之塔"几个字，进而就断定古墓为元末明初僧人墓，但事实上就在上金贝古墓不远处的霞浦县柏洋乡盖竹上万村中的明教神龛佛座就告诉了我们问题的答案。（图26和图27）

图26　霞浦县上万村摩尼神座底座

图 27　宁德上金贝舍利塔底座

那么霞浦县柏洋乡盖竹上万村中明教神龛佛座建于何时？在当地村民的热心指点下，笔者在该明教神龛佛座的左侧底下看到了这样几个字："天顺四年正月吉日造"。"天顺"是明英宗复辟后使用的年号，天顺四年也就是 1460 年，距离朱允炆失国的建文四年（1402），大约有 58 年的历史，应该来说是属于同一年代的。

更为巧合的是上金贝舍利塔底座造型竟与我们南京明皇宫午门底座造型相同或言相近似，见图 27 和图 28。

图 28　南京明皇宫午门底座

图29 霞浦县柏洋乡盖竹上万村中明教神龛佛座左侧刻有建造年代

而按照有人的说法,上金贝古墓及其舍利塔是元代的,那么霞浦县柏洋乡盖竹上万村中明教神龛佛座和南京明皇宫的午门也就变成元代的了?对此,主张上金贝古墓为元代僧人墓的相关部门与考古人员又能做出如何的解释呢?

由此反倒使我们更加确信,上金贝古墓及其舍利塔的建造年代应该就断在明初或明中前期,这是不会有多大问题的。读者朋友要是有兴趣的话,可上霞浦县柏洋乡盖竹上万村和南京午朝门公园去一看便知。

○ 宁德上金贝舍利塔上的莲座装饰与大明皇室有关?

在上金贝古墓及其舍利塔的大致建造年代问题解决后,我们再来看看其"身"上所隐含的其他一些重要信息。由于笔者研究过中国绘画艺术史,因而对图饰与造型艺术一直都比较关心。尽管上金贝古墓及其舍利塔被破坏得很厉害,但笔者还是能注意到其残留的一些"构件"所隐含的信息,譬如我们传统宗教尤其佛教中的重要图饰——莲座在上金贝古墓的舍利塔上就被雕琢得相当精致。

莲座,《辞海》的解释是"莲花之台座,谓佛座也。王勃《观佛迹

图30 上金贝舍利塔正图

寺诗》:'莲座神容俨,松崖圣迹余。'按《华严经》:'一切诸佛世界悉见如来坐莲华宝师子之座',王诗用此,诸佛皆以莲华为座者,盖取莲华藏世界之义(诸佛报身之净土为宝莲华所成,故云莲华藏世界)。"(《辞海·帅部》,中华书局,中华民国三十七年十月再版,P1163)

由此看来莲座还真不是我们凡夫俗子所能享用的。

查阅《元史》,以崇佛著称于史的元朝居然对佛家圣物"莲花"与佛座"莲座"没有专门的记载,而在《明史》中却有着非同寻常之规制。

明朝皇帝生日大宴让歌舞队来助兴,其中有一支舞就叫《百戏**莲花**盆队舞》,"万寿圣节大宴,用《九夷进宝队舞》、《寿星队舞》。冬至大宴,用《赞圣喜队舞》、《百花圣朝队舞》。正旦大宴,用《百戏**莲花**盆队舞》、《胜鼓采莲队舞》。"(《明史·乐三·乐章二》卷63,志第39)

皇帝的顶级轿子大辂就用莲花和莲座来装饰,"大辂……(车)轮内车心,用抹金铜鈒**莲花**瓣轮盘装钉,轴中缠黄绒驾辕诸索。辂亭高六尺七寸九分……亭内黄线条编红髹匡软座,下**莲花**坠石,上施花毯、红锦褥席、红髹坐椅……亭外青绮缘边红帘十扇。辂顶并圆盘,高三尺有奇,镀金铜蹲龙顶,带仰覆**莲座**,垂攀顶黄线圆条……辂亭前有左右转角阑干二扇,后一字带左右转角阑干一扇,皆红髹,内嵌雕木贴金龙,间以五彩云。三扇共十二柱,柱首雕木贴

金蹲龙及线金五彩**莲花**抱柱……"(《明史·舆服一》卷65,志第41)

除了大辂外,皇帝御用的"大凉步辇"也用莲花和莲座来装饰,"大凉步辇……四面红髹匡,装雕木五彩云板二十片,间以贴金仰覆**莲座**,下红髹如意绦环板,如其数……辇顶高二尺七寸有奇,又镀金铜宝珠顶,带仰覆**莲座**,高一尺三寸有奇……"(《明史·舆服一》卷65,志第41)

还有皇帝御用的人力轿子也是用莲花和莲座来装饰,"轿者,肩行之车……元皇帝用象轿,驾以二象。至用红板轿,则自明始也。其制,高六尺九寸有奇。顶红髹。近顶装圆匡蜊房窗,镀金铜火焰宝,带仰覆**莲座**,四角镀金铜云朵。"(《明史·舆服一》卷65,志第41)

除了皇帝还有皇后的辂也是用莲花和莲座来装饰的,"皇后辂……每轮辐十有八,皆红髹,辋以抹金鈒花铜叶片装钉。轮内车毂,用抹金铜鈒**莲花**瓣轮盘装钉,轴中缠黄绒驾辕诸索……(辂亭)外用红帘十二扇。前二柱,戗金,上宝相花,中鸾凤云文,下龟文锦。辂顶并圆盘,高二尺有奇,抹金铜立凤顶,带仰覆**莲座**,垂攀顶黄线圆条四……辂亭前后有左右转角阑干各二扇,内嵌绦环板,皆红髹;计十二柱,柱首雕木红**莲花**,线金青绿装**莲花抱柱**。"(《明史·舆服一》卷65,志第41)

用莲花和莲座来装饰舆服的大明第三号人物就是皇太子,"皇太子金辂……(辂亭)屏后红髹板,皆抹金铜鈒花叶片装钉。红髹匡软座,红绒坠座,大索四,下垂**莲花**坠石,上施红毯红锦褥席……辂顶并圆盘,高二尺五寸有奇,又镀金铜宝珠顶,带仰覆**莲座**,高九寸,垂攀顶红线圆条四。"(《明史·舆服一》卷65,志第41)

用莲花和莲座来装饰舆服的大明第四号人物就是诸皇子亲王,"亲王象辂……(辂)亭前后阑干同金辂,左右阑干各一扇,内嵌绦环板,皆红髹。计十四柱,柱首雕木红**莲花**,线金青绿装**莲花抱**柱,前阑干内布花毯。"(《明史·舆服一》卷65,志第41)

从《明史》的记载来看,在明朝的凡界俗人之舆服规制方面,莲花和莲座图饰是大明皇帝、皇后、皇太子和诸皇子等皇家主要成员享用的,这一点我们今天在凤阳旧城还能找着例证(2008年秋天笔者与南大潘群教授上凤阳考察时,曾意外地发现明中都城的旧城墙遗址就有莲座图饰),而我们现在看到的福建宁德上金贝舍利塔也用上莲座,它"托起"了"御赐金襕佛日圆明大师第三代沧海珠禅师"。以"碑铭"来看,舍利塔主人应该是高僧或佛神,但舍利塔又与古墓连为一体,这似乎说明其主人应该既是得道的佛家人,又是我们俗界的凡人。那么这位亦俗亦佛的"高人"会是谁呐?他是否应该与大明皇家有关吗?

○ 宁德上金贝古墓上的如意云与洪武年间的如意云造型风格相同

上金贝古墓和舍利塔上还有一个为人所大惑不解的如意云,即媒体曾热炒的火龙珠。"如意"在今天我们一般人的印象中就是清宫戏中西太后用来挠痒痒的那玩意儿,其实"如意"没那狭义,且在我国的发展还很有历史。目前为止发现最早的如意云纹图饰之古物当数山西五台山唐代建筑南禅寺博风板上的下垂"悬鱼",以后中国历代古建筑上都有采用如意云纹作为装饰,元朝起就连瓷器上也使用了如意云纹图饰。但元代如意纹图饰的构图却十分讲究,云头的垂弧为三层,最上面一层的两个尖角深深向里勾卷,两个相邻云头之间的连线为反向的弧线,相交后形成一个顶端朝上的两重垂弧如意云。且云头里的装饰还十分繁缛,构成了华丽的图案(参见图31:元代如意云纹金盒)。可到了明初洪武时期开始如意云纹又有了新变化,云头明显变小,里面的装饰大为简易化。云头的垂弧有三重或两重,相邻两个云头基部的弧线直接相交,使两个垂弧之间形成一个凸起的尖角。这时期还流行一种云头内饰叶脉纹的如意云纹,云头轮廓用外粗内细两条线勾出,里面所饰的叶脉纹显然是从蕉叶纹借鉴来

图31 元代如意云纹金盒

的。其二者不同之处在于蕉叶纹的侧叶脉由平行的斜直线构成,而如意纹内的侧叶脉由平行的弧线勾成。此外该时期还有一些仅用双线简易勾轮廓的如意云纹以及云头内饰折枝花卉的如意云纹。

到了永宣时期,如意云纹的云头变得很小了,垂弧均为两重,第二重垂弧的弧线向内勾卷于中心相交。结构上由以前的相互勾连变为各自独立,云头一个挨一个连成一周。有时云头排列较松,在其空隙处加画小圆点等简单图案作为点缀。云头的方向也由以前一律向下的"垂云"变化为根据装饰需要可上可下。（穆青：《元明青花瓷器边饰研究》）

如果我们将"明洪武釉里红如意云形缠枝牡丹菊纹大碗"上的如意云图饰（参见图32:明洪武釉里红如意云形缠枝牡丹菊纹大碗,江苏爱涛拍卖有限公司网上拍卖品）,用来对比宁德上金贝舍利塔须弥座上的横向如意云花纹(图33:上金贝舍利塔须弥座上的横向如意云花纹）,就

图32　明洪武釉里红如意云形缠枝牡丹菊纹大碗

图33　上金贝舍利塔须弥座上的横向如意云花纹

图34 上金贝古墓上的如意纹

图35 洪武无量寿佛坐像

会发现它们居然十分的相似或言相同,怎么这么巧?对此,笔者不敢妄下结论。

再仔细考察上金贝古墓上的如意云(即媒体热炒的火龙珠,参见图34),将其与舍利塔须弥座上的横向如意云作比较,你就会发现尽管它们之间存在着细微的差别:前者的云头似乎更小点,但其实这不难理解,据明初流传至今的古物来看,洪武开始一反元朝大头如意云的"做法",将如意云的云头做得小,使其更加简易化,我们还有实物依据。(见图35:洪武无量寿佛坐像)从图中我们可以看出,比起元朝的如意云造型,洪武年间的神像顶部如意云明显变小,与宁德上金贝古墓上的如意云有着异曲同工之妙。

再者,明初如意云图饰的享用似乎还与大明皇家有关。整个《明史》中对如意云图饰的享用(情况)就留下这样的记载:"(皇帝)大凉步辇……四面红髹匡,装雕木五彩云板二十片,间以贴金仰覆莲座,下红髹**如意**绦环板,如其数……(辇)顶用丹漆,上冒红毡,四垂以黄毡为**如意云**,黄毡缘条;四周施黄绮沥水三层,每层百三十二折,间绣五彩云龙文。或用大红罗冒顶,以黄罗为**如意云**缘条,沥水亦用黄罗。"(《明史·舆服一》卷65,志第41)

又明皇后辂规制,"前后车棍并雁翅,四垂如意滴珠板"(《明史·舆服一》卷65,志第41)。皇后常服规制"绶带玉坠珠六,金垂头花瓣四,小金叶六,红线罗系带一。白玉云样玎樃二,如佩制,有金钩,金**如意云**盖一,下悬红组五贯,金方心云板一,俱鈒云龙文,衬以红绮,下垂金长头花四,中小金钟一,末缀白玉云朵五。"(《明史·舆服二》卷66,志第42)

图36 华严寺袈裟灯笼顶上的如意纹

除了文献记载外,笔者后来在大明开国皇帝朱元璋的陵寝明孝陵的八字形的影壁(民间俗称八字墙)上看到了许许多多的如意云,见下图37。

图37 南京明孝陵八字形影壁上众多的如意云

图38　宁德上金贝舍利塔须弥座上的横向如意云花纹

由此看来明初定制中如意云图饰为皇帝和皇后所享用,这是相当有讲究的。而宁德上金贝古墓及其舍利塔须弥座上偏偏就有好几处的如意云图饰,难道这又是巧合？如不是,那就表明上金贝古墓墓主与大明皇家有关？

更令人匪夷所思的是,上金贝古墓及其舍利塔须弥座上的横向如意云与距离上金贝5公里路程的宁德华严寺云锦袈裟下方22个灯笼顶部的如意云极为相似或言相同,这难道又是巧合？（注意：上金贝古墓上如意纹即图34、舍利塔须弥座上的横向如意纹即图33与袈裟灯笼上的如意纹即图36的对比）

○ 上金贝古墓舍利塔须弥座造型与洪武年间周王府造铜鎏金佛坐像如出一辙,与明故宫、明孝陵须弥座底部造型相类

要说宁德上金贝古墓的"奇巧"还真不少,笔者在仔细观察上金贝古墓舍利塔的造型时意外地发现其须弥座竟与"明初周府造铜鎏金佛坐像"须弥座也有极大的相似,这又是为什么？（见图39：明初周府造铜鎏金佛坐像）

笔者认为,一个时代有一个时代特点的审美情趣与造型艺术,上金贝古墓的舍利塔须弥座造型与"明初周府造铜鎏金佛坐像"须弥座造型相同,说明两者极有可能是差不多同一时代的产物。除此之外,还能作何更好的解释？

从"中华古玩网"刊载的"明初周府造铜鎏金佛坐像"须弥座束腰间所刻的发愿文来看,该类佛像的建造出资者为朱元璋5儿子周王朱橚(附"发愿文":"周府欲报四恩,命工铸造佛相,一样五千四十八尊,俱用黄金镀之,所以广陈供养,崇敬如来,吉祥如意者。**洪武丙子**四月吉日施。")("中华古玩网")换句话说,这类造型佛像是洪武年间铸造的,那么与此造型极为相似或言相同的宁德上金贝舍利塔建造年代也应在明初吧(图40)?!更有上金贝舍利塔须弥座造型居然与明初皇室中的金佛坐像须弥座造型相同,与南京明故宫午门须弥座和明孝陵四方城须弥座底部造型相类,你能说它与明皇室无关?要真是无关,能有这么巧的事?

就在笔者完成本章节时看到了这样的消息:**中国古建筑研究所原所长、著名古建筑专家于振生**在考察了上金贝古墓后发表了他的观点:"**古墓舍利塔下面的须弥座是明初的建筑风格,保留宋代遗风**。因为宋代的须弥座的束腰部分比较高,在宋

图39 明初周王府佛像

图40 上金贝古墓舍利塔

代叫做'隔身版柱造',上金贝古墓也采用这种风格。""因为元朝存在时间很短,所以明早期的建筑还保留一些宋代的建筑风格,而明朝中期以后,就是另外一种风格了。"同时,**于振生还指出,"上金贝古墓非元代僧人之墓"**,"元代的习惯是不做墓,直到现在还有好几个元代皇帝找不到墓。而僧人也只有建舍利塔。"他表示,**在他的研究中,又有舍利塔又有墓的元代建筑从未见过**。(缪洪通:《建文帝出亡宁德之谜揭秘十一》,2009年10月19日载中国新华社宁德支社主办《宁德新闻网》站)

○ 金贝古墓前的龙刻构件与大明皇家规制

尽管上金贝古墓迷雾重重,但只要我们认真考察和研究的话,有些谜团还是能解开的。譬如曾经引起了人们极大争议的上金贝古墓前的龙刻构件就是一例。

笔者与郑自海、郑宽涛先生第一次上宁德时曾十分留意上金贝古墓前的龙刻构件,回宁后几上明孝陵实地考古、比对,提出了"龙刻构件"的概念(闭嘴龙的说法不是笔者提的),但没想到的是一个学术问题却招来了莫名的攻击,有人言道:"这哪是什么'闭嘴龙'呀,它的名字叫螭首,我们在南京张府园发掘元代龙翔集庆寺遗址时,出土的螭首与这件一模一样。""这完全是一场闹剧,……在没有确凿实证时,不能草率地发表什么定论。否则会产生误导,是极为不负责任的举动。"(蔡震:《福建文物局称宁德古墓并非明朝建文帝之墓》,2009年10月2日《扬子晚报》)

不知出于何种心态与何种目的,在对宁德古墓没作任何考古研究、更没有上当地去看一眼的情况下,放言者居然一下子成了真理的化身。诚然,宁德上金贝古墓前的"龙刻构件"是不太好辨认,(见图41:上金贝古墓的龙刻构件)笔者初见到时也曾犯迷惑,这到底是不是螭首?

就在百思不得其解之际,曾经以精湛的传统雕刻技法赢得日本友人一致赞誉的中年篆刻专家、笔者之友潘方尔先生在反复观察宁德上金贝古墓"龙刻构件"后极为认真地跟笔者说:"从古墓这些构件的刻纹来看,它不是螭首而是龙纹,龙纹上有鱼鳞。"随即他向笔者展示了《故宫博物院藏肖形印选》一书中的中国古代龙纹

图41 上金贝古墓的龙刻构件

图42 中国古代龙纹玺

图43 宁德林聪墓前的石雕构件

第 5 章 宁德考古 揭秘悬案

玺,(见图42:中国古代龙纹玺)经过比对,笔者发现,两者几乎成了一对"孪生姐妹"。如果再将宁德林聪墓前的螭首刻件拿来对比(见图43:宁德林聪墓前的螭首),其刻纹迥异,由此,笔者认为宁德上金贝古墓前"龙刻构件"的说法不应该有多大问题。

这里顺便介绍一下潘群先生的观点:依照训诂学观点来看,"龙"部首现为"龙"部,而以往龙部首为"鱼"部。然而"螭首"、"蟠"等字,均从"虫"。虫部一般为山中动物,包括"蛇",然而"龙"从鱼部,为水中动物,故有鳞。(虽然龙后来被演化为可以飞天之物,但就实,龙并无实在,是一种想象中的动物)如果从时间上来看,龙与螭之间形状的变化:汉初高帝刘邦时"龙"为皇帝专用,而皇后吕后所用之印,上饰形为"螭首"(现存中国历史博物馆)。

当然有人还是硬要说上金贝古墓前的石刻构件不是龙,是螭首。我们姑且就照着这样的说法再对螭首作一番考察与论证(图44)。

"螭:传说中**无角的龙**。古代常雕刻其形,作为器物的装饰。"

"螭首:㈠碑碣上刻有螭头的装饰。唐封演《封氏闻见记》六《碑碣》:'隋氏制,五品以上立碑,螭首龟趺,趺上不得过四尺,载在丧葬令。'唐刘禹锡《刘梦得集》二八《唐故朝议郎……奚公神道碑》:'螭首龟趺。德煇是纪。'㈡古钟、鼎、彝器、印章、带钩之属的雕饰。宋张揄《绍兴内府古器评》上《周叔液鼎》:'是器,耳作当形,纯缘,饰以立螭首,作蹄状。'㈢宫殿陛阶上刻凿的雕饰。宋赵彦卫《云麓漫钞》七:'唐制,起居郎、起居舍人在紫宸内阁,则夹香案立

图44 《辞源》中的螭首图

殿下,直第二螭首,……所谓螭首者,盖殿陛间压阶石上镌凿之饰,今僧寺佛殿多有之。或云:唐殿多于陛之四角出石螭首,不应史云殿下第二螭首也。'"(《辞源·虫部》,第4册,P2781,商务印书馆1983年12月修订第1版)

以上是对螭首的权威解释,当然这不是现在我们所要讨论问题的关键,大家所关心的是螭首能不能乱用的问题。

远的不说,我们先来看看元朝对螭首的享用有何规制?

元中统二十一年,"闰五月己卯,封法里剌王为郡王,佩虎符……癸巳,赐北安王螭纽金印。"(《元史·世祖十》卷13,本纪第13)

《元史·礼乐志》中载:"编钟一虡,钟十有六,范金为之。笋虡(横曰笋,直曰虡)皆雕绘树羽,……笋两端金螭首,衔鍮石璧翣,五色销金流苏,绛以红绒维之。"(《元史·礼乐二·金部》卷68,志第19)

《元史·舆服志》载:"一,车舆,除不得用龙凤文外,一品至三品许用间金妆饰银螭头、绣带、青幔,四品、五品用素狮头、绣带、青幔,六品至九品用素云头、素带、青幔。"(《元史·舆服一》卷78,志第28)

又载:皇帝"玉辂………前辕引手玉螭头三,并系以蹲龙"(《元史·舆服一》卷78,志第28)。皇帝"金辂……前辕引手金涂鍮石螭头三,并系以蹲龙"(《元史·舆服一》卷78,志第28)。皇帝"象辂……前辕引手描金象牙雕螭头三,并系以蹲龙"(《元史·舆服一》卷78,志第28)。皇帝"革辂,前辕引手摆白螭头三,并系以蹲龙"(《元史·舆服一》卷78,志第28)。皇帝的"木辂……前辕引手金嵌镔铁螭头三,皆绖以蹲龙"(《元史·舆服一》卷78,志第28)。皇帝的"大伞,赤质,正方,四角铜螭首,涂以黄金,紫罗表,绯绢里。诸伞盖,宋以前皆平顶,今加金浮屠"(《元史·舆服一》卷78,志第28)。元皇宫"正阶下二十四甓,香案一。护尉席内各所迤内第四螭首取直,边北,左右护尉第五席相向布席,北二席宿直。次殿中,次典瑞,次起居,每席函丈五尺。设殿前板位八,各以左右阤道内边丹墀迤内第五甓纵直,北空路五丈五尺,东西走路各违四丈九尺,中布席四十,席函九尺,设护尉板位二"。(《元史·舆服三》卷80,志第30)

元顺帝"(至元)五年秋,(脱脱发动政变)遂与世杰班、阿鲁议,候伯颜入朝禽之。戒卫士严宫门出入,螭坳悉为置兵。伯颜见之大惊,召脱脱责之"。(《元史·脱脱传》卷138,列传第25)

第 **5** 章 宁德考古 揭秘悬案

那么,百官能不能享用螭首呢?《元史·刑法志》中有这样的记载:"诸章服,……车舆并不得用龙凤文,**一品至三品许用间金妆饰、银螭头、绣带、青幔,四品、五品用素狮头、绣带、青幔,六品至九品用素云头、素带、青幔。**"(《元史·刑法四》卷105,志第53)

由此看来百官中只有一品到三品的高官或特别为元帝宠爱的宠臣或功劳特别大的功臣才能用螭首,"岳璘帖穆尔,回鹘人,畏兀国相暾欲谷之裔也。……(为表彰岳璘帖穆尔之兄伽理伽普华归附,元太祖成吉思汗)赐以金虎符、狮纽银印、金**螭**椅一、衣金直孙校尉四人,仍食二十三郡。"(《元史·岳璘帖穆尔传》卷124,列传第11)

"阿鲁辉帖木儿,灭里大王之裔也。初,太宗生七子,而灭里位第七。世祖既定天下,乃大封宗亲为王,灭里其一也。灭里生脱忽,脱忽生俺都剌,俺都剌生秃满,至大元年,始封阳翟王,赐金印**螭**纽,俾镇北藩。秃满传曲春,曲春传太平,太平传帖木儿赤,而阿鲁辉帖木儿袭其封。"(《元史·叛臣传》卷206,列传第93)

除此之外,元朝对佛、道领袖也格外看重,允许他们享有蟠螭图饰:"全节字成季,饶州安仁人。年十三学道于龙虎山。至元二十四年至京师,从留孙见世祖。三十一年,成宗至自朔方,召见,赐古雕玉蟠**螭**环一,敕每岁侍从行幸,所司给庐帐、车马、衣服、廪饩,著为令。"(《元史·释老传》卷202,列传第89)

从上面《元史》史料来看,元朝规制中可以享用螭图饰的是皇帝与皇家成员、一品到三品的高官、为元帝宠爱的宠臣或功劳特别大的功臣以及佛道领袖或极有影响的佛道人士。

再从宁德上金贝古墓的碑铭来看,墓主人是沧海珠,而考正史又无从查证,这显然与上述元朝可享用螭图饰的四种人不相吻合,由此证明该墓不是元墓。当然,有人硬要说这是个元墓,我们姑且再顺着这些人的思路来看一段史料:

洪武三年八月丁丑,朱元璋"诏中书省申禁:官民器服,不得用黄色为饰,及彩画古先帝王后妃、圣贤人物故事、日月、龙凤、狮子、麒麟、犀象之形,**如旧有者,限百日内毁之**"(《明太祖实录》卷55下)。

正史明明白白地记载了洪武三年八月丁丑日,朱元璋下令对全国范围内乱用日月、龙凤、狮子、麒麟、犀象等图饰造型进行大清理,期限是百日之内。我们退一万步来说,即使上金贝在元朝时造过什么特别像样的古墓也早在洪武三年的大清理中清掉了,要知道洪武年间的政治是极为严酷的,有哪个大傻子为保全一个元朝的和尚墓去冒杀头的危险呢?

潘群先生曾跟笔者反复强调:明太祖朱元璋出身农民,当了皇帝,对其独尊的地位看得比历代皇帝更重。因此,他在制度与器物甚至礼仪、音乐等方面处处都要体现帝位的专制独裁。例如,洪武三年定朝贺乐章,奏的第一首曲子是《起临濠之曲》,也名《飞龙引》即人们通常所称的《飞龙之曲》,其内容为"千载中华生圣主,王气成龙虎",云云。可见朱元璋自以龙为王气,是千载独生于临濠的中华圣主,是王气而为龙,除他之外,其他任何人都做不到,惟有他这条"龙"独尊。在《仪卫》上规定"黄双龙扇",而皇后仪仗、太子仪仗、亲王仪仗均无。朱元璋还规定:在皇帝的"大辂"上要有龙头、龙尾、龙鳞等饰;皇帝玉玺用宝,皇后虽也用宝,但饰以"蟠龙"非龙;皇太子用"金龟纽",余用"印"皆无龙饰。凡此等等,可见,"龙"饰为皇帝所独用也(参见《明史》之《乐志》、《仪卫志》、《舆服志》等,不赘引)。另,从洪武十六年四月初一到是年九月二十四日朱元璋还曾下令修建造了"大龙兴寺",凡三百八十一间,他亲自撰文刻碑《龙兴寺碑》,并在盛家山前亲书"第一山",这一切无不表明了其内心拥有浓烈的朱皇帝是"龙",是"第一人"的独尊思想。(《明太祖实录》卷156)

正因为如此,朱元璋立国建制对于龙的使用有着严格的禁忌与限定,要是有人违制,那么只有死路一条了;要是前代已有龙物龙饰,大明朱皇帝就毫不含糊地予以坚决的清理。

除了清理,朱元璋还在大明帝国的规制上对于与龙相近的螭首等类图饰的享用也作了明确的限定。

《明史》载:"亲王府制:洪武四年定,城高二丈九尺,正殿基高六尺九寸,正门、前后殿、四门城楼,饰以青绿点金,廊房饰以青黛。四城正门,以丹漆金涂铜钉。宫殿窠栱攒顶,中画蟠螭,饰以金,边画**八吉祥花**。前后殿座,用红漆金蟠螭,帐用红销金蟠螭。座后壁则画蟠螭、彩云,后改为龙。立山川、社稷、宗庙于王城内。七年定亲王所居殿,前曰承运,中曰圜殿,后曰存心;四城门,南曰端礼,北曰广智,东曰体仁,西曰遵义。太祖曰:'使诸王睹名思义,以藩屏

第 **5** 章 宁德考古 揭秘悬案

143

帝室。'九年定亲王宫殿、门庑及城门楼,皆覆以青色琉璃瓦。又命中书省臣,惟亲王宫得饰朱红、大青绿,其他居室止饰丹碧。十二年,诸王府告成。其制,中曰承运殿,十一间,后为圜殿,次曰存心殿,各九间。承运殿两庑为左右二殿,自存心、承运,周回两庑,至承运门,为屋百三十八间。殿后为前、中、后三宫,各九间。宫门两厢等室九十九间。王城之外,周垣、西门、堂库等室在其间,凡为宫殿室屋八百间有奇。弘治八年更定王府之制,颇有所增损。"(《明史·舆服四》卷68,志第44)

"明初,文武大臣薨逝,例请于上,命翰林官制文,立神道碑。惟太祖时中山王徐达、成祖时荣国公姚广孝及弘治中昌国公张峦治先茔,皆出御笔。其制自洪武三年定。五品以上用碑,龟趺**螭首**。六品以下用碣,方趺圆首。五年,复详定其制。功臣殁后封王,螭首高三尺二寸,碑身高九尺,广三尺六寸,龟趺高三尺八寸。**一品螭首**,二品麟凤盖,三品天禄辟邪盖,四品至七品方趺。首视功臣殁后封王者,递杀二寸,至一尺八寸止。碑身递杀五寸,至五尺五寸止。其广递杀二寸,至二尺二寸止。趺递杀二寸,至二尺四寸止。"(《明史·礼十四(凶礼三)·丧葬之制·碑碣》卷60,志第36)

"亲王象辂,其高视金辂减六寸,其广减一尺。辕长视大辂减一尺。辂座高三尺有奇,余饰同金辂。辂亭高五尺二寸有奇,红髹四柱。槛座上四周红髹绦环板。前左右有门,高四尺五寸有奇,广二尺二寸有奇。门旁楅各二及明栿、后五山屏风,皆红髹,用抹金铜钑花叶片装钉。亭底红髹,施红花毯、红锦褥席。其椅靠、坐褥、帷幔、红帘之制,俱同金辂。辂顶并圆盘,高二尺四寸有奇,用抹金铜宝珠顶,余同金辂。天轮三层,皆红髹,上雕木贴金边耀叶板六十三片,内饰青地雕木五彩云文三层,间绘五彩云衬板六十三片,四周黄铜装钉。上施红绮沥水三层,每层八十一折,绣瑞草文。前垂青绮络带二,俱绣升龙五彩云文。圆盘四角连辂座板,用攀顶红线圆条四,并红髹木鱼。亭前后阑干同金辂,左右阑干各一扇,内嵌绦环板,皆红髹。计十四柱,柱首雕木红莲花,线金青绿装莲花抱柱,前阑干内布花毯。红旗二,与金辂所树同,竿上只垂红缨五。其踏梯、行马之属,亦同金辂。帐房用绿色**螭**头,余与东宫同。"(《明史·舆服一》卷65,志第41)

"百官乘车之制:洪武元年令,凡车不得雕饰龙凤文。职官一品至三品,用间金饰银螭绣带,青缦。四品五品,素狮头绣带,青缦。"(《明史·舆服一》卷65,志第41)

"亲王册宝:册制与皇太子同。其宝用金,龟纽,依周尺方五寸二分,厚一寸五分,文曰'某王之宝'。池篚之饰,与皇太子宝同。宝盝之饰,则雕蟠螭。"(《明史·舆服四》卷68,志第44)

"公主册印:银册二片,镌字镀金,借以红锦褥。册盝饰以浑金沥粉蟠螭。其印同宋制,用金,龟纽,文曰'某国公主之印'。方五寸二分,厚一寸五分。印池用金,广取容。印外篚用木,饰以浑金沥粉盘凤,中篚用金鈒蟠凤,内小篚,饰如外篚。"(《明史·舆服四》卷68,志第44)

"成祖嗣位,遣僧智光往赐。永乐元年遣使入贡。四年封为灌顶国师阐化王,赐螭纽玉印,白金五百两,绮衣三袭,锦帛五十匹,巴茶二百斤。明年命与护教、赞善二王,必力工瓦国师及必里、朵甘、陇答诸卫,川藏诸族,复置驿站,通道往来。十一年,中官杨三保使乌斯藏还,其王遣从子剳结等随之入贡。明年复命三保使其地,令与阐教、护教、赞善三王及川卜、川藏等共修驿站,诸未复者尽复之。自是道路毕通,使臣往还数万里,无虞寇盗矣。其后贡益频数。帝嘉其诚,复命三保赍佛像、法器、袈裟、禅衣及绒锦、彩币往劳之。已,又命中官戴兴往赐彩币。"(《明史·西域三》卷331,列传第217)

从《明史》的记载来看,明代对螭首的享用范围作了明确的限定:皇帝的诸子亲王、公主、一品到三品的高官和特殊地位的佛教领袖。

上海学者建文帝研究专家徐作生先生对宁德上金贝古墓进行实地考古后认为:"如果在明朝初期,闽东如若没有状元出家当和尚,古墓主人为皇室成员的概率极高。"而据宁德地方志编委会副主任王道亨的考证,明初闽东状元出家的可能性几乎没有!(缪洪通:《建文帝出亡宁德之谜揭秘十一》,2009年10月19日刊载于中国新华社宁德支社主办的《宁德新闻网》上)

按照常理,具有上述这样地位与身份的人无论是在正史上还是在地方志或私人笔记中至少都应该留下一笔。距离上金贝古墓

图 45　林聪墓

不远的同在宁德地区的林聪是明中期的尚书加太子少保的高官,不仅正史上有其传,而且在他家乡还有很气派的墓葬,奇怪的是他的墓制规模居然还没有上金贝古墓大,那么由此可以说,上金贝古墓墓主应该是比林聪地位还要高的大明皇室人员,他又会是谁?(参见图 45:林聪墓)

○ 上金贝古墓前的金水桥与金水河与明朝皇家陵寝规制

通过上面对金贝古墓的构造、图饰等方面的比对与论证,我们看到宁德上金贝古墓实在奇特。其实当你一走进上金贝古墓区时,只要留心一下,就会发现它不仅在形制和规模上与众不同,而且连它前面的涧溪等名字也十分另类。

按照常理,高僧圆寂后一般是建塔而不造墓的,蹊跷的是金贝寺古墓则两者兼而有之,非僧非俗,实在奇特;更有金贝寺古墓规模很大,其主体建筑:前为祭亭(已毁坏,但很多构件尚存),其后为圈椅状主陵,主陵内为一印状舍利塔。就整体而言,它是目前福建省发现的规模最大、形制最罕见的"僧人墓",距离宁德不远的福州闽侯雪峰寺是福建地区著名的佛教中心,那里高僧云集,但笔者前去考察时发现那儿的塔陵不仅制作比较粗糙,而且规模远没有宁德金贝寺古墓那么大。

最令笔者惊奇的是上金贝古墓前居然有金水河与金水桥。

2009年5月笔者首次来到宁德考察时,出于好奇随口问起位于上金贝古墓前面的涧溪叫什么名字?当地的畲族老乡与宁德市相关领导告诉我:它叫金水河。

只要到过明孝陵、明祖陵、明故宫和北京故宫等地的朋友肯定会有印象,我们现在所能见到的这些皇家陵寝和宫殿建筑前都有金水河,尽管这些金水河都很小、很狭,但它们上面都建有精美的石拱桥,名为金水桥。换句话来说,**金水河与金水桥是皇帝阴宅——陵寝与皇帝阳宅——皇宫等建筑群中的必备组成部分**。而宁德市郊的金贝寺古墓前面的溪涧叫金水河,要是这座古墓正是人们传言中的某个皇帝之陵寝的话,那它前面必定有金水桥!问题是笔者没有见到什么桥啊,更别提什么桥精美不精美了。

带着这样的疑惑,笔者出席了第二天宁德市举行的"建文帝研讨会",当我在发言中刚刚说出自己的疑问时,一位与会者认真地介绍道:"马老师,我就是上金贝山脚下的六都村人,自小在那儿长大,对当地情况再熟悉不过了。那古墓前不仅有溪涧,叫金水河,而且其上面还曾有三条桥,叫金水桥,前些年山洪大爆发将它冲毁了。"

上金贝古墓前居然有皇帝阴宅——陵寝与皇帝阳宅——皇宫等建筑群中的必备组成部分金水河与金水桥,这难道又是一种巧合?

● 建文帝最终出亡宁德,600年第一悬案破解?!

纵观前述,通过对比研究,我们将宁德上金贝古墓、舍利塔等的"巧合"作如下归纳:

"巧合"之一:明清帝陵与皇宫建造有着许多独特的规制,其中之一那就是在其正殿正门前面不远处往往有一条河,名为金水河,上有金水桥;而宁德上金贝古墓前恰恰是既有金水河又有金水桥,巧否?

"巧合"之二:宁德上金贝古墓舍利塔上的莲座不仅与明中都凤阳旧城墙遗址的莲座图饰有着很大的相似,而且在《明史》上还能找到相对应的"出处":在俗界,莲花和莲座图饰是大明皇帝、皇后、皇太子和诸皇子等皇家主要成员所享用,这是巧合?

"巧合"之三:宁德上金贝舍利塔须弥座上的横向如意云花纹与"明洪武釉里红如意云形缠枝牡丹菊纹大碗"上的如意云图饰和南京明孝陵八字影壁上的众多如意云图饰完全相同,上金贝古墓上的如意云(即媒体热炒的火龙珠)又与明初洪武年间的神像顶部如意云有着异曲同工之妙。据《明史》所载,明初定制中如意云图饰为皇帝和皇后所享用,而宁德上金贝古墓及其舍利塔须弥座上偏偏就有好多明初时代特征的如意云图饰,这又说明了什么?

"巧合"之四:上金贝舍利塔须弥座造型居然与"明周府造铜鎏金佛坐像"(洪武年间)须弥座造型和南京明皇宫午门底座造型相同,你能说它就一定是与明皇室或明廷无关吗?

"巧合"之五:上金贝古墓及其舍利塔须弥座上的横向如意云与距离上金贝大约5公里路程的宁德华严寺云锦袈裟之下方22个灯笼顶部的如意云极为相似或言相同,这难道又仅仅是巧合?

"巧合"之六:上金贝古墓前有龙刻构件或言螭首装饰,从《明史》的记载来看,明代对螭首的享用范围作了明确的限定:只有皇帝的诸子亲王、公主、一品到三品的高官和特殊地位的宗教领袖才有资格享用。而具有这样地位与身份的人无论是在正史还是在地方志上或私人笔记中都应该至少留下一笔,但诚如前文考证的,古墓碑文上的"佛日圆明"和"沧海珠"都是正史上查无实证的;更有常识:佛家人圆寂后是建塔不建墓。由此我们可将墓主人"锁定"在皇帝诸子亲王和公主及一品到三品的高官范围,但就在上金贝古墓不远处至今还保存完好的明中叶宁德籍一品大员林聪墓居然没有上金贝古墓那么大的规制,这就不能不将我们对上金贝古墓墓主考证的视线引向大明皇室人员,换言之,该墓主人应该是与大明皇室有关。

众所周知,明代开始君主专制主义达到了登峰造极的地步,要真是一般意义上的明皇室成员由于政治原因被迫出亡或被杀于此,官府正史上也会大大方方地写上,但上金贝古墓却不留真名实姓,正史也无从查起,这说明墓主人极有可能是大明君主和大明主流政治所忌讳的皇家成员或皇室政治受害者,那么他是谁?

结合上金贝古墓及其舍利塔上的莲花、莲座和须弥座造型与如意云图饰等方面的规制都与大明皇室相关的史实与考证,再看上金贝古墓前居然有皇帝阴宅——陵寝与皇帝阳宅——皇宫等建筑群中的必备组成部分金水河与金水桥,笔者认为,上金贝古墓应该就是浓缩版的简易明初皇家陵墓,而上金贝古墓又有舍利塔的事实告诉人们:身份与地位特殊的墓主人至少应该具备两个要件:一个是佛家人,另一个是俗界非同寻常的明初皇室成员,且这个明初皇室成员还可能是大明君主和大明主流政治所忌讳的。而在明初皇室成员中要具有这些特征除了至今下落不明的明代第二位皇帝朱允炆外还真找不出第二人来。

　　再看前文对华严寺袈裟的考证结果,笔者认为,明代第二位皇帝朱允炆不仅最终出亡在福建宁德,且最后还葬在那里,上金贝山就是他的魂归之所。

第6章 "文""物"相合
出亡宁德

> 在建文帝出亡问题上一直存在两种倾向:一是全盘否定建文帝出亡,就说他被烧死了;一是自认为当地的某物某寺庙就是传说中的建文帝出亡之物证。要是谁不赞成或有异议,有人就会迅速地"提升"个人感情,甚至发动"群众"进行围攻,缺乏应有的理性。要知道,科学是理性的产物,再说真理是常常躲在许许多多不为人们所注意的表象之背后,只有在理性的指导下才有可能发现真理,而对于历史真相的探究,也应该如此。
>
> 600年前建文帝出亡福建宁德本是去避难的,其政敌"好叔叔"朱棣也是秘密寻访的,那么这个下台的侄儿皇帝"躲猫猫"躲过去了?

● 千钩百索,只字不留——建文帝出亡之事

通过上文的分析比对和严密的考证,我们已在整体上破解了大明第一谜案,但有人可能要这样发问:既然你已考证出来建文帝最终出亡福建宁德,那为什么600年来在文献资料中就没人发现这样的史实呢?换言之,明朝第二位皇帝建文帝出亡福建宁德在史料中是否有所记载或披露?

在回答这个问题之前,我们不妨先来回顾一下建文四年六月十三日以后蛇蝎一般心肠的朱棣对建文君臣所干的"好事"。他不仅以奸党罪的名义,用"灭十族"和"瓜蔓抄"等极端残忍的手段,大肆杀戮建文朝的忠臣节士及其亲族与朋友、乡邻,而且还将他"斗

争"的矛头直指他的皇家兄长及其曾经的皇上朱允炆。不过朱棣这人实在是工于心计:先是他抱着所谓的"建文帝尸体"放声大哭:"痴儿啊,你为什么要这样呢?"好像他这个叔叔是如何的仁慈与如何的无奈。接着他还假模假样地为侄儿"发丧",甚至"停朝三日",但这都是表面上的功夫。在暗中,朱棣加紧了对建文帝兄弟、儿子一行人的迫害,就连自己的亲哥哥、已经死去了的朱标太子也不放过,他上台没几天,就下令"迁兴宗孝康皇帝主于陵园,仍称懿文太子"。(《明史·成祖本纪一》卷第5,本纪第5)

● **永乐朝朱棣宠信酷吏陈瑛说:不拿建文君臣开刀,我们这些人怎能出名?**

人们常说:死了,死了,死了一切都了了。可朱棣就不让已死了的人一切都了,与死人过不去,由此可想,那些与朱棣所痛恨或忌讳的已经死去了的人有关的活人,他们在朱棣手下能有好日子过吗?朱标的儿子、朱允炆的3个弟弟,后来没一个得好死;曾经被朱棣请到燕军军营中作为"统战"对象的懿文太子朱标的妃子、朱允炆的母亲吕氏也被朱棣一道圣旨打发到懿文太子陵园,为她那个仁慈但英年早逝的倒霉丈夫守坟。(《明史·成祖本纪一》卷第5,本纪第5)

不仅如此,朱棣掌权以后还发布诏令,革除建文年号(大约过了170多年后,万历帝下诏才将明成祖朱棣"革除"的建文年号予以恢复),将建文纪年记在朱元璋的洪武年号名下,将建文四年改为洪武三十五年,以此类推。依照朱棣这等做法似乎是要将他的侄儿皇帝从大明帝国的皇家政治队伍中永远地"开除"出去,对建文政治予以坚决的"反动",这等情势造成了当时无人敢言建文君臣,唯恐祸及,而建文朝之史事更是被"千钩百索,只字不留"。(【明】朱国桢《皇明史概·大政记》卷7,台北文海出版社1984年影印本)

更有甚者,朱棣唯恐不及,他还任用了纪纲、刘江、袁刚和陈瑛等一批酷吏,残害建文朝"漏网之鱼"、"深挖"、虐杀政治异己。在这些酷吏里边最为臭名昭著的就要数陈瑛。

"陈瑛,滁人。洪武中,以人才贡入太学。擢御史,出为山东按察使。建文元年调北平佥事。汤宗告瑛受燕王金钱,通密谋,逮谪广西。燕王称帝,召为都察院左副都御史,署院事。(陈)瑛天性残忍,受帝宠任,益务深刻,专以搏击为能。甫莅事,即言:'陛下应天顺人,万姓率服,而廷臣有不顺命、效死建文者,如侍郎黄观、少卿廖升、修撰王叔英、纪善周是修、按察使王良、知县颜伯玮等,其心与叛逆无异,请追戮之。'帝曰:'朕诛奸臣,不过齐、黄数辈,后二十九人中如张紞、王钝、郑赐、黄福、尹昌隆,皆宥而用之。况汝所言,有不与此数者,勿问。'后瑛阅方孝孺等狱词,遂簿观、叔英等家,给配其妻女,疏族、外亲莫不连染。胡闰之狱,所籍数百家,号冤声彻天。两列御史皆掩泣,瑛亦色惨,谓人曰:'不以叛逆处此辈,则吾等为无名。'于是诸忠臣无遗种矣。"(《明史·奸臣·陈瑛传》卷308,列传第196)

谈迁在《国榷》中也载:"(陈)瑛性残刻,怨革朝(指建文朝)甚深,暨入朝,曰:不以叛逆处彼,则我辈何名?举朝大吏俱不答,瑛遂决意泄忿。"(【明】谈迁:《国榷·惠宗建文四年》卷12,P866)

"不用叛逆罪名来处置建文朝大臣。我们这些人怎么能出名?"这是陈瑛之流的奸臣酷吏的就职"政治宣言"。朱棣要的就是这个效果,要的就是对前朝切齿痛恨的人来出面为他清除可能潜在的政治危险。于是"(陈瑛)受帝宠任,益务深刻,专以搏击为能"。

有一天,陈瑛听说,建文帝尚在人世,与诸逃亡在外的大臣正加紧联系,图谋东山再起。他马上给明成祖朱棣上了一个密奏,说:"方孝孺、黄子澄等建文朝忠臣节士及其亲属虽然都被杀了,但他们的门生故吏却在暗中结党,实在危险啊!皇上应该下令将这些人马上逮杀,他们的妻子儿女发配到两千里以外,家产全部没收。"朱棣看完奏章后犹豫了一下,但最终还是给了陈瑛一个答复,让他"便宜行事",就是叫陈瑛看着办。有怎样的主子,就有怎样的走狗。陈瑛领旨后,肆意罗织罪名,接二连三地参劾、诬告建文朝的旧臣及其亲族家眷等,逐渐将迫害建文君臣的范围从"犯罪者"自身之九族扩大到"九族"之外的外亲之外亲,制造出一出出惨不忍睹的人间悲剧。(【明】谈迁:《国榷·惠宗建文四年》卷12,P866)

这等恶行,最终的结果是造成了只要与建文朝君臣有"师友交

友只字相同,即诬奸党,蔓延十族,村里为墟"。(【明】谈迁:《国榷·惠宗建文四年》卷12,P866)

此时的朱棣简直是将大明帝国置身于血雨腥风的人间地狱之中。在这样的政治恐怖下,还有谁长了几个脑袋会将建文朝君臣的"故事"直接地记载下来呢? 退一万步来说,即使是有这样的人,也早就被揭发出来而招致杀身甚至灭族的大祸了,他们的"历史记录"也早就毁之于大火了。

● 从朱棣到朱瞻基三十余年充斥着对建文君臣的杀气

朱棣的血色高压政治虽说是行于一时,但它的恶劣影响相当之大,流毒也相当之广。

永乐九年,有个叫钱习礼的读书人来南京参加大明的会试与殿试,中了进士,按照惯例他被选为庶吉士,没多久又被改任为翰林院检讨。正当钱习礼"春风得意马蹄疾"时,他的乡人上告,说他是建文朝忠臣练子宁的奸党。这等上告就意味着要将钱习礼推向万劫不复的深渊之中。听到这样的消息,钱习礼新近中举的喜悦顿时被抛到了九霄云外,他"恒惴惴",惶惶不可终日。幸亏大学士杨荣及时地向朱棣作了一些解释和说明,这时朱棣登基已经10年了,或许他感到统治根基已经相对稳定了,所以最终没有深究钱习礼。(【清】谷应泰:《明史纪事本末·壬午殉难》卷18;《明史·钱习礼传》卷152)

京师南京是永乐朝血色恐怖的中心,但大明帝国的其他地方也深受其害。同是永乐九年,浙江黄岩有人出来告官,说他的一个同乡富豪保存着建文奸党分子给楚王的书稿,应该予以治罪。可能是永乐朝这样的诬告事情实在太多了,就像"文化大革命"中天天揭出来"阶级敌人"和"反革命分子"一个样,弄多了,谁也不信! 就连朱棣自己到头来也不信有这么多的建文奸党分子,于是他就说:"此必与豪民有怨而欲报之。"(《《明太宗实录》卷119)

朱棣毕竟不是一个糊涂之君,他明察到,这一定是那个黄岩小民与富豪之间有怨而借着这个由头来报复啊。乡间小民种好一亩三分地就算不错了,哪还顾得了那么多的国家政治,但永乐朝的小民就是"讲政治"、"讲原则",要不是肃清建文朝奸党运动"深入人心"的话岂会这样?

胡广原本是建文朝的大臣,金川门之变后,他与其他28个"识时务"者一起马上归降了朱棣,朱棣甚是喜欢,对胡广等人很为重用。后来胡广老家的母亲死了,他就回江西吉水去奔丧,三年"守制"结束以后,胡广回到了南京,朱棣就问胡广:"胡爱卿,你这次回家'丁忧'守制,一待就是三载,想必对民间事情有了很多的了解,你如实说说现在的老百姓生活还安宁?"胡广回答说:"百姓生活还算安宁,就是地方官吏穷治建文朝奸党这事株连甚广,深究不尽,老百姓都十分害怕啊。"(《明史·胡广传》卷147)

这事表明,永乐朝穷治建文奸党"运动"已经波及了大明帝国的各个地方和各个层面,试想在这样的政治高压下还有谁觉得自己活得不耐烦了,要将建文君臣的言行一一记下来,随之就让自己的脑袋搬个家?

所以说,永乐朝没有建文君臣行踪的直接记载纯属正常。而后继承朱棣皇位的洪熙帝朱高炽虽说上台伊始就下令释放了在锦衣卫、教坊司、浣衣局以及各功臣家为奴的建文大臣家属,将之宽宥为民,发还田土,给予生计,并明白地告诉大臣们:建文朝方孝孺等诸大臣都是忠臣,从此"天下始敢称诸死义者为忠臣"。(参见《明仁宗实录》卷4,永乐二十二年十一月壬申条;【明】朱鹭:《建文书法拟》卷首"述公论")

朱高炽的这项指示有没有完全执行下去,就很难说清楚,因为6个月后他就归天了,大明朝皇位一下子转到了朱棣的孙子朱瞻基的手里。朱瞻基十分聪明,从小深得他爷爷朱棣的喜欢,他当然懂得皇爷爷对建文君臣那般处置的"良苦用心",所以在他当政的十来年里,也基本上是"按既定的方针办"。

总之,从朱棣到朱瞻基前后三十多年的时间里,人们对建文君臣出亡之事几乎是噤若寒蝉,唯恐避之不及,自然也就无人敢去如实记录或搜集这类的史实了。"国初杀气浑不除,越三十年还相屠",【清】王士禛《池北偶谈·致身录考》卷6)。换句话来讲,以当时的情势,知道建文君臣出亡事实越少越安全,天底下还有哪个大傻子撑饱了自招杀身之祸?

● 史料中建文帝出亡福建的蛛丝马迹

既然正史与文人笔记都没有直接记载建文帝的下落之谜,那么在间接的历史记载中是否有所披露呢?笔者在阅读了大量的历史资料后觉得下列几段史料实在耐人寻味:

◎ 靖难战争中大宁总兵官刘贞战败后回朝廷,居然先上福建再回南京,为何?

明朝中期学者姜清给后人留下了这么一段史料:"(刘)贞,合肥人。洪武中,宁献王封大宁,贞为总兵官。北平兵入大宁,宁王尽以护卫官军之北平,意贞亦降,籍其家下之狱。俄而贞由海道自福建还京师,家人遂得释。"(【明】姜清:《姜氏秘史》卷2)

这是讲"靖难战争"时东北大宁总兵官刘贞吃了败仗后南归的事,可奇怪的是刘贞并没有直接回南京,而是去了福建,再由福建回南京,这实在是令人不可思议。那么刘贞究竟上福建绕一圈干什么?更令人迷惑不解的是,这个刘贞后来成为了"国丈","(刘)贞女为文庙(即朱棣)昭顺德妃"。(【明】姜清:《姜氏秘史》卷2)

◎ 朱棣登基后的诏谕内容增益变化说明了什么?

据朱棣在"靖难之役"中发布的"燕王令旨"等史料而钦定的《奉天靖难记》所载,大明第二位君主建文帝朱允炆简直是禽兽不如:"时诸王坐废,允炆日益骄纵,焚太祖高皇帝、孝慈高皇后御容,拆毁后宫,掘地五尺,大兴土木,怨嗟盈路,淫佚放恣,靡所不为。遣宦者四出,选择女子,充满后宫,通夕饮食,剧戏歌舞,嬖幸者任其所需,谓羊不肥美,辄杀数羊以厌一妇之欲。又作奇技淫巧,媚悦妇人,穷奢极侈,暴殄天物,甚至亵衣皆饰以珠玉锦绣。各王府宫人有色者,皆选留与通,常服媱药,药燥性发,血气狂乱,御数老妇不足,更缚牝羊母猪与交。荒眈酒色,昼夜无度。及临朝,精神昏暗,俯首凭案,唯唯数事而已。宫中起大觉殿,于内置轮藏。(原无"置"字,据明天一阁抄本补。)出公主与尼为徒,敬礼桑门,狎侮宗庙。尝置一女子于盒以为戏,谓为时物,异入奉先殿荐新,盒开聚观,大笑而散。倚信阉竖,与决大事,凡进退大臣,参掌兵马,皆得专之。陵辱衣冠,毒虐良善,御史皆被棰挞。纪纲坏乱,构成大祸。自是灾异叠见,恬不自省。夜宴张灯荧煌,忽不见人。寝宫初成,见男子提一人头,血色模糊,直入宫内,随索之,寂无所有。狐狸满室,变怪万状,徧置鹰犬,亦不能止。他如日赤无光,星辰无度,彗扫军门,荧惑守心犯斗,飞蝗蔽天,山崩地震,水旱疫疠,连年不息,锦衣卫火,武库自焚,文华殿毁,承天门灾,虽变异多端,而酗乐自如。"(《奉天靖难记》卷1)

明朝成化年间出了一位被史学家称誉为"搜辑建文忠臣遗事"第一人的福建莆田籍进士宋端仪,他在《立斋闲录》中抄录了洪武三十五年(即建文四年)八月□□日朱棣发布的诏谕:

"皇帝敕谕天下文武群臣军民人等知道:昔者元末昏君坏其祖宗成法,荒淫无度,奸臣擅权,涂炭生民,群雄并起,旷世无君,糜烂鼎沸。天命我父皇高皇帝龙飞淮甸,扫除祸乱,救民水火之中,措之衽席之上。立纲陈纪,政令惟新,官守其职,民乐其生,天下太平三十余年。不幸太祖宾天,建文嗣位,荒迷酒色,不近忠良。作奇技淫巧以悦妇人,为禽兽之行,信任奸臣黄子澄、王叔英、齐泰等,改更祖宗法度。太祖不豫,不报各王,一日而殁,七日即葬。初崩之时,将鬼见愁、硫黄、雄黄调水遍洒满殿,使秽气触忤梓宫。及至发引,仗剑在后,谓人曰:我仗此剑,不畏强鬼。矫称不许诸王会葬。如此诡秘,事皆可疑。居丧未及一月,便差内官往福建、两浙选取女子,将后宫拆毁,掘地二丈,大兴土木之工,军民不得聊生。溺于佛教,印经饬像,礼忏饭僧,糜费钜万。甚至改去公主名号,舍与道姑为徒,尼媪出入宫闱,秽德丑露,渎乱人伦,灭绝天理。又将父皇母后御容尽行烧毁。上天怒其无道,灾于承天门,灾于乙字库,灾于锦衣卫,飞蝗蔽天,饿殍盈路。犹不改过,愈加为恶,起夫运粮,点民为兵,造作科征,天下被害。将欲成造炮架,雷火烧其木植;将欲练习水战,雷震其大将之船;将欲守城,雷雨震陷其城,屡修屡陷,数十余次。……故敕。洪武三十五年八月□□日。"(【明】宋端仪《立斋闲录》卷2)

比较上述两段大体内容相同的直接诋毁建文帝的史料，我们发现其有两个显著的变化：

其一，朱棣在《奉天靖难记》中信口雌黄地说建文帝如何荒淫地"奸兽"和逼奸老太太这部分内容，在洪武三十五年八月朱棣发布的诏谕里没有了。问题是为什么一下子没有了？

因为历史上真实的建文帝是个好皇帝，他当政时的社会影响与社会风气相当之好，"闻之故老言，其时（建文年间）道不拾遗。亲有见遗钞于涂者，第拾起一观，恐污践，更置阶所高洁之处耳，竟不取也"。（【明】祝允明：《前闻记》；《九朝野记》卷2也有相似的记载）

建文失国时，南京城里哭声震天。对于这么一个好皇帝，尽管朱棣肆意诋毁，但老百姓心中有杆秤，尤其是南京及江南地区的老百姓对建文帝是如何之人还是一清二楚的。先前朱棣在北方发动"靖难之役"时可以任意胡说，反正天高皇帝远，北方人不怎么了解建文帝，但是朱棣登基后向全国臣民发布诏谕时就不得不考虑不能将建文帝说得太过头，否则其诏谕的可信度和政治效应就大大降低。建文帝有没有那样荒淫无耻，别的地方人不知道，南京城里人多少还是听说一点的。因此，朱棣及其御用文人意识到，很有必要将建文帝如何荒淫地"奸兽"和逼奸老太太这部分实在荒诞的内容予以删除。

其二，宋端仪抄录在《立斋闲录》中的洪武三十五年八月□□日朱棣发布的诏谕里多了"（建文帝）居丧未及一月，便差内官往福建、两浙选取女子"一句话，这看似令人费解。究其实，在"靖难战争"期间远在北方的朱棣尚不知南京城里的建文帝已派人上福建、两浙地区去，姑且说就是选美女吧，但后来他来了南京不仅连建文帝的影子都找不到，反而还时不时地传来建文帝出亡云南、福建和两浙等地的流言。如果朱棣所说的建文帝即位初就派人上闽浙地区去选美女这事属实的话，那么闽浙地区的好多人家就是建文帝的"丈人家"了。因此从这样的角度来说，建文帝后来出亡福建完全有这种可能。

但当时朱棣搞不清楚建文帝到底要出亡何处？于是他的心中时不时地泛起阵阵之隐痛，最终他精心地作出了追查建文帝下落和防止建文帝东山再起的一系列秘密安排与部署。

● **永乐元年朱棣任命"六亲不认"的"冷面寒铁"周新巡按福建,巧合吗?**

有人说建文帝跑到西北去了,为了彻底追查建文帝和加强对大明西北边境的统治,朱棣上台后就与西北地区军事长官(总兵官)宋晟结为儿女亲家,他将自己的两个女儿安成公主和咸宁公主分别下嫁给了宋晟的2儿子宋琥和3儿子宋瑛。(《明史·宋晟传》卷155)

有人说建文帝出亡到了云南,朱棣又与黔国公沐英家联姻,他将自己最小的也是最为宝贝的女儿"常宁公主,下嫁沐昕,西平侯(沐)英子"。(《明史·公主传》卷121,列传第9)

有人说建文帝跑到浙江浦江郑濮家去了,朱棣"遣人索之(郑)濮家厅事中,列十大柜,五贮经史,五贮兵器备不虞。使者至,所发皆经史,置其半不启,乃免于祸。人以为至行所感云"。(《明史·孝义一·郑濮传》卷296)

又有人说建文帝上了福建去,朱棣于永乐元年派"冷面寒铁"周新"巡按福建"(【明】黄瑜:《双槐岁钞·周宪使》卷3,中华书局1999年12月第1版,P55—57)。不过也有人认为周新巡按福建是为了整顿那里的吏治,这确实不假。《明史》中《周新传》是这么记载的:"周新,南海人。初名志新,字日新。成祖常独呼'新',遂为名,因以志新字。洪武中以诸生贡入太学。授大理寺评事,以善决狱称。成祖即位,改监察御史。敢言,多所弹劾。贵戚震惧,目为'冷面寒铁'。京师中至以其名怖小儿,辄皆奔匿。巡按福建,奏请都司卫所不得凌府州县,府卫官相见均礼,武人为之戢。改按北京。……还朝,即擢云南按察使,未赴,改浙江。冤民系久,闻新至,喜曰:'我得生矣。'至果雪之。……当是时,周廉使名闻天下。锦衣卫指挥纪纲使千户缉事浙江,攫贿作威福。新欲按治之,遁去。顷之,新齎文册入京,遇千户涿州,捕系州狱,脱走诉于纲,纲诬奏新罪。帝怒,命逮新。旗校皆锦衣私人,在道榜掠无完肤。既至,伏陛前抗声曰:'陛下诏按察司行事,与都察院同。臣奉诏擒奸恶,奈何罪臣?'帝愈怒,命戮之。临刑大呼曰:'生为直臣,死当作直鬼!'竟杀之。他日,帝悔,问侍臣曰:'周新何许人?'对曰:'南海。'帝叹曰:'岭外乃有此人,枉杀之矣。'"(《明史·周新传》卷161,列传第49)

从铁面无私的大清官周新之官场履历来看,他的主要活动是在南方省份,其中在浙江的任上时间最长,最后也在浙江任上"出事",被皇帝朱棣冤杀。这似乎是已经定论了的事。但细细想来,周新这一生的官场活动有三个疑点:

其一,周新巡按的第一省份是福建,换个角度我们追问一下:为什么朱棣要在永乐元年派"冷面寒铁"周新去福建巡按?是福建地方吏治出了问题还是铁面无私的周新被赋予了特殊之使命?从周新与朱棣的关系来看,周新原名周志新,因他受知于文皇帝(指朱棣),尝呼为周新,因以志新为字(【明】黄瑜:《双槐岁钞·周宪使》卷3也有相似的记载,中华书局1999年12月第1版,P55)。这说明两人关系很不错,周新又是"六亲不认",所以朱棣完全有可能将肃清吏治与刺察建文帝等政治异己之类的重任委托给周新。当然也有人说没有充分的依据,这样的说法不能成立。我们暂不深入讨论,先看下面另一个疑点:

其二,周新在官场上进行纪检和监察工作的主要省份是福建、北平、云南(有的说他没去云南就任就被改任了)和浙江,除了北平以外,其他三省是永乐年间盛传建文帝出亡地区,那么,周新巡按是否与建文帝出亡有着一定的关系?

其三,周新最终被杀是由于大坏蛋"(纪)纲诬奏(周)新罪",到底什么罪?史书没说,要知道明成祖朱棣不是一个昏君,他与周新关系本来就不错,与纪纲关系也不错,朱棣"既即帝位,擢(纪纲)锦衣卫指挥使,令典亲军,司诏狱"。而"(纪)纲觇帝旨,广布校尉,日摘臣民阴事。帝悉下纲治,深文诬诋"(《明史·佞幸·纪纲传》卷307,列传195)。纪纲是朱棣肚子里的蛔虫,他对篡位上台的永乐帝之心思摸得很透,其为永乐朝专门刺察与残害"建文奸党"及其家眷的一条凶恶的猎犬,虽说周新"六亲不认",但官场上的这种利害关系,想必他不会不知道吧,可最后他又偏偏被诬陷冤杀了。

场面上的理由人们都懂,那么最本质的东西又是什么?难道上述三点都是巧合吗?

● 郑和是从永乐三年开始不断下西洋,且其正式启航地是在福建,就这么巧?

要说永乐朝怪异的"巧合"还真不少。周新在永乐元年巡按福建,二年巡按北平,接着就是永乐三年明成祖朱棣派遣心腹太监郑和正式开始出使西洋,"郑和,云南人,世所谓三保太监者也。初事燕王于藩邸,从起兵有功,累擢太监。成祖疑惠帝亡海外,欲踪迹之,且欲耀兵异域,示中国富强。永乐三年六月命和及其侪王景弘等通使西洋。将士卒二万七千八百余人,多赍金币。造大舶,修四十四丈、广十八丈者六十二。自苏州刘家河泛海至福建,复自福建五虎门扬帆,首达占城,以次遍历诸番国,宣天子诏,因给赐其君长,不服则以武慑之⋯⋯"(《明史·宦官一·郑和传》卷304,列传第190)

最近福建泉州海交馆研究员刘志成先生找到了一条重要史料,编撰于明代的《泉州蒲氏族谱·谱系表》中载东南地区航海世家蒲氏家族的先祖,会讲阿拉伯语、波斯语又熟娴海外事务的蒲日和曾作为通事(即翻译)跟随郑和一同下西洋:"(蒲)日和,字贵甫,寿成公次子。秉清真教,慎言谨行,礼拜日勤⋯⋯至永乐十三年,与太监郑和奉诏敕往西域寻玉玺有功,加封泉州卫镇抚司,圣墓立碑犹存。"(资料来源于2009年12月7日《郑和七下西洋为寻建文帝 蒲氏族谱提供佐证》,载福建《东南网》、《大众网》等)

这段族谱记载透露了两个重要信息:

第一,有个叫蒲日和的蒲氏先祖因为下西洋有功而被永乐朝授予泉州卫镇抚司的官职,换句话来说,蒲日和是当时明朝军队里有头有脸的人物,他曾在泉州市区的灵山圣墓三贤四贤墓回廊西侧立了一块"郑和行香碑",1999年笔者与朋友龚扬先生上泉州师院开会时曾参观过灵山圣墓,看过此碑,该碑高约1米、宽约0.5米,用灰绿岩石雕刻而成,其上刻有"钦差总兵太监郑和,前往西洋忽鲁谟斯等国公干,永乐十五年五月十六日(1417年5月30日)于此行香,望灵圣庇佑。镇抚蒲和日记立。"从蒲氏家族族谱与宗教信仰来看,蒲日和是伊斯兰教信徒,他的名字也似乎带有一定的"外来"化,因此,有学者认为"郑和行香碑"上的"蒲和日"就是蒲氏族谱里的"蒲日和"（另外有力的证据就是这两个略带差异名字的人是同时代、同职务——明永乐时代的镇抚），由此笔者认为，上述《泉州蒲氏族谱·谱系表》中记载的有关信息应该是可靠的。

第二，《泉州蒲氏族谱·谱系表》中载"蒲日和"跟随郑和"往西域寻玉玺"，前文笔者已述，朱棣进入南京明皇宫后挖地三尺就是找不到他"老爸"朱元璋的传国宝玺，于是就有了燕军闯入南京城的第7天，即"（建文）四年六月辛未，（朱棣）制皇帝亲亲宝"（《明太宗实录》卷9下）。第13天，即"（建文）四年六月丁丑，新作奉先殿。盖旧殿为建文所焚，至是，改作于奉天殿之西。制皇帝奉天之宝，制诰之宝，敕命之宝"。（《明太宗实录》卷9下）

从朱棣及其子孙钦定的《明太宗实录》记载来看，这位自称是高皇帝"嫡子"和大明帝国君位的"正宗传人"对宝玺的渴求是何等之急切！这也难为他了，因为原本大明帝国君主的宝玺不见了，它们可是大明帝位合法依据的象征啊。

据《明史》所载，"明初宝玺十七：其大者曰'皇帝奉天之宝'，曰'皇帝之宝'，曰'皇帝行宝'，曰'皇帝信宝'，曰'天子之宝'，曰'天子行宝'，曰'天子信宝'，曰'制诰之宝'，曰'敕命之宝'，曰'广运之宝'，曰'皇帝尊亲之宝'，曰'皇帝亲亲之宝'，曰'敬天勤民之宝'；又有'御前之宝'、'表章经史之宝'及'钦文之玺'。丹符出验四方。洪武元年欲制宝玺，有贾胡浮海献美玉，曰：'此出于阗，祖父相传，当为帝王宝玺。'乃命制为宝，不知十七宝中，此玉制何宝也。"（《明史·舆服四》卷68，志第44）

也就是说明代合法皇帝应该拥有17枚宝玺，可新皇帝朱棣找不到它们，于是他就像现在社会上违法犯罪分子那样来个私刻图章，在一周不到的时间内，居然让人连刻了4枚皇帝宝玺，接下来有没有再叫人刻下去呢？笔者在明代正史中没查到，但仔细阅读《明实录》，发现其透露出这样的信息：朱棣对那些高皇帝流传下来的但已"丢失"的宝玺耿耿于怀：永乐元年十二月"壬辰，上（指朱棣——笔者注）宴闻御谨身殿，阅太祖皇帝《御制文集》，顾学士解缙等曰：'皇考文章，固天资超迈，然宜学问所至，观其所著，皆天地之心，帝王之度，语简理至，蔼然可见。'缙等曰：'诚如圣谕'。上

曰：'朕于宫中遍寻皇考宸翰不可得，有言建文自焚并宝玺皆毁矣，朕深恸之。'"（《明太宗实录》卷26）

不是自己已经私刻了宝玺，还要这样"深恸之"？恐怕还是朱棣做贼心虚吧，因为私刻的宝玺说到底不是开国皇帝传下来的，就同他在政治宣传中所讲的"老爸"老早就有意将皇位传给他一般虚假，又唯恐别人非议，所以最好能找到宝玺的"真品原件"。事实上朱棣的这种担忧不无道理，因为在大明帝国上下对于皇帝玉玺的真假还不乏甄别高手和辨伪专家。《明史》载，明孝宗时发生了这样一件事："弘治十三年，鄠县民毛志学于泥河滨得玉玺，其文曰'受命于天，既寿永昌'。色白微青，螭纽。陕西巡抚熊翀以为秦玺复出，遣人献之。礼部尚书傅瀚言：'自有秦玺以来，历代得丧真伪之迹具载史籍。今所进，篆文与《辍耕录》等书摹载鱼鸟篆文不同，其螭纽又与史传所纪文盘五龙、螭缺一角、旁刻魏录者不类。盖秦玺亡已久，今所进与宋、元所得，疑皆后世摹秦玺而刻之者。窃惟玺之用，以识文书，防诈伪，非以为宝玩也。自秦始皇得蓝田玉以为玺，汉以后传用之，自是巧争力取，谓得此乃足以受命，而不知受命以德，不以玺也。故求之不得，则伪造以欺人；得之则君臣色喜，以夸示于天下。是皆贻笑千载。我高皇帝自制一代之玺，文各有义，随事而施，真足以为一代受命之符，而垂法万世，何借此玺哉！'帝从其言，却而不用。"（《明史·舆服四》卷68，志第44）

陕西小民毛志学献宝玺讨了没趣，礼部尚书傅瀚的鉴宝方法不一定科学，但多少让我们看到，对于宝玺是否"正宗"，世间还真有识货人。朱棣篡位登基本身就十分心虚，皇帝宝玺又是私刻的，一旦被人鉴别或发现其不真，岂不成了天下第一笑话！最可怕的是那些代表正统皇权的宝玺下落不明，**"有言建文自焚并宝玺皆毁矣"**，朱棣聪明绝顶，怎么会相信用高级石头做的宝玺会烧成灰而找不着？所以说寻找宝玺与寻找宝玺最为合适的携带者——前朝皇帝朱允炆本为同一事。《泉州蒲氏族谱·谱系表》中说他们的先祖蒲日和"与太监郑和奉诏敕往西域寻玉玺"，说白了就是寻找建文帝之下落，因此权威的《明史·郑和传》说：朱棣"疑惠帝亡海外，欲踪迹之"，故而派遣郑和屡下西洋，"自苏州刘家河泛海至福建，复自福建五虎门扬帆……"，这等说法，看来含义多多。

● **以秘密刺察建文帝下落为其主要使命的朱棣心腹密使胡濙居然也到了福建,巧?**

郑和远航还没有回来,以秘密刺察建文帝下落为其主要使命的朱棣心腹使者胡濙又上路密访去了。"胡濙,字源洁,武进人。生而发白,弥月乃黑。建文二年举进士,授兵科给事中。永乐元年迁户科都给事中。惠帝之崩于火,或言遁去,诸旧臣多从者,帝疑之。五年遣濙颁御制诸书,并访仙人张邋遢,徧行天下州郡乡邑,隐察建文帝安在。濙以故在外最久,至十四年乃还。所至,亦间以民隐闻。母丧乞归,不许,擢礼部左侍郎。十七年复出巡江、浙、湖、湘诸府。二十一年还朝,驰谒帝于宣府。帝已就寝,闻濙至,急起召入。濙悉以所闻对,漏下四鼓乃出。先濙未至,传言建文帝蹈海去,帝分遣内臣郑和数辈浮海下西洋,至是疑始释。"(《明史·胡濙传》卷169,列传第57)

从史料的记载来看,朱棣"遣胡濙西南行,求之湖湘黔筑洞中(后转向福建,笔者注);遣郑和东南行求之瓯越闽广间、海外,几穷尽禹迹矣!《唐诗》:'上穷碧落下黄泉,两处茫茫寻不见',差类!"(【明】黄景昉:《国史惟疑·永乐、洪熙、宣德》卷2,台湾正中书局印行,1969年12月版,P99—100)

胡濙秘密刺察于陆上,郑和耀威于海上,两者联系在一起就是明成祖朱棣迫不及待地要寻找到建文帝的真正下落。那么,胡濙到底有没有完成新皇帝赋予的特殊使命?外人不得而知,明人黄景昉作了这样的假设:"偶思濙出,倘真遇建文,奈何?将纵之乎?执之乎?最难处事。阅小说果云:'濙又在湖湘,数遇建文不窘之,使得逸去。'或疑故加濙美名,即尔何终无形迹?抑事在天人间。濙素好神仙术,不测为神,殆非可常意揣欤?传濙入闽,道泉州,见董伯华,甜于衢舆,式之董亦异人。"(【明】黄景昉:《国史惟疑·永乐、洪熙、宣德》卷2,P82)

黄景昉说得很谨慎,"传(胡)濙入闽,道泉州",其实胡濙到过福建是有可靠依据的,因为他曾在福建武夷山留下的诗篇为后人收辑在《武夷山志》里,其诗为《题武夷图》:"武夷形胜一蓬莱,山下停舟几往回。未尽平生游览兴,云缣写入画图来。"(【清】董天工修撰《武夷山志·艺文》卷24,见武夷山市地方志编纂委员会整理的《福建地方志丛书·武夷山志》,方志出版社1997年12月版,P816)

上述史料至少说明了肩负明成祖赋予特殊使命的胡濙曾来过福建武夷山和泉州,甚至还到了福州等地(他在福州雪峰寺还留下了碑记),下文我们详述之。

● 更有洪武以后福建宁德周围有着一系列不同寻常的军事布防

《明史·地理志》"福建·福宁州"条有一段为人不注意的重要的记载:"福宁州(元属福州路)洪武二年八月降为县,属福州府。成化九年三月升为州,直隶布政司。(北有龙首山。东有松山,山下有烽火门水寨,正统九年自海中三沙堡移此。东北有大姥山。东南滨海,海中有崳山、台山、官澳山、屏风屿。东有白水江。西有长溪,源出寿宁县界,至县西南古镇门入海。东有福宁卫,南有守御大金千户所,俱洪武二十一年二月置。西北有柘洋巡检司,又有芦门巡检司,后移桐山堡。又东北有大筼筜巡检司,后移秦屿堡。又东有清湾巡检司,后徙牙里堡。南有高罗巡检司,后移闾峡堡。又有延亭巡检司,后移下浒堡。又东北有蒋洋,又有小澜,西北有小澳、库溪,西南有蓝田,南有西臼六巡检司,后废。)领县二。西南距布政司五百四十五里。"(《明史·地理志六·福建 广东 广西》卷四十五,志第二十一)

又"宁德"条载:"宁德,州西南。洪武二年属福州府。成化九年来属。北有霍童山,有龟屿。东南滨海,中有官扈山,下有官井洋。又东有瑞峰,亦在海中。西有穹窿溪,西南有赤鉴湖,北有外渺溪,下流俱达於海。北有东洋麻岭巡检司,后徙涵村,又徙县东北之云淡门,又徙县东之黄湾,后还故治。南有南靖关。东有长崎镇。"(《明史·地理志六·福建 广东 广西》卷四十五,志第二十一)

上述史料大致是说,福宁州在元代时属于福州路,洪武初年降格为县,隶属于福州府,明成化年间升格为福宁州,直接隶属于福建布政司,其下有毗邻两县即福宁县和宁德县。本来人口并不多的宁德和福宁两县仅有驻军4处:即宁德北边的东洋麻岭巡检司、南边的南靖关和福宁东边的福宁卫、南边的守御大金千户所(洪武二十一年时设置),可是随着"后洪武时代"的到来,这一切都发生了巨变,福宁、宁德地区的驻军由4处一下子猛增到了16处,新增了12处,它们分别为宁德北边福宁县西北的柘洋巡检司、芦门巡检司;东北的大筼筜巡检司;东边的清湾巡检司,南边的高罗巡检司、延亭巡检司;又,东北有蒋洋巡检司、小澜巡检司,西北有小澳巡检司、库溪巡检司,西南有蓝田巡检司,南边有西臼巡检司等,可谓叠床架屋,更有这些驻军还不断地变更驻地,这等局势在当时大明帝国境内还真找不出第二例来,若不是这里有十分敏感又隐秘的特殊军事任务的话有必要这样吗?若是,那么这个十分敏感又隐秘的特殊军事任务是什么?剿灭倭寇?没必要隐秘!郑和下西洋?在福宁与宁德南边的长乐为其正式始航地。对了,郑和下西洋每次率领的军队人数均在25000人以上,但从实际情况来看,在长乐的大明军队肯定远不止这个数。这样问题来了:南北均设有重军,中间的宁德及其周围地区若不是被怀疑有潜在的重大政治危险的话有必要这样布防吗?

● **明初福建霞浦等地的明教组织出奇地保存完好、明清皇帝御座前的角端居然在霞浦小山村里也有,怪否?**

要说明初与福建宁德相关的怪异之事,还远不止上述这些。在大明帝国建立后,原本作为自己"护身符"的明教也逐渐地被朱元璋严厉地管制起来,明教起义遭到了镇压,各地明教势力相继被摧残,可令人感到万分惊诧的是,由宁德翻过一个山头就能达到的霞浦,那里的明教组织却出奇地保存完好(可参见当地的林氏族谱等),这究竟是为什么?

2010年春夏之交,笔者在宁德考察,偶然间想起了明朝末年西学东渐过程中有个叫艾儒略的西方传教士曾到过福州与闽东等地传教。艾儒略特别博学,人称"西来孔子",声誉仅次于利玛窦,想必其当年在宁德与福州一带会留下一些古物和古迹吧?当我说出自己的想法时,宁德朋友直言相告:艾儒略有没有在这一带留下什么,我们不知道。但由我们宁德市驱车一小时就能到达的霞浦县,那里倒是有什么摩尼教遗址。一听到摩尼教遗址,笔者顿时来劲了,明朝开国皇帝朱元璋不就信了这个教,走上了抗元、反元和开创大明帝国之路的。说到这里,读者朋友可能会觉得好奇:大家都知道朱元璋参见起义时信的是明教,现在怎么又变成了摩尼教?要想解答清楚这个问题,我们还得要从摩尼教与明教、弥勒教等相互之间的关系讲起。

摩尼教也名末尼教、牟尼教、二尊教和明尊教等,公元3世纪由古代波斯人摩尼(MANI)糅合了琐罗亚斯德教、基督教和佛教等教义而创立。

摩尼教,看过金庸武侠名著《屠龙倚天记》的朋友可否记得其中的这样几句话:"焚我残躯,熊熊圣火。生亦何欢,死亦何苦?为善除恶,惟光明故。喜乐悲愁,皆归尘土。怜我世人,忧患实多!怜我世人,忧患实多!"这里边就浓缩了摩尼教教义的精华,崇尚光明神,其具体形就是日、月,光明神的使者就是摩尼光佛或称具智法王。

摩尼教教义的核心为"二宗三际论"。"二宗"指的是光明与黑暗,也就是善与恶、理与欲;三际为初际、中际和后际,用现代英语的表达即为过去时、现在时和将来时。初际时没有天地,只有明暗,明性知慧,暗性痴愚,明暗两宗处于对立状态;中际是指现在时,暗的力量不断地扩大,大大地压迫着明的力量,纵情肆意,形成大患。就在这个时候,明王出世了,将暗的势力、暗的力量赶走;后际是指将来时,经过斗争后,明暗二宗各复本位,明既归于大明,暗亦复归于积暗。由于摩尼教崇奉的神为明王(也叫做明使、明尊),向往光明,故又被人称为明教。(《摩尼教残经·出家仪》第6)

从摩尼教的教义核心不难看出,这是一个充满反抗性和向往美好未来的宗教,因此它在传播过程中很受社会底层百姓的欢迎。

明教传入中国大致在唐朝武则天时代,当时的明教教规是,不设立偶像崇拜,也不拜鬼神,吃斋念佛,严禁杀生,教徒们穿戴白衣白帽,天黑了才吃饭。(【宋】志磐:《佛祖统纪》卷41,《册府元龟》卷99)因为当时崇信明教的以回鹘人为多,而回鹘人又帮助唐朝打仗有功,故而明教在那时受到了保护。但到了唐武宗"会昌灭佛"时,明教也被一同禁止了,由此开始它就成了秘密宗教。

明教否定现世,主张通过斗争,开创清明新世,其最为响亮和激动人心的口号为"明王出世",故而宋元之际明教在秘密传播与发展过程中吸引了大批的底层穷苦百姓,他们不断地组织发动起义,但先后都一一遭到了镇压。

明教后来又与弥勒教和白莲教混合在一起。

白莲教本于白莲社之说,出自佛教净土宗。其教义是说,西方极乐世界里的白莲社供养着阿弥陀佛(梵名 amita,又称无量清净佛、无量光佛和无量寿佛等),谁要是念了一声阿弥陀佛,便可免除几十亿劫生死重罪;如果平日里还能经常念佛持戒、好好修行、多做善事的话,那么死后就可被"净土三圣"即阿弥陀佛、观音和势至菩萨迎往到西方极乐世界净土白莲池去,过上幸福快乐的生活。因而其也被人称为"往生净土"。(杨讷:《元代的白莲教》,《元史论丛》第2辑)

白莲教创于公元5世纪初,到12世纪时揉入了天台宗的格言,不饮酒、不杀生、忌葱乳,等等,渐渐发展成了后来人们所熟悉的白莲教。因其与明教教义十分接近,两者后来就混在一起。(《佛祖统纪》卷47,重松俊章《初期之白莲教》)

与明教混在一起的还有弥勒教。弥勒教也是出于佛教净土宗,根据佛教的传说,弥勒曾经是个好国王,对老百姓十分慈仁。佛祖释迦牟尼在说法时,弥勒经常在旁认真听法,是佛祖忠实的好学生。但自佛祖灭度(死)后,世界变坏了,各种各样的坏事都出现了。不过佛祖灭度前曾经说过,大约要过五十六亿七千万年后,弥勒会下降人世而成佛;弥勒降生后,人世间又开始逐渐变好了。由此憧憬弥勒降世和好日子的来临成为弥勒教的最大亮点,历史上只要人们一听到哪个地方有弥勒佛出世,大家就抢着去参加起义。而信仰弥勒教的人也穿着白衣服、戴着白帽子、烧着香;更有意思的是,他们也相信世界上有明暗、好坏两种力量在不断地斗争着,这样的宗教主张与明教或摩尼教的教义几乎混同了。(参见吴晗:《读书札记·明教与大明帝国》,三联书店1956年第1版,P225~270)

无论是弥勒教的"弥勒降生",还是明教或摩尼教的"明王出世",都是以现实为黑的和暗的为前提,而要想改变黑的和暗的现实,走向美好的明的未来,就必须要起来斗争,赶走黑暗。因此宋元之际明教或言白莲教一类的宗教起义绵延不断,此起彼伏,而"明王出世"和"弥勒降生"成为了当时吸引人们参加起义斗争的最为通俗和最为响亮的号召。

既然说"明王出世"或"弥勒降生"了,那么他在哪里呐?各地以此类宗教为外衣的起义领袖都以"明王"等名号而自称,元至正十一年(1351)北方白莲教主要领袖韩山童就以"明王"名目来组织起义。韩山童被杀后,刘福通等推举韩山童的儿子韩林儿为"小明王",作为红巾军大起义的名义上最高领袖。而明朝开国皇帝朱元璋当年就是加入到了"小明王"名下的南方红巾军支系郭子兴队伍中去,并以此作为起家的资本,不断地做大做强,最终夺得了天下。就在称帝前夕,一直位居自己头顶上的"小明王"顿时成了累赘,朱元璋派遣手下大将廖永忠等前往滁州,迎接"小明王"来南京"享福"。不料在横渡长江时,"小明王"乘坐的船只发生了"交通事故",一路人马都没死,偏偏就淹死了一个"小明王"。

没了"小明王","小明王"底下的第一号人物朱元璋自然而然就成了"明王"。不过此时的朱元璋已经不是过去的朱重八,也不是什么红巾军的一个支系领导了,他称雄天下,"明王"这个概念太没气派了,要称就称皇帝,国号"大明"。(【明】祝允明:《九朝野记》卷一;【明】孙宜:《大明初略四》也载:"国号大明,承韩林儿小明号也。")

自己参加并在随后领导了元末农民起义军,朱元璋深知以"明王出世"和"弥勒降生"这类教义和口号作鼓动的明教起义的厉害,所以在自己夺得江山社稷后对于此类宗教组织尤为"关注"。正因为自己曾是明教徒,正因为自己曾崇奉弥勒佛,也正因为自己是从明教和弥勒教的秘密传播过程中得到了机会的成功,成为了新兴帝国的最高领袖,朱元璋要把手创的这份产业永远地保持下去,传之子孙万代,决不允许别人学样,危害他的帝国统治,于是自大明开国那年起,从凤阳乡下走出来的朱皇帝就不断地颁布诏书、诏令等,禁止一切邪教,特别是白莲社、大明教和弥勒教。(吴晗:《朱元璋传》,1965年2月第1版,P142~143)

洪武元年四月甲子日朱元璋考察汴梁,闰七月丁未日回南京,因李善长之请,诏禁白莲社及明尊教。"高帝幸汴还。……又请禁淫祀白莲社明尊教白云巫觋,扶鸾祷圣书符咒水邪术。诏可。"

(【明】王世贞:《名卿绩纪·李善长》卷3)

洪武三年六月甲子日朱元璋颁"禁淫祠"制,曰:"朕思天地造化能生万物而不言,故命人君代理之,前代不察乎此,听民人祀天地祈祷,无所不至。普天之下,民庶繁多,一日之间,祈天者不知其几,渎礼僭分莫大于斯。古者天子祭天地,诸侯祭山川,大夫、士庶各有所宜祭。其民间合祭之神,礼部其定议颁降,违者罪之。"当时最高行政机构中书省上奏:"凡民庶祭先祖、岁除祀灶、乡村春秋祀土穀之神,凡有灾患,祷于祖先。若乡属、邑属、郡属之祭,则里社郡县自举之。其僧道建斋设醮,不许章奏上表,投拜青词,亦不许塑画天神地祇。及白莲社、明尊教、白云宗、巫(女巫师)觋(xi 男巫师)、扶鸾(扶箕术)、祷圣、画符、咒水诸术,益加禁止。庶几,左道不兴,民无惑志。"朱皇帝下诏,从之。(《明太祖实录》卷五十三)

不仅如此,朱元璋君臣还将对白莲社、大明教和弥勒教一类的所谓"邪教"的禁令编入了《大明律》,使其具有永久的法律效率:"凡师巫假降邪神,书符咒水,扶鸾祷圣,自号端公、太保、师婆,妄称弥勒佛、白莲社、明尊教、白云宗等会,一应左道乱正之术,或隐藏图像,烧香聚众,夜聚晓散,佯修善事,扇惑人民,为首者绞。为纵者各杖一百,流三千里。"(《大明律·礼一》11)

除了法律上予以严厉禁止外,大明帝国还采取了非常举措,严酷打击直至摧毁大明教、弥勒教和白莲社等"旁门左道"。浙江宁波、温州等地自南宋以来一直流传着大明教,到明初时"造饰殿堂甚侈,民之无业者咸归之",引起了大明开国皇帝朱元璋的忌恨,"君以其瞽俗眩世,且名犯国号,奏毁之,官没其产,而驱其众为农。"(【明】宋濂《芝园续集·故岐宁卫经历熊府君墓铭》卷4)宁波当时名称为明州,这是宋元以来一直所沿用的,但在严抑明教的情势下,明州也不再叫明州了,改称为宁波。(【明】吕毖:《明朝小史·因定海改宁波》卷2)而对于江西、湖广和西北等地原本元末红巾军起义过程中就十分活跃的大明教、弥勒教和白莲教的传播及其起义活动更是予以不遗余力的打击和血腥镇压。(【明】朱元璋:《大诰三编·造言好乱》第13,;《明太祖实录》卷90;【明】沈德符:《万历朝野获编·再僭龙凤年号》卷30)

众所周知,明初法治相当严酷,政治严寒,但出奇的是,当时福建地区的明教也称摩尼教势力却似乎没被摧毁。至今为止,人们熟知的可能就要数福建泉州晋江县华表山草庵摩尼教寺遗址(1991年2月,联合国教科文组织的"海上丝绸之路"综合考察团参观草庵后,认为它是这次考察活动的"最大发现"),还有就是这几年在福建宁德当地人中热议的霞浦摩尼教遗存。前者即晋江县华表山摩尼庵之所以能被保存,在明代人的文献笔记中有所透露其"秘密",比如明代福建籍名人何乔远就曾这么写道:"华表山山背之麓有草庵,元时物也,祀摩尼佛。摩尼佛名末摩尼光佛,苏邻国人,又一佛也,号具智大明使。……会昌中汰僧,明教在汰中。有呼禄法师者,来入福唐,授侣三山,游方泉郡,卒葬郡北山下。至道中,怀安士人李廷祐得佛像于京城卜肆,鬻以五十千钱,而瑞相遂传闽中。真宗朝,闽士人林世长取经以进,授守福州文学";"皇朝太祖定天下,以三教范民,又嫌其教名上逼国号,摈其徒,毁其宫。户部尚书郁新礼部尚书杨隆奏留之。"(【明】何乔远:《闽书·方域志》卷7)

由于户部尚书郁新的奏请,福建泉州晋江县华表山草庵摩尼教寺保存了下来,而从朱元璋"凡事都要做绝"的处事风格来看,这里边是否另有玄机?更让人纳闷的是,为什么在明初严厉禁教的情势下,在晋江北边不远处的宁德郊县霞浦山村里居然也保留了这么一个规模还不算小的明教据点?有人可能要说,那是不是当地特殊的地理环境客观上起到了保护作用?笔者最初也曾这么想过,2010年春夏的那次霞浦之旅,开始时一路顺行,到达霞浦县城也不过1个小时。可从霞浦县城前往明教神龛佛座所在地柏洋乡盖竹上万村却花了我们整整四个小时。柏洋乡盖竹上万村是一个较为偏僻的小山村,在那里明教的传播既有族内亲属之间的传播,也有非直系亲属之间的师徒传播,这样的情势在一定程度上造成了当地明教势力不易被人发现的有利格局,所以即使是当地明教创始人林瞪的第29代在京裔孙林鋆先生等自家人,却也一直不知其祖上是信奉明教的,直到2008~2009年间的偶然"发现",在邀请了北京故宫博物院副院长王亚明、中国社会科学院世界宗教研究所副所长金泽、博士后陈进国等对其拍摄的明教遗迹照片进行辨认以及随后通过中国社会科学院世界宗教研究所所有同志的集体考察后,他才意识到自己的家乡原本是当地明教的主要据点,自己的祖上还是当地的明教的创始人,由此拉开了揭示与研究霞浦明教遗址、遗物的序幕。(参见林鋆、陈进国编:《世界摩尼教的重大发现——中国福建霞浦县柏洋乡盖竹上万村摩尼教遗物惊现世间》,在此笔者感谢霞浦县柏洋乡政府领导及盖竹上万村村民的热情帮助)

霞浦明教得以保存的"环境决定论"果然有着一定的道理,但笔者后来又想到了另一个与闽北甚至霞浦有着一定关系的明代重量级人物——汤和。因为安徽电视台曾邀请笔者前去主讲过《大明风云人物系列》,而其中有一次就要求专讲汤和,为此笔者头脑中留下很深的印象,汤和这个人还真不简单,在洪武中晚期朱元璋大杀功臣的情势下,公侯级别的,只留下了3个人,其中侯爵有耿炳文和郭英两人,而公爵唯汤和一人。《明史》对汤和做了如下记载:"汤和,字鼎臣,濠人,与太祖同里闬。幼有奇志,嬉戏尝习骑射,部勒群儿。及长,身长七尺,倜傥多计略。郭子兴初起,和帅壮士十余人归之,以功授千户。从太祖攻大洪山,克滁州,授管军总管。从取和州。时诸将多太祖等夷,莫肯为下。和长太祖三岁,独奉约束甚谨,太祖甚悦之……"(《明史·汤和传》卷一百二十六 列传第十四)

《明史》的这段记载告诉我们:汤和与朱元璋原是光屁股兄弟,传说中小时候朱元璋常当孩子的头头,看来不太吻合实际,很有可能当时的孩子王就是汤和,更有汤和"闹革命"要比朱元璋早,甚至还有人说,当年朱元璋"参加革命"就是汤和介绍的。可到了后来,情况就发生了变化,朱元璋"进步"得更快,成了汤和的领导,而汤和似乎也乐意拥戴朱元璋。不过这些都是表面的。俗话说,酒后吐真言,汤和在"守常州时,尝请事于太祖,不得,醉出怨言曰:'吾镇此城,如坐屋脊,左顾则左,右顾则右。'太祖闻而衔之。"(《明史·汤和传》卷一百二十六 列传第十四)

上述汤和的那一段话含义多多,朱元璋当然要恨了。可洪武中晚期汤和却极其识趣地率先交出了兵权,朱元璋由此龙颜大悦,"复命其子(指汤和儿子)迎至都,俾以安车入内殿,宴劳备至,赐金帛御膳法酒相属。(洪武)二十七年,病浸笃不能兴。帝思见之,诏以安车入觐,手拊摩之,与叙里闬故旧及兵兴艰难事甚悉。和不能对,稽首而已。帝为流涕,厚赐金帛为葬费。明年八月卒,年七十,追封东瓯王,谥襄武。"(《明史·汤和传》卷一百二十六 列传第十四)

洪武皇帝见到晚年汤和居然亲自手捫摩之,后又追封其为东瓯王,由此看来一向记仇的朱元璋开始变得"不记仇"了?而且还将汤将军的功勋定格在温州(东瓯为温州一带的别称)军事行动上,那么汤和在温州一带究竟有着怎么的军事行动呢?

洪武中晚期,就在汤和告老还乡没多久,东南地区发生了倭寇之患。朱元璋立马召见汤和,顾谓和曰:"卿虽老,强为朕一行。"和请与方鸣谦俱。鸣谦,国珍从子也,习海事,常访以御倭策。鸣谦曰:"倭海上来,则海上御之耳。请量地远近,置卫所,陆聚步兵,水具战舰,则倭不得入,入亦不得傅岸。近海民四丁籍一以为军,戍守之,可无烦客兵也。"帝以为然。和乃度地浙西东,并海设卫所城五十有九,选丁壮三万五千人筑之,尽发州县钱及籍罪人赀给役。役夫往往过望,而民不能无扰,浙人颇苦之。或谓和曰:"民讟矣,奈何?"和曰:"成远算者不恤近怨,任大事者不顾细谨,复有讟者,齿吾剑。"逾年而城成。稽军次,定考格,立赏令。浙东民四丁以上者,户取一丁戍之,凡得五万八千七百余人。明年,闽中并海城工竣,和还报命,中都新第亦成。(《明史·汤和传》卷一百二十六 列传第十四)

看来这次汤和的东南之行还不仅仅在浙南,而且还深入到了闽北,构筑海城工程。而霞浦恰恰就是闽北的海边城市,作为老明教徒的汤和难道就一点不懂或不知道霞浦明教?如果知道了,他会跟朱元璋说?依照汤和一向小心谨慎的个性,他又不可能不说;说了朱元璋又会作出如何的处置?后被定格为"东瓯王"的汤和是否有所受命呢?《明史》说汤和"晚年益为恭慎,入闻国论,一语不敢外泄。"(《明史·汤和传》卷一百二十六 列传第十四)还有,在明代文献中随处可见各地明教势力被摧毁的记载,唯一见不着明代霞浦明教被破坏的历史记录,这又是为何?

更令人不可思议的是,就在霞浦柏洋乡盖竹上万村明教遗迹遗物中,人们发现了一般只有在皇家宫廷中才能见着的角端。角端是什么东西?老版本的《辞海》有着这样的解释:

角端:兽名。《史记·司马相如传》:"兽则麒麟角䚟",《集解》

引郭璞曰:"角偳音端,似猪,角在鼻上,堪作弓,李陵尝以此弓十张遗苏武也。"亦作角端。《后汉书·鲜卑传》:"禽兽异于中国者野马原羊,角端牛,以角为弓,俗谓之角端弓。"注:"前书音义曰:'角端似牛,角可为弓。'"按《史记》集解云角偳似猪(《说文》亦云角偳似豕),《后汉书》则谓之角端牛,《汉书》音义亦云似牛,当以其有角之故。又《宋书·符瑞志》:"角端者,日行万八千里,又晓四夷之语,明君圣主在位,明达方外幽远之事,则捧书而至",此为神异之兽,与角可为弓之角偳,似非一物。(舒新城等主编:《辞海·角部》,中华民国三十七年十月再版,P1232)

图 46　霞浦柏洋乡盖竹上万村明教遗物角端

由此看来,这个叫角端的宝物还不是一般人所能用的,尽管先前人们的考古认为,该角端可能为霞浦明教创始人林瞪流传下来的道仪法器,但这也是猜测。我们所知道的是,角端一般出现在明清宫殿里皇帝御座之前,代表"明君圣主在位,明达方外幽远",要是普通人拥有了它岂不有造反之嫌? 或会招来大祸呢? 由此,我们能不能解释为明清皇室成员或言皇帝出亡到此而遗留下了该宝器呢? 当然,这还有待于进一步的研究。

● 更让人无法置信的是清人整理修撰的《宁德县志》中宋至清历任县令都是有名有姓，唯独明朝永乐年间三任县令却只有姓而没有名。这到底是为什么？

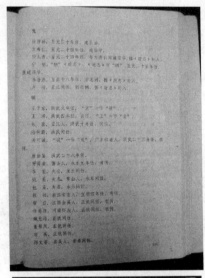

图47　清代乾隆年间问世的《宁德县志》相关记载

据目前人们所能掌握的宁德方志来看，清代乾隆年间问世的由卢建其、张君宾修撰的《宁德县志》(1983年福建宁德县志编撰办公室又做了整理,后来厦门大学出版社予以正式出版)可谓比较完整。乾隆时期距离明初永乐时代已有300多年,且老早就经历了改朝换代,不太可能存在着对永乐时代一个山区知县有什么政治讳忌呀,但为什么《宁德县志》在宋至清历任知县都记全的情况下,独独永乐年间三任知县有姓没名,也缺乏相关的信息?在那个让人一头雾水的疯狂年代里,这三任"芝麻官"到底犯上什么大事让人不可触及?

至此,如果将以上所引的八个方面的史料通盘起来看,我们的思维或许会豁然开朗。

永乐朝的"国丈"刘贞、朱棣的赏识直臣周新、明成祖的知心内臣郑和、永乐帝的心腹密使胡濙、明初福建宁德郊县霞浦等地的明教出奇地保存完好、一般只在明清宫廷中使用的角端居然出现在宁德郊区的霞浦山村、在宋至清历任知县都记全的情况下独独永乐年间三任宁德知县有姓没名,以及宁德及周围地区一系列不同寻常的军事布防……在"建文"转向"永乐"的非常时期,这些与永乐帝君主宝座有着关联的大明重量级人物、非常事件和非同寻常的军事行动都先后在福建一一登场、上演,本来在大一统帝国中并不引人太多注目的福建在大明帝位更替中一下子成为帝国政治舞台上的看点。

● 文献史实与考古实物相合:建文帝最终出亡福建宁德

诚然,我们并不否认上述列举的史实证据与建文帝出亡福建宁德没有直接的关联,那么史料上到底还有没有间接地披露建文帝出亡闽东或宁德之信息?答案是:有!

◉ 建文帝曾现福州雪峰寺

明末清初学者查继佐在他的力作《罪惟录》里大致讲了这样一件事:"初别郑时,留隆网为记,走往福州雷峰寺。三保下洋过之,泣拜于地，为之摩足。帝微嘱三保举事，泣对不能，别去。"（【清】查继佐：《罪惟录》，志卷之 32，《外志·列朝帝纪逸》，浙江古籍出版社，1986 年，第 2 册，第 1022—1023 页。）

建文帝出亡到福州的雪峰寺（今属闽侯县）时，曾与朱棣的心腹使者郑和"碰巧"相遇了。对于郑和来说，建文帝是故君，作为昔日君主的臣民理应尽忠报效建文帝；但郑和身份很特殊，他又是燕王府的旧人，跟随朱棣一路来到南京，大明帝国政治的特殊性使得在雪峰寺"邂逅"建文帝的郑和十分尴尬：建文帝轻声嘱咐手中握有几万兵马准备下西洋的郑和举兵造反，郑和一边给建文帝揉着脚一边哭着说："我不能！"，随后就离去。

可能有人认为查继佐所记的这段史料不足为凭，一来，孤证；二来，查继佐是明末清初之人，其生活年代距离建文帝出亡已近 300 年了，因此说，其记载不一定可信。

我们不妨再看来一段史料：清康熙二十二年纂修的《江宁县志》中载："三宝太监郑和墓，在牛首山之西麓。永乐中命下西洋，有奇功，密知建文踪迹，回朝皆奏不闻，史称其有隐忠云。"（清康熙版《江宁县志·陵墓》卷5）

由此，南大老教授、明史专家潘群先生这样说道："郑和确实'踪迹建文'，并且终于在福州雪峰寺找到了建文帝。"（潘群先生考证了查继佐书中的"雷峰寺"应为"雪峰寺"，笔者采纳之，详见潘老的《郑和踪迹建文考》一文，载《郑和与海上丝绸之路》，澳门大学澳门研究中心出版，2005 年 12 月版，P57）

既然建文帝在雪峰寺出现过，"邂逅"的又是秘密寻访他的郑和，即使郑和对故君再忠，建文帝谅必也不敢在雪峰寺久留了。而与雪峰寺相距驱车 3 小时山路路程的原本闭塞落后的山区宁德金涵畲族乡上金贝村一带何尝不是藏身的好地方。那么依据呢？

● 并无多少佛教信仰的篡位皇帝朱棣敕赐建造宁德华藏寺背后的动机

前阵子笔者上宁德考察时还曾得到另外一个意外的收获：在雪峰寺东北方向大约驱车行驶 3 小时的宁德市霍童支提寺内收藏

了一大块明代的木刻拓片(图48),虽然该木刻板以前曾被当地农民作为栏猪的猪圈板,其上面的好多文字与部分图像已经被猪八戒的子孙啃到了肚子里去了,但我们今天还是能看到木刻拓片上剩下的一些图像——郑和航海舰队的盛大境况和部分字样,如:"尊宿澄鉴荷南宋荣封于嘉定迨我"、"成祖文皇帝握乾符以昇位泽被九流"、"仁孝皇太后体坤德以资他恩隆三宝"、"圣像铸千尊"、"郑和"等字样,结合明代大学问家谢肇淛等人在《由霍林上支提记》中记载的:"瞻圣母所赐金身莲座、《大藏经》及文皇帝仁孝皇后所赐天冠千尊"(【明】谢肇淛等:《由霍林上支提记》,载《宁德支提寺图志》卷之四,福建省地图出版社1988年8月第1版,P44)和支提寺内所藏的"千尊铁铸圣像"和大殿后堂所挂的那块署有"敕赐华藏寺,大明永乐五年钦差太监鼎建禅林"之匾,综合起来看,永乐五年,朱棣的老婆徐皇后有旨:给宁德霍童支提寺即当时的华藏寺捐赠千尊铁铸佛像,而护送千尊佛像到宁德霍童支提寺应该就是大航海家郑和。

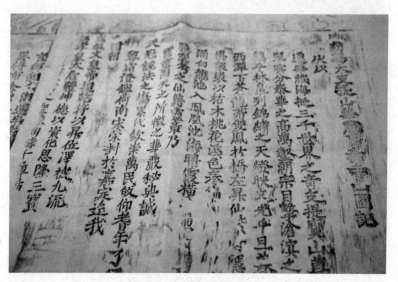

图48　宁德支提寺木拓片

查正史,笔者发现有以下几个问题值得注意:

○ 就在国内护送佛像，非要等大航海家郑和回来，为何？

正史明确记载说："永乐五年秋七月乙卯，皇后徐氏崩。"（《明太宗实录》卷69）《国榷》也有相同的说法，"（永乐五年秋七月）乙卯，皇后徐氏崩。后，中山王长女，仁明贤淑，汉马氏、唐长孙氏之流也，年四十六岁。"（【明】谈迁：《国榷·成祖永乐五年》卷14，中华书局1958年12月第1版，P993）

图49　敕赐华藏寺即华严寺

由此看来，宁德华严寺（或称华藏寺，图49）所藏的木刻拓片上所讲的仁孝皇太后即徐皇后下旨赠送千尊佛像只能在永乐五年七月乙卯日之前了。但问题是此时千尊铁佛的护送者大航海家郑和还在从西洋回归的路上，有史为证："永乐五年九月壬子，太监郑和使西洋诸国还"（《明太宗实录》卷71）。《国榷》也载：永乐五年九月壬子日"太监郑和还自西洋"。（谈迁：《国榷·成祖永乐五年》卷14，中华书局1958年12月第1版，P993，P994）

这样比对下来就存在着2个月的时间差了，当然有人可能要说，那也没什么的，徐皇后可能临死前作了嘱咐，这才有了郑和从西洋回来就马不停蹄地赶往福建宁德，赠送千尊铁佛。

问题是当时朝野上下人才济济，就在国内护送些佛像，非要等到肩负寻找建文帝等特殊使命的大航海家郑和回来，这到底是为什么？

○ 怪了,没什么过重宗教情结的徐皇后居然临终前没忘要给宁德送铁佛?

徐皇后临终前有没有交代要给福建宁德赠送千尊铁佛?换言之,徐皇后有没有十分浓烈的宗教情结?翻阅《明太宗实录》,其对徐皇后一生及其临终遗言的记载还颇为详细:

"(永乐五年秋七月)乙卯,皇后徐氏崩。后,中山武宁王(徐)达之长女,母夫人谢氏,后自幼贞静、纯明、孝敬、仁厚。王与夫人言:'此女天禀非常,宜以经史充其知识',后于书一览,辄成诵不忘,姆师咸惊异之。由是,博通载籍,每览昔人言行之懿,未尝不一再以思,曰:'古人书之册,固欲后来者仿而行之也。'太祖高皇帝闻王有贤女,一日,召王谓曰:'朕与卿同起布衣,至今日同心同德始终不间。古之君臣相契者,率为婚姻。朕第四子气质不凡,知卿有令女,能以配焉,佳儿佳妇,足以慰吾两翁!'王拜稽首谢。洪武九年正月,册为燕王妃,恭勤妇道,高皇后深所爱重,尝曰:'燕王妃所行,足以仪范宫闱。'又曰:'此吾孝妇也。'上之国北平后,理内政,宫中肃然而和厚,逮下有周南樛木之德焉。孝慈皇后崩,哀毁动左右,执丧三年,疏食如礼,免丧或语及先,后未尝不流涕。上举义靖内难,后所赞画多协上意。上帅师在外,留世子守国,敌兵攻城甚急时,城中守卒不支,凡部分措置备御抚绥激厉之方,悉得其宜,城卒以全,虽事总于世子,亦多禀命于后云。上既正大统,是岁十一月,后正位中宫,愈益只勤,数言南北战斗累年,兵民俱敝,宜与休息。又言:'帝尧施仁,自亲族始。'又言:'人材难得,昔汤武之佐伊尹、太公,皆先代之人,况今日贤材,皆太祖皇帝所成,望陛下不以新旧为间。'上悉嘉纳,曰:'后所言皆合吾意。'侍上燕闲语及先朝事,上问:'犹忆先后遗言何者其至要乎?'后历举以对曰:'赏罚惟公足以服人,过于仁厚不犹愈于刻薄,理天下者以贤才为本,自奉欲薄养贤欲丰。夫妇相保易,君臣相保难。天下安危系民之苦乐,民心之所归,即天命之所在。凡此之言皆帝王要道,理乱大原,愿陛下朝夕无忘!'上喜。后弟增寿,素归诚于上,义兵之兴,阴有翊戴功,为建文君所害。上悼惜不已,将追命之爵以语后,后力言不可,上曰:'后欲为汉明德耶?顾今非以外戚故封之,竟追定国公而命其子景昌袭爵'。命下,乃以告后,后谢曰:'此上之大德,然非妾之志也。'上曰:'爵命非有功不与,朕方以至公治天下,岂有私意哉? 后继今勿复有言。'后曰:'上命已行,妾何言? 顾穉子未有知,惟上赐之师教,庶几上不辱大恩,下不累先人。'上曰:'后言良是。'命礼部择师教之。初立皇太子,封汉、赵二王。后曰:'太子,国家之本,诸王藩屏所资,愿择老成端正之士辅养德器!'上曰:'此朕所注意也。'又语后曰:'皇考之制,东宫官属率以廷臣兼之任使,一则疑隙不生,今凡宫臣之重者,悉择廷臣贤者兼之。'后曰:'此先朝鉴戒往古之失,诚良法也,虽万世当守而行之。'曰:'长子仁厚,足为令器,不忝祖宗矣,二子三子,陛下宜早教之! 惟陛下留意!'上曰:'吾亦知之。'一日,上退朝晏,后请其故,上曰:'吏部选人每循资格,朕今日亲拔二十余人,方岳为郡守,故不觉晏耳。'后曰:'国之理乱,于民之安否,系于牧守之贤、不肖,奈何悉用资格任牧守哉? 资格可□□选曹之弊,然贤才不免于淹滞,故往古之制,有出众之才,必有不次之擢,积年劳之多,亦有叙升之典,二者并行,则士无枉才,官得实用,而治效可致。'上曰:'然!'上勤于政事,或日昃未食,后亦不食以俟。尝问曰:'陛下日与共图政理者谁何?'上曰:'六卿治政务,翰林职思典词命朝夕左右者。尝请于上,悉赐其命妇冠服、钞币,且谕之曰:'妻之事夫,其道岂止于衣服、馈食,必有德行之助焉,古之公侯夫人及大夫士之妻,助成其夫之德化,有形于诗歌者,有载诸史传者矣,古今人岂相远哉? 常情朋友之言有从有违,夫妇之言婉顺易入。吾在宫中,旦夕侍皇上,未尝不以生民为念,每承顾问,多见听纳。今皇上所与共图理道者,六卿翰林之臣数辈,诸命妇可不有以翼赞于内乎? 百姓安,则国家安,国家安,则君臣同享富贵,泽被子孙矣!'后观《女宪》、《女戒》诸书,绅其取义作《内训》二十篇,居常志存内典,复采儒、释、道嘉言善行类编之,名《劝善书》。后奉祭祀尽诚敬,事上恭(敬)[谨]不懈,晨夕与皇太子、诸王言:惟孝亲、恤民;与妃嫔以下言:惟恭敬、和睦;与亲戚言:惟奉法循理。闻外家稍有纵肆,召至责之,有谦慎者,时加赐赉为劝。后言动以礼,喜怒不形下人,有过教之使改,亦靡不畏服焉。后识达治道,言必师古,性不喜华饰,自御俭素,宫阃之内化之。

既得疾，医药勿效，日益剧。上临问，后对曰：'今至此，命也！但身蒙上恩，位中宫不得给事，此遗憾耳！'又曰：'今天下虽定，兵甲不用，然民生未大苏息，惟上矜念之。'又问：'复有何言？'曰：'愿广求贤士，明别邪正，不以小过而废之，不以小才而比之，子孙成之以学，宗室亲之以恩，妾不能报上恩矣，愿无骄畜外家。'上泣，后亦泣，曰：'人生死有定数，惟上割恩自爱，无以妾故伤圣心遗今。'白皇太子曰：'吾只事皇上于今三十有一年，上不能继承先皇后懿德，吾甚愧之，今至此命也！奚悲？尔，吾之长子，孝仁、淳厚，当夙夜恪勤、敬事君父，勿以吾故过哀毁以伤君父之心，吾素菲薄无德，及人身殁之日，丧务从简省，毋妨臣民。往者皇上遭罹内难，躬率将士在外，吾母子留北京，敌兵围，将校士民之妻皆擐甲胄，挟矢石，登城列阵，协力一心，以死固守，及内难平，吾正位中宫，富贵已极，而将校士民之妻至今报赉未称，吾寝食未尝忘。近闻皇上将巡狩北京，意愿从行，将请恩泽及之，而吾今不逮矣，尔能体吾心，九泉无恨。呜呼！主器之任，在尔匪轻，敬以事上，仁以抚下，肃以正家，恩以睦亲，尔念之。'顾皇孙曰：'尔将来有宗社之寄，大平之任，宜励学笃志。'又谓上曰：'此孙远大之器，幸善视之。'后崩，上哭恸，群臣奉慰。上曰：'皇后仁明、贤淑，汉马氏、唐长孙之伦也，虽处中宫，其一念惟在仁民，继今朕入宫，不复闻直言矣！'后年四十六。皇太子及汉王赵王、皇女永安、永平、安成、咸宁四公主，皆后出也。"（《明太宗实录》卷69）

以上这段文字是我们现在所能见到的有关徐皇后一生及其临终遗言的最早官方记载。从《明实录》的这段记载来看，徐皇后似乎对佛教无所"涉足"，相反她倒是积极有为，老公在外打仗，北平老巢受到李景隆大军的围攻，作为一个妇道人家，她竟然率领北平城内的老弱病残孕等弱势群体奋勇抗敌，也不愧为大将军之女，其身上颇有魏国公的遗风，在北京保卫战中奇迹般地取得了成功。再从朱棣篡位以后徐皇后的所作所为来看，其多属积极有为：邀请内阁大臣的妻子上大内去"聊天"，一句话要她们当好贤内助；并时不时地询问朱棣有关国家治理之事，提醒、敦促丈夫要以仁为本，要注意贤才的发现与提拔；同时她又能做到母仪天下，从记载历代女贤善德佳行的《女宪》、《女戒》等书中缉取精粹，编成《内训》二十篇,规范后宫;又从儒、释、道诸家中选取嘉言善行进行类编,统名为《劝善书》,以此来教育后宫女眷……就连她临终时还不忘关怀丈夫的帝国事业、皇太子和皇太孙的未来,压根儿就没提到什么赠送千尊铁佛上宁德之事,或言之,看不出徐皇后有好佛之举,而且她也没有这方面从小家庭教育的基础。据笔者的个人研究,在大明开国大将军徐达家人中好佛者甚少,只有一个小女儿是"好佛"的,但这也是被她姐夫皇帝朱棣给逼的。

○ 居然有这样的皇帝:死了老婆,将贼眼盯在小姨子身上

那是在徐皇后死后,朱棣因为经常想起昔日患难与共的贤妻徐氏,有时想得很投入,居然不知不觉地暗自落泪,太监看到了,跑来劝导:"皇上,人死不能复活,徐皇后虽然千古难寻,但她毕竟走了,陛下龙体重要,再说后宫佳丽数千……"太监还没把话说完,就遭到朱棣一顿臭骂,自那以后再也没人敢劝了。

朱棣伤心是一回事,要想找个替代徐皇后又能使自己称心如意的贤惠女子那是另一回事。其实在悲伤之余,朱棣也在活动活动心眼,由徐皇后想起了她的娘家人,其中有一个妙龄美女最近老在自己头脑里闪现,直把朱棣弄得心猿意马。皇后大丧期是不能提这种事的,好好熬吧,终于熬到大丧期过了,自恃大明第一人的朱棣感觉特别好,徐家的那个小美女非我朱棣莫属了。想到这里,朱棣就将贴身太监叫来,让他直接到南京城南徐达府上去提亲,直截了当向徐达妻子谢夫人(徐达早逝)开口要那貌若天仙的小美人即徐皇后的小妹妹。

徐皇后有3个妹妹,二妹嫁给代王朱桂,三妹嫁给了安王朱楹,四妹最小,尚未许配,这些情况朱棣难道不知?丈人家的这些女孩子数人品二妹最差,简直就是一个泼妇,论贤德,长女徐皇后最好;若论品性与才貌,恐怕没有一个比得上四妹,尤其这四妹从小就饱读诗书,吟诗作画,无所不能,目下又值二八妙龄,满身散发出仙女甚至妖精一般的魅力,想起她,就让人茶饭不思、情不自禁。但朱棣疏忽了一点,对于徐家四妹的脾气没摸摸底。不过,这也没什么大不了的,儿女婚姻还不是"媒妁之言,父母之命"?! 朱棣心里稳操胜券,只等贴身太监从城南回来向他道喜。

再说朱棣的那个贴身太监风风火火地赶到徐达的魏国公府,徐达夫人谢氏赶紧出来接待了皇帝的"钦差",双方一阵寒暄过后直接进入了主题。

有个小丫鬟在旁听到了这一切,她马上跑到徐皇后的四妹闺房去道喜,四妹很惊诧:"何来之喜?"小丫鬟说:"小主子,您马上要接你大姐的班当皇后了,这不是大喜事?"哪料到四妹听到以后,马上一脸怒气,对着小丫鬟斥责道:"嫁给他?一个禽兽都不如的暴君,简直是魔鬼,你们没看到他在我们南京城里杀了多少人?厚颜无耻的家伙,还把自己打扮成'孝子'和圣君的模样,到处搞形象工程、政绩工程,什么都要做大做强,为了他的个人私欲,天下有多少人家被搞得家破人亡……要我嫁给他?除非我死了。"

四妹的话很有分量,她个性特别刚烈,小丫鬟怕出意外,赶紧将小主子讲的照实"翻录"给了谢夫人,谢夫人听完后,沉默了好久,最后跟朱棣的贴身太监这么说道:"谢谢皇上洪恩,不过,小女实在年龄太小了,等她长大以后再说。"

其实小丫鬟跟谢夫人偷偷讲话就在朱棣贴身太监所在客厅的隔壁,主奴之间的对话,太监都听得一清二楚,太监也怕事,万一徐皇后的四妹真出了什么意外,自己这条小命也就没了——朱棣完全可以以没办好事为名把他给剎了。所以,太监看到谢夫人从内屋出来就知道答案了,他极为知趣地与谢夫人道别,然后直奔明皇宫向他的主子汇报提亲遭拒的事。

朱棣听后顿时脸就铁青,好几天都没好好吃饭,终于有一天他忍不住了,将丈母娘谢夫人请到了明皇宫来。朱棣是"奔五"的人,没什么不好意思说的,再说他是皇帝,皇帝要个把女人,多大的事?!再说你们老徐家已奉献过一个,再献一个又何妨?于是他就开门见山地跟丈母娘要了:"朕欲得夫人季女继中宫?"自我感觉良好的朱皇帝没想到丈母娘也看不起他,不过年长者毕竟会说话:"妾女不堪上配圣躬。"这不是变相的拒绝么,朱棣马上就板脸,带着杀气但脸上又装着皮笑肉不笑的样子说道:"夫人女不归朕,更择何等婿耶?"换句话来说,你家女儿连皇帝都不肯嫁,还想挑选什么样的女婿呢?谢夫人何等聪明,只是应付几句就匆匆告辞回府了。

得罪了魔鬼皇帝能有好结局吗?四妹哭着与她的妈妈道别,然后毅然决然地前往南京城南聚宝门外的一寺庙里当尼姑,后来该寺庙被人称为王姑庵(徐达死后被追封为中山王)。(【明】郑晓:《今言》卷2;【明】吕毖:《明朝小史·永乐纪·王姑庵》卷4;【明】周晖:《金陵琐事·更择何等婿》卷1,南京出版社2007年9月第1版,P45)

从现在我们所能见到的史料来看,老徐家也就这么一个被强势女婿魔鬼皇帝朱棣逼得走投无路的小女子在万般无奈的情况下才走上"好佛"之路的。因此说,要讲徐皇后好佛尊释实在是无史为凭。

再说,徐皇后是在13岁时嫁给燕王朱棣,并伴随朱棣在北平度过自己的少女、青年以及中年岁月,等到朱棣"靖难"成功,再次回到故乡南京定居时她已经是40出头的半老徐娘了。要说北方名山圣迹或许她还能一一道来,但要说东南地区偏于一隅的支提山什么华严寺,对于一个刚从北方来南京又待在深宫里的中年妇女来说未必会知道,即使听说了,也未必会感兴趣。既然如此,要说徐皇后有旨赠送千尊铁佛给福建宁德华严寺似乎也就讲不过去了。那么到底是谁做了这等尊释重佛之事?

● 来路不明的皇家"龙种"朱棣之宗教信仰是什么?

从朱棣诡异的人生轨迹与"摇摆不定"的宗教态度来看,赠送千尊铁佛到宁德华严寺的动议主创者应该就是大明君主永乐皇帝朱棣。

朱棣自来到这个世上起就是一个神秘莫测之人,就连他的生母是谁?人们争了500多年直到近来才逐渐弄清楚。那他爸就是朱元璋?这也是无法绝对肯定的;再看朱棣"靖难",那更是疑雾重重(读者朋友欲详知,可见笔者另一专著:《大明帝国》系列之《永乐帝卷》),因此说,朱棣的一生是诡异的,也是极为神秘的,就同他的宗教观一般,扑朔迷离。

原先在北平当藩王时,朱棣接触最多的宗教人士可能就要数姚广孝了。从表象来看,姚广孝是个出家人,但在朱棣登上皇帝宝座之前,姚广孝授予朱棣更多的可能是韬光养晦的谋略与法家的权术,因此说朱棣人生前半期主要受影响的是姚广孝的"杂家"思想,没有多少宗教情结。若要有的话也就是他在元都故地受当地人们奉行的喇嘛教熏染,所以当他刚刚登上皇帝宝座不久,就派人上西藏去恭请藏传佛教领袖哈立麻来京讲法。

除了藏传佛教以外,永乐皇帝开始时对于其他的佛教派别基本上都是遵循了朱元璋时代制定的宗教政策——适度的抑制和控制。永乐五年春正月的一天,礼部有官员向皇帝请示:"直隶(今江苏与安徽两省)与浙江各州府有许多军队与百姓的子弟私自剃度为僧,前来南京冒领和尚证件——度牒的就达1800人。"朱棣听后十分恼火,咆哮道:"我家高皇帝早就制定了规矩,庶民40岁以上才可以出家,如今违反禁令者居然有这么多人,他们眼里还有我大明的朝廷吗?"他当即命令兵部官员将这些前来冒领度牒的私自剃度者全部编入军籍,发往辽东和甘肃去戍边。随后朱棣感慨道:"朕即位以来谨遵祖制,一点也不敢懈怠,这些下等贱民竟敢如此放肆,还有什么事情做不出来?对他们决不可宽宥,况且这些都是人渣或言'小人',不能再让他们繁衍后代了!"(《明太宗实录》卷63;【明】余继登:《皇明典故纪闻》卷7,书目文献出版社1995年12月第1版,P382)

不能让"小人"繁衍后代,朱棣对那1800人实行阉割?史书没有说下去,笔者不好瞎说,但就将违反祖制冒领度牒的"假和尚"发配当兵守边,处置不可谓不重。朱棣所作所为似乎一切都在按照高皇帝的"既定方针"去执行,但其实不然,他自己就在南京天禧寺的旧址上建造了当时最大最豪华的佛寺佛塔——南京大报恩寺塔,且口口声声说那是为他的父皇朱元璋和母后马氏荐福用的,但在大报恩寺的主殿内供奉的却是秘不外宣的自己生母——碽妃。从南京大报恩寺的建筑遗物考古等角度来看,朱棣似乎信仰的是藏传佛教,可谁能想到的是就在朱棣下令准备动工建造南京大报恩寺前后,这位"伟大君主"又对道教产生了疯狂的热情,永乐九年朱棣"命(工部侍郎郭琎)往湖广督武当山宫观",武当宫观建设就此拉开序幕(【明】雷礼:《国朝列卿记》卷13)。永乐十年六月戊午日"建湖广武当山宫观,命隆平侯张信、驸马都尉沐昕董其役"。(《明太宗实录》卷129)

对于倾力打造武当道宫的缘由,明代官书记载朱棣是这么说的:"武当创见宫观,上资皇考、皇妣之福,下祈福天下生灵,如岁丰人康、灾沴不作,此朕素愿。"(《明太宗实录》卷140)看到这个冠冕堂皇的理由,人们自然想到朱棣要建造大报恩寺时也是这般说辞,问题的关键在于朱棣是个不信神仙鬼怪之类的一代"明君",那么这个永乐皇帝大造武当宫观到底是为什么?

翻阅《明太宗实录》我们可以看到,尽管官方史书对好多敏感问题的叙述十分隐晦,但朱棣"钟爱""北极真武之神"还是不断地跃然纸上。建文四年六月中朱棣打入南京,在夺得皇位一个月不到的七月辛卯日,这位明皇宫里的新主子就派了大明帝国道教管理专门机构官员"神乐观提点周原初祭北极真武之神。"(《明太宗实录》卷10)随后,朱棣对真武之神的"尊崇"不断提升,永乐十年二月乙丑,皇帝"给授太子少师姚广孝及其祖父母父母封赠并诰命",又"命武当山道士孙碧云为道录司右正一,不任以事"。(《明太宗实录》卷125)

佛、道不一家,作为皇帝的朱棣连这起码的常识还是知道的,但是在追赠自己的心腹、"靖难"第一功臣姚广孝父母、祖父母尊号的同时,永乐皇帝居然任命武当道士孙碧云任道录司右正一(相当于全国道教协会名誉会长),从表象来看,实在令人费解(《明太宗实录》卷125)。但如果仔细考察一下姚广孝的"出身",事情似乎逐渐明朗了。"姚广孝,长洲人,本医家子。年十四,度为僧,名道衍,字斯道,事道士席应真,得其阴阳术数之学。尝游嵩山寺,相者袁珙见之曰:'是何异僧,目三角,形如病虎,性必嗜杀,刘秉忠流也。'道衍大喜。"(《明史·姚广孝传》卷145,列传第33)

从某种程度上来讲,朱棣"靖难"造反是姚广孝一手教出来的,而遁入"佛门"的姚广孝原本就是一个假和尚,更关键的还是姚广孝最早拜师的不是和尚,而是苏州一带以精通阴阳之学而出名的道士席应真。后来姚广孝碰上了朱棣,两人一拍即合,燕王的"雄心壮志"被姚广孝觉察出来,那么他的造反思想顾虑难道姚广孝会坐视不管?因此明代中期进士高岱在《鸿猷录》里这样说道:"成祖屡问姚广孝师期,姚屡言未可。至举兵先一日,曰:'明日有天兵应可也'。及期,众见空中兵甲,其帅玄帝像也。成祖即披发仗剑应之"。(【明】高岱:《鸿猷录》卷7)明末清初学者傅维鳞也曾做过这样的描述:"太宗因问师期,曰:'未也,俟吾助者至'。曰:'助者何人?'曰:'吾师',又数日,入曰:'可矣'。遂谋召张昺、谢贵等宴,设伏斩之。遣张玉、朱能勒卫士攻克九门。出祭,见披发而旌旗者蔽天,太宗顾之曰:'何神?'曰:'向所言吾师,玄武神也'。于是太宗仿其像,披发仗剑相应。"(【清】傅维鳞:《明书·姚广孝传》卷160)

原本就没有什么上帝,自从有人说了信了,就有了上帝。一个传说中的民间神"玄武真君"在"点子公司"总裁姚广孝的包装下顿时变成忤逆造反者朱棣的保佑神,而且在他从北京到南京的"靖难"造反路上"玄武神"一直在保驾护行,"壬午靖难兵起……每两阵相临,南兵(建文军)悉见空中真武(即玄武)二字旗帜,皆攻后以北也"。(【明】黄溥:《闲中今古录摘抄》参见《元明史类钞》卷19)

朱棣每次深陷困境差一点就将自己的小命也搭进去,但"巧遇"的是他的对手建文帝是个仁弱君主。建文朝廷军队北伐时,皇帝朱允炆迂腐地告诫将士:千万别伤了我的叔叔!正因为有这样的圣旨,朱棣才成为打不着射不死的"活阎王",这下可好了,在朱棣的嘴里一下子成了"玄武真君"福佑他的"明证"。自古以来,话语权就掌握在权威高势能者手里,后来朱棣胜了,他爱怎么说就怎么说,爱怎么做就怎么做。因为自己篡位不仅悖逆伦理,而且也践踏了"祖制"与高皇帝的遗命,夺天下易而守天下可不易,尤其自己守的原本就是政敌之天下,最不容易驾驭的是人心啊。自古"君权神授"最神秘也最有"说服力",那么朱棣心目中的"神"在哪里?将谁也没有看到过的"曾经保佑过自己"的玄武神抬出来,继续为自己所用! 这是朱棣的高招。于是人们看到,就在朱棣踩着建文朝大臣满地鲜血登上累累白骨堆积起来的皇帝宝座不到一个月的时间里,他赶紧派人去祭祀"玄武真君"之神,更有他极力地渲染"玄武真神"福佑他的神迹神像,甚至在他下令打造天下第一道观——武当宫观的敕书里公开进行这样宣传:"我自奉天靖难之初,神明(指玄武)显助威灵,感应至多,言说不尽"。(【明】任自垣:《大岳太和山志》卷2)。

既然如此,对于这样福佑自己的神明,已经拥有天下的永乐皇帝能不为他老人家修座像样的宫观?

又一个道家的上帝被抬到了天空,当然最为关键的还在于朱棣用暴力与血腥手段夺来的"灰色"皇权一下子给"漂白"了,"君权神授"有了新的注解。明代史学家王世贞曾一针见血地指出:"呜呼!英雄御世故多术,卜鬼探符皆恍惚,不闻成祖帝王须,曾借玄天师相发"。【明】王世贞:《弇州山人四部稿·武当歌》卷22)

花了这么多的笔墨来考察朱棣的宗教信仰及其炫世夺目的"丰功伟绩"之间的关系,我们就不难看出,在朱棣"尊佛重道"的表象背后都有着其极为复杂的政治动机。那么永乐五年原本没有多少宗教信仰的篡位皇帝朱棣以徐皇后的名义给宁德支提山华严寺赠送千尊天佛和"鼎力建造华藏寺"的根本目的是什么?

朱棣死了老婆,要为老婆荐福?犯不着舍近求远,而且正史已记载,就在徐皇后驾崩后的第三天,即"永乐五年秋七月丁巳,(朱棣就)命礼部于灵谷寺天禧寺设荐扬大斋"。《《明太宗实录》卷69)因此说给福建宁德赠送千尊铁佛和建造华藏寺是为徐皇后荐福之说,不能成立;更为奇怪的是,朱棣将护送千尊铁佛到福建宁德这等算不上多大的差使非要交给率领数万人马肩负特殊使命的大航海家郑和,由此,我们是不是可以推想:护送千尊铁佛到宁德与朱棣交予郑和秘密的特殊使命有关?

前文说过,郑和下西洋肩负着秘密寻找建文帝的使命,结合建文帝在距离宁德驱车3小时路程的雪峰寺出现过的事实,笔者认为:极有可能当时朱棣已经耳闻到,建文帝出亡到了福建宁德等地了!

为了谨慎起见,笔者再次查阅永乐五年到永乐六年之间与福建相关的史料,结果惊讶地发现:在此前后福建省官场上先后有七个大员倒台,如:永乐五年五月壬午,"福建都指挥佥事张豫,坐困顿置番国方物不如法,谪戍安南"(《明太宗实录》卷67;【明】谈迁:《国榷·成祖永乐六年》卷14,中华书局1958年12月第1版,P990)。永乐五年六月甲午,"福建按察司副使陈思聪有罪,降常德府同知"(《明太宗实录》卷68)。永乐六年五月乙卯,"福建按察司副使卢文达有罪,谪成边"(《明太宗实录》卷79;【明】谈迁:《国榷·成祖永乐六年》卷14,中华书局1958年12月第1版,P1004)。"(永乐六年)七月甲子,福建行都指挥佥事刘达受赇,贷死,檄海捕倭,御史殷昶又受达赇,戍卢龙卫"

【明】谈迁：《国榷·成祖永乐五年》卷14，中华书局1958年12月第1版，P1007）。

前后一年多时间里福建官场这么多的高层官员倒台，虽说他们倒台的主要原因是贪污，还有人说是因为他们对福建海域猖獗的倭寇围剿不力，就这么简单？一个省里七个大员相继"倒下"，"倒下"的时间恰恰正好是朱棣以其老婆名义给福建宁德霍童支提寺送佛像前后，送佛像者又正好是肩负踪迹建文帝的朱棣心腹郑和，而这个郑和还正好在雪峰寺与建文帝碰过面，……这一系列的"正好"说明了什么？笔者认为，朱棣可能已经嗅觉到：建文帝出亡福建闽东地区了。而福建地方官员居然"玩忽职守"，视而不见、充耳不闻，弄得"伟大的政治家"实在是火冒三丈，但他又说不出口——先前他已经告诉全国臣民建文帝阖宫自焚了，所以只好以治贪为名，将这些"不讲政治"的封疆大吏们逐一收拾。

有人可能认为，以上这些都是建文帝出亡福建宁德的间接证据，那么有没有最为直接的史料记载呢？有！

● 皇爷爷临终留铁箧，皇孙儿临难披袈裟

前文所述福建宁德华严寺云锦袈裟是建文帝的，好问的读者可能会提出这样的疑问：建文帝的这件袈裟哪来的？是他事先知道自己要出亡而提前准备？翻阅《明太宗实录》，我们可以看出：朱棣是在建文四年六月攻入南京城的，但几个月前他还在北方流窜作案，而那时大明君主建文帝在皇位上还坐得好好的，怎么会在后来的短短几个月里这个仁厚的大明君主突发奇思妙想做件袈裟以备不测？从常理上说不过去，也不吻合建文帝的个性；再说，制作一件极品云锦袈裟非几个月内所能赶得出来的。而最近有媒体称，南京云锦研究所为少林寺方丈释永信做的那件袈裟就花了两年的时间，所以说无论从哪个角度来看，建文帝出亡时的那件袈裟不可能是他自己下令制作的。那么到底是谁为建文帝准备了这么一件"宝贝"？说来大家可能真不敢相信，他就是建文帝的皇爷爷朱元璋！

据笔者目前所掌握的史料来看，大约自明朝中期开始文人

学者高岱、郑晓等人在他们的著作中留下来了珍贵的记载。高岱在《鸿猷录》中如此说道:"成祖(指朱棣,笔者注)朝见建文君,左右惟数人,欲出迎,复叹曰:'我何面目相见?'遂尽闭诸后妃宫内,纵火焚其宫。惟挈三子,变服出走,仓卒复弃三子宫门,被执冀师中。相传谓**太祖**顾命时,以小箧封识甚固,密授建文君曰:'他日危难发之,及是发视,则被剃具及**缁衣**,并僧杨应能度牒也,建文君乃出走为僧。"(【明】高岱:《鸿猷录·长驱金陵》卷8,见王云五主编:《丛书集成初编·鸿猷录》第3册,P102,商务印书馆,中华民国二十六年六月初版)

郑晓在《今言》里这样说:"或曰帝顶颇偏颇,高皇知其必不终,尝匣**髡缁**之具,戒之曰:'必婴大难,乃发此。'以故遂为僧去。"(郑晓《今言》卷2)

吕毖在《明朝小史》里也留下记载:"高皇大渐时,封钥一小匣,固甚,密授于帝,戒遇急难乃启。及靖难兵入城,启之,则杨应能度牒也,诸披剃物悉具。**遂削发披缁,从御沟中出亡**。时宫中火起仓卒,咸以为建文君自焚死,竟无知者。"(【明】吕毖:《明朝小史·蘧文纪·杨应能度牒》卷3)

郎瑛在《七修类稿》中也说:"建文君,太祖一夕梦二龙斗殿中,黄胜而白负。明日见建文、成祖同戏,建文着白,心知后必不协;且见建文头颅颇偏,**匣髡缁之具**,戒曰:'必婴大难乃发。'靖难师临城,启视,一刀一度牒,有敕曰:'欲生,怀牒为僧,密地去;不然,自尽。'遂焚宫去。地道出东南,似当时齐泰、黄子澄知之而传于人。故文庙靖宫之日,以为匿于僧录洽南洲,以他事禁锢之。"(【明】郎瑛:《七修类稿·国事类·建文逸事》卷12)

何乔远在他的《名山藏》里这样记载道:"或言高祖始尝问后嗣事于刘基,知建文君不终,与之藏函,函一僧牒、一剃刀、一缁衣。牒曰:杨应能。宫之火也,**建文君削发披缁,怀牒从御沟,出郊坛亡**。成祖使中使捄宫中使出马皇后之烬,曰建文君!遂以葬之,建文君既葬,或言其亡,或言蜀王迎之西,皆参差莫实,成祖亦心疑之,其时,有异人张玄玄者,以术重,已去,莫知所之,乃使礼部尚书溁行天下,名访玄玄,实私察建文君,竟莫得其要领,其言建文君亡者。谓群臣多为僧而从之。"(【明】何乔远:《名山藏》卷5)

明代大史学家焦竑在他的史学著作《国朝献征录》中也留下了

相类的记载:"溥洽,字南洲,浙江山阴人。洪武初,荐高僧入京,历升左善世。靖难兵起,为建文君设药师灯忏诅长陵。金川门开,又为**建文君削发**。长陵即位,微闻其事,囚南洲十余年。荣国公疾革,长陵遣人问所欲言,言愿释溥洽。长陵从之。释出狱时,白发长数寸覆额矣。走大兴隆寺,拜荣国公床下,曰:'吾余生少师赐也。'仁宗复其官。卒年八十二。"(【明】郑晓:《今言》卷3;【明】焦竑:《国朝献征录·释道》卷118)

就连明代国史《明实录》也作了记载:"(万历二年十月)戊午,上御文华殿讲读。上从容与辅臣语及建文皇帝事,因问曰:'闻建文当时逃免果否?'辅臣张居正对言:'国史不载此事,但先朝故老相传言,建文当靖难师入城,即**削发披缁**,从间道走出,后云游四方,人无知者。"(《明神宗实录》卷30)

上述最后一段史料来自于大明官方文书的记载——《明神宗实录》,记录的是明代万历初年最高统治者明神宗与权相张居正的对话,话题核心是建文皇帝是否穿了袈裟逃亡?从何处"走出"?后来如何?等等。要知道,明神宗血统继承的是明太宗的嫡系而非建文帝的系统,《明太宗实录》已记载了建文帝死于火中并葬之,怎么后世皇家子孙还在讨论他是否被烧死了还是出走了?作为一人之下万人之上的权相张居正又怎敢冒欺君之罪胡言乱语建文帝穿了袈裟逃亡之事迹?而后,《明神宗实录》初修于天启元年,又经天启三年、天启五年复修,至熹宗崩时犹未成书直至崇祯年间由温体仁等续成,几经周折和考虑方始定稿,如果建文帝真的已经死于火中,何敢留此明神宗与张居正对话讨论建文帝逃亡的史迹?并且指出:"(神宗)命居正录全诗之全章,慨然兴叹,又命书写进览。居正退而录其诗以进。"云云,这是何等的重视,岂能以已被焚死之帝作为活人乱作文章?! 由此可见:建文帝"**削发披缁**"亡命天涯确有其事,明初杨士奇等人所撰的《明太宗实录》所记建文帝焚死之说,乃"实录不实"之辞也。(潘群:《郑和踪迹建文考》,《郑和与海上丝绸之路》,澳门大学澳门研究中心2005年12月编辑出版,P57)

此外,从上述"正史"的字里行间中,我们还可以看出:建文帝"**削发披缁**"亡命天涯是明太宗朱棣以后大明朝廷历代口头相传的头号秘密,在听张居正讲述建文帝故事之前,万历帝已经听说了一些有关建文帝"**削发披缁**"而亡的事情,只是他不能完全肯定这些传闻信息是否正确,所以才问自己的老师、内阁首辅张居正。

有关建文帝临难削发披缁故事叙述最为精彩、影响最大的当数明末清初谷应泰的《明史记事本末》与谈迁的《国榷》,但问题的关键在于,过去人们一直将其作为野史、传说或文学小说一类看待,没人认为它是信史,而现在的事实是,建文帝的这件袈裟出现在福建宁德,换言之,正史中的"先朝故老相传言"和非"正史"的史料文献记载居然都与考古实物相吻合,这说明了什么?建文帝最终出亡福建宁德!

看过西方大片《特洛伊》的观众可能被那古代地中海边上曾经发生的恢宏、悲壮的战争场面所惊叹和折服,"特洛伊"之名就此一夜之间为地球人都知道,但实际上在19世纪以前不说我们东方人就是西方人自己也很少有人真正相信传说中的特洛伊故事,尽管《荷马史诗》已经流传了2000来年,但就是一直受到人们的质疑。1870年德国商人谢里曼开始对传说中的特洛伊进行考古挖掘,最终揭开了特洛伊传说的神秘面纱,逐渐地为世人所熟知。谢里曼考古给予我们的启示是:有时一个不为人们注意或重视的一丝线索或传说或许是未来揭开历史之谜的一把金钥匙。这是笔者在2008年年底成稿2009年年初正式出版上市的《大明帝国:从南京到北京》之《文弱的书生皇帝朱允炆卷》中所讲过的一席话,笔者向来主张,治学应该实事求是,思想自由,兼容并包,没想到的是在笔者成书一年后。古希腊式的"特洛伊"传说找到了"中国版",明代"先朝故老相传言"、文人笔记或言野史中建文帝临难削发披缁之事在福建宁德找到了相应的物证,谁能否认建文帝出亡之事!

至此,从整体上而言,建文帝出亡福建、最终卒于宁德之谜案被揭开了。但这里还有一个大问题没有解答,那就是建文帝为什么要出亡福建宁德?

第7章 超常思维
认识几何？

> 长期以来由于从朱棣开始的官方史书对建文朝史实肆意歪曲和千钩百索，以至于我们后人很难看到建文当政四年所实施的"宽政"所带来的喜人成果，也很难真实地认识建文君臣。但如果拨去历史的尘埃，驱散已有的迷雾而静心地寻找的话，我们居然发现建文帝出亡福建是种聪明又理性的选择，因为那一带"潜伏"着……

明清以降，有关建文帝出亡的路线与方向众说纷纭，但影响较大的要数谷应泰的《明史纪事本末》，其大致是讲建文帝去了湖湘，再上云贵，往返于四川、重庆、江浙等地，一路上都有他的铁杆大臣在暗中接济和保护，后来长期在云贵落脚，云云。（见本书第4章）其故事情节跌宕起伏，扣人心弦，史实叙述"具体"、"精确"、"到位"，几年几月几日到了什么地方，见了什么人，等等，一个落难皇帝好像不是在亡命天涯，而是在怡然自得地游山玩水。谷应泰等在建文帝出亡之事的取材上出了大问题了——主要参阅了程济的《从亡随笔》和史仲彬的《致身录》等"伪书"。《从亡随笔》据称是伴随建文帝出亡的流亡大臣程济所写；《致身录》有人说是一个名叫史仲彬的建文朝大臣所作，他曾任建文帝同母弟徐王朱允熙的府邸宾辅，即相当于徐王府的总管。《从亡随笔》与《致身录》内容相近，主要是讲述建文帝君臣逃出南京以后具体的流亡生涯。但许多人考证出来说，此类书都是伪书，不足为信。对此，现代明史专家黄云眉先生经过深入研究后在其名著《明史考证》中这样说道：

"盖以为出亡之说可信,出亡诸书不可信。"(黄云眉:《明史考证》,中华书局,1971年,第1册,第60页)

黄先生的见解颇有道理,从现在我们所掌握的史料来看,建文帝当年出亡是事实,但最终建文帝为什么要出亡到向来不为人注意的福建?

要回答这个问题,我们必须要先调整一下传统的思维。

● 永乐皇帝为何要"批发"女儿?

朱棣进入南京城后,对建文旧臣进行了大屠杀,手段无所不用其极,诸如株连十族、瓜蔓抄等,历史上把这场大屠杀叫做"壬午殉难"(可参看笔者的《大明帝国》系列之《建文帝卷》)。尽管"壬午殉难"距离我们现代社会已有600多年了,但每当笔者经过明故宫或雨花台方孝孺墓时就仿佛听到600年前那些备受魔鬼折磨的殉难者发出的凄惨痛苦的呻吟,由此也勾起了笔者对他们所追求的精神理想动机的研究。笔者在《大明帝国:从南京到北京》之《文弱的书生皇帝朱允炆卷》中已将目前我们所能查询统计到的110多位"壬午殉难"者进行列表、归类和分析,结果发现"壬午殉难"中一个最大的显著特征,那就是80%以上"壬午殉难"者为南方籍人士,再说透一点,以浙江、江西、福建和江苏一带人为多,换句话来讲,建文朝深厚的社会基础应该是南方地区。当然,我这么说并不是讲北方与西北、西南就没有建文帝的立足之地,尤其是西南的云贵地区还是朱允炆曾经的保护神朱元璋"义子"沐英子孙的势力范围,而沐英跟朱元璋、朱标、马皇后等人的感情非同一般,"(洪武)二十五年六月,闻皇太子薨,哭极哀。初,高皇后崩,(沐)英哭至呕血。至是感疾,卒于镇,年四十八。"(《明史·沐英传》,卷126,列传第14)

尽管建文政权垮台时沐英已不在人世了,但沐家子孙跟大明正统皇家关系还是很铁的,朱棣"靖难"篡位动因多多(读者朋友可详见笔者的《大明帝国》系列之《永乐帝卷》),上台以后又不遗余力地篡改历史,粉饰自己的人生丑恶,但现实问题也得解决,于是永乐元年六月戊申,"(朱棣)以沐昕为驸马都尉,尚常宁公主。昕,黔宁昭靖王(沐)英之子也"。(《明太宗实录》卷21)

大明皇家的这桩婚姻是在朱棣篡位登基一周年后下令操办的,出嫁的常宁公主是朱棣最小的女儿,由此来说,这个叫沐昕的人肯定是个好女婿或者按现在人的眼光他是很爱皇帝女儿?令人大跌眼界的是,错了!

有一天朱棣下令在明皇宫的便殿上召见宫廷御医盛寅,要他为自己把脉。盛寅医术高明,为世人为称道,也不愧为御医,他稍稍给朱棣把了一下脉,就说道:"陛下您刚刚发火了,现在脉理不清,小的看不清御体之不适啊!"盛寅话音刚落,朱棣就讲了:"朕刚才确实是发了火,爱卿居然在朕的脉象上看出来,真不愧为妙手神医啊!"说到这里,朱棣似乎又激动起来了,他继续跟盛寅说:"盛胡子,朕告诉你是怎么一回事。前些日子,朕的那个小女婿也就是沐英家的小儿子沐昕孝敬朕,给朕送了两个如花似玉的丫头,这两个丫头还真不赖,不仅人长得标致,而且还会唱唱小曲,朕每次吃饭时就让她们来一段。可最近朕突然发现那两个唱曲的小丫头不见了,问了好久,才有人告诉朕,说是她俩被沐昕用铜锥给打死了。朕听了以后很恼火,嗨,真巧了,前事没完,朕那小女儿常宁公主突然跑到皇宫里来,一头钻入朕的怀里,朕十分疼爱这个宝贝心肝,只要她一钻到朕怀里,朕总要抚抱她一番。可你晓得,这次小宝贝一钻到朕怀里就呜呜地哭个不停。朕就问她什么事情让她这么伤心?小公主告诉朕,又是那个该死的沐昕用铜锥打了朕的宝贝疙瘩。一个小姑娘家怎么能吃得消那铜锥?盛胡子,你说天底下怎么会有沐昕这样的人?!因为此事,朕火死了,不由得挥了几下胳膊,到现在气还没有理顺呐。"盛寅听到这里赶紧叩头,恳请皇帝息怒,保重龙体为上。(【明】祝允明:《九朝野记》卷2)

沐昕家为什么会有"家庭暴力"?是朱棣小女儿不守妇道?恐怕不吻合史实,据《明史》等史书记载,常宁公主不仅是朱棣最小也是最为疼爱的女儿。"靖难"成功以后,朱棣将她下嫁给了"皇父"朱元璋的干孙子沐昕,这个常宁公主"恭慎有礼,通孝经、女则"。(《明史·公主传》卷121,列传第9)

换句话来说,尽管在父皇朱棣面前尽情地撒娇,但常宁公主本人素养不错,精通《孝经》和《女则》,为人处世谨慎又有礼节,可以说她是那个时代的"淑女"典范。但就是这么一个女性的典范又是

当今皇帝万般疼爱的千金公主却居然不讨父皇之臣子的老公喜欢,非但如此,还被臣子老公打得逃回了"娘家",奇怪的是:

第一,这个皇帝女婿沐昕够厉害的,想当年他父亲沐英沦落为孤儿濒临于死亡边缘之际是常宁公主的皇爷爷朱元璋将其收为义子,这才有了沐氏的后来。因此史书说沐英跟朱标、马皇后等人的感情非同一般。马皇后、朱标死时,沐英都哭得死去活来。

尽管可能史书夸张了沐英对朱标和马皇后之死的哀痛程度,但由此也可见他们之间的感情还是极深的,更有隐含着沐英对朱家有着深深的眷恋之情。没过上几年,沐英儿子沐昕又娶了朱棣的"掌上明珠",这是种特殊的荣耀啊!沐昕理应好好地珍惜,可沐家这小子非但不当回事,居然还打了皇帝的"金枝玉叶",这至少说明沐昕的胆子够大了,那么沐昕为什么会这么胆大?

第二,从沐昕小夫妻"家庭暴力"的受害方来看,常宁公主还不仅仅是永乐皇帝的"千金",而且还是这个暴君最为喜欢的小女儿,一般人谁敢碰?可《明史》说她活到 22 岁时就薨世。在女儿遭受家庭暴力几乎濒临生死边缘时,一向残忍无比、什么龌龊事都干得出的暴君朱棣却只在宫中对"不知好歹"的小女婿沐昕发发干火,甚至在女儿花季一般年龄就撒手尘寰的问题上,无恶不作的朱棣却表现出了极大的"不作为",这实在是令人迷惑不解。

我们再回头过来看朱棣将自己最小、最喜欢的女儿下嫁是在什么时候?据《明实录》记载:

"洪武三十五年冬十月己卯,升中军都督佥事宋晟为后军左都督,擢晟子瑛为府军右卫指挥使,从子端为锦衣卫指挥佥事。"《明太宗实录》卷 13)

"洪武三十五年十二月庚戌朔,以宋琥为驸马都尉,尚皇第三女安成公主,琥,后军左都督晟长子也。"(《明太宗实录》卷 15)

"永乐元年春正月丁酉,命后军左都督宋晟佩平羌将军印,充总兵,镇甘肃。"(《明太宗实录》卷 16)

"永乐元年二月乙丑,封皇长女永安郡主为永安公主,以仪宾袁容为尉马都尉,弟二女永平郡主为永平公主,以仪宾李让为驸马都尉,封第四女为咸宁公主,擢后军左都督宋晟次子瑛为驸马都尉尚之,封秦愍王弟二子尚烈为永兴王,弟三子尚煜为保安王,册兵

马指挥高志女为永兴王妃,饶州致仕千户陈玺孙文为保安王妃,封晋恭王弟三女为容城郡主。"(《明太宗实录》卷17)

"永乐元年六月戊申,以沐昕为驸马都尉,尚常宁公主。昕,黔宁昭靖王英之子也。"(《明太宗实录》卷21)

朱棣的这几个女儿嫁得实在有意思,长女嫁给了燕王府内的老部下,因为袁容的父亲是跟随朱元璋打天下的功臣,做成这样的婚姻可以稳定和平衡部分军界老辈。(《明史·公主传》卷121,列传第9)

朱棣的二女儿永平公主嫁给了李让,"(李)让,舒城人,与袁容同岁选为燕府仪宾。燕兵起,帅府兵执谢贵等,取大宁,战白沟河有功,署掌北平布政司事,佐仁宗居守。其父申,官留守左卫指挥同知。惠帝欲诱致让,曰:'让来,吾宥尔父。'让不从,力战破平安兵。帝遂杀申,籍其家,姻族皆坐死或徙边。永乐元年进让驸马都尉,封富阳侯,食禄千石,掌北京行部事。"(《明史·公主传》卷121,列传第9)

又是一笔很好的政治交易,朱棣将二女儿嫁给为他"靖难"篡夺帝位而亡命博弈的战斗英雄,说白了是个政治慰劳品和补偿品,加上他来南京城后不断地给燕军将士"发奖金"、加官晋爵,等等,以此来稳定"靖难"军军心。

朱棣三女儿、四女儿分别嫁给了边关大将宋晟的两个儿子宋琥和宋瑛,这都是在朱棣篡夺皇位后半年时间内做出的决定,紧接着"永乐元年夏四月乙丑,(朱棣)敕宁夏总兵官左都督何福、甘肃总兵官左都督宋晟"。(《明太宗实录》卷19)

明眼人一看就明白,朱棣让宋晟做他的亲家翁是叫他去守西北,但这位新皇帝疑心病又重,所以来了个"亲上加亲"。

上述朱棣的四个女儿全成了皇帝父亲政治交易中的筹码,那么第五女儿常宁公主下嫁给沐昕是为什么?朱棣自身"来路不明",怕知根知底的沐家泄密?还是怕镇守云南的沐家鼻祖沐英与朱允炆父亲朱标太子之间原本有着非同寻常的感情关系而最终导致两家小辈们的联合?由于史料的缺乏,我们暂且存疑,但朱棣最终还是"豁出去"了,将小女儿作筹码,至少稳定住"云南王"沐氏。更有永乐九年十二月庚寅,"册黔国公沐晟女为(朱棣三子)赵王高

燧妃。"(《明太宗实录》卷122)

西北、西南都成了新皇帝的双重亲家,仇家建文帝能往哪儿去?北边是朱棣"靖难"一路过来的,万万去不得,剩下的只有东南方了。

● "金蝉脱壳"之计?

长期以来,人们在研究建文帝最终出亡地时常常被西南说困扰而忽视了东南说,诚然东南说不被重视还有一大"目障",即朱棣对方孝孺、齐泰和黄子澄等南方籍或东南籍为主体的建文朝核心人物及其亲友家眷的惨绝人寰的屠杀与迫害,尤其是"灭十族"、"瓜蔓抄"、"挖祖坟"和"轮奸"忠臣女家眷的恶行更是亘古未有。明末清初学者谷应泰曾指出:"暴秦之法,罪止三族,强汉之律,不过五宗,故步、阐之门皆尽,机、云之种无遗。世谓天道好还,而人命至重,遂可灭绝至此乎!又况孔融覆巢之女,郭淮从坐之妻,古者但有刑诛,从无玷染,而或分隶教坊,给配象奴,潘氏承恩于织室,才人下降于厮养,此忠臣义士尤所为植发冲冠,椎胸而雪涕者也"。(【清】谷应泰:《明史纪事本末·壬午殉难》卷18,P307)

朱棣施恶300年后,谷应泰尚且发出"忠臣义士尤所为植发冲冠,椎胸而雪涕者也"的感叹,那么更何况300年前的"当事人"与同朝人了。他们中可能大多数人被朱棣的淫威所震惊而集体无意识地将目光聚焦在新皇帝的暴行上。朱棣不是天生的魔鬼,但他自童年时代起就留下了巨大的心理创伤,生母碽妃的突然"逝去",大明皇家对他的冷漠,使得朱棣自小十分孤独、自卑与多疑。(读者朋友可详见笔者的《大明帝国》系列之《永乐帝卷》)对此,与他差不多是同龄的建文朝核心人物方孝孺等人似乎还是很了解的。自卑的人往往表现出极度的自尊,尤其权位高势能者原本就是一个自卑者,当他的权威受到挑战或鄙视时常常会表现出极度的残忍与非人性或歇斯底里的发作,这是现代西方心理学研究的成果,但并不表明古代中国人不懂心理学。在建文朝军事不断失利的情况下,方孝孺曾采纳了门人林嘉猷提出的"反间计"。

"方孝孺门人林嘉猷尝居北平邸中,知高煦、高燧弗恭于燕世子。中官黄俨素奸险,俨方曲事高燧。高燧与世子协守北平,高煦从燕王军,时时倾世子。而是时河北师老无功,德州饷道绝,方孝孺乃言于上曰:'兵家贵间,燕父子兄弟可间而离也。世子诚见疑,王必北归;王归而我饷道通,事乃可济。'上善之,立命孝孺草书,遣锦衣卫千户张安如燕贻世子,令归朝廷,许以王燕。世子得书,不启封,遣人并安等送军前。中官黄俨者,比书至北平,则已先使人驰报燕王曰:'世子且反。'王疑之,问高煦。高煦曰:'世子固善太孙。'语未竟,世子所遣使以书及张安至。燕王启视,遽曰:'嗟乎!几杀吾子!'乃囚安等。"【清】谷应泰:《明史纪事本末·燕王起兵》卷16,P260;《明史·仁宗本纪》卷8,本纪第8也记载此事)

尽管这是一次流产的"反间计",但从中我们可以看出方孝孺等建文朝的核心圈内人物懂得心理战,面对军事一败涂地,他们不得不"孤注一掷",在燕军进入南京城时不仅拒不投降朱棣,反而在"新主"到来的喜庆日子里披麻戴孝,表现出了对朱棣极度的鄙薄与蔑视甚至可以说对着干,加上明皇宫宫中莫名大火,这一切使得朱棣进入南京稳定局势增添了无数的麻烦,并把人们的眼球吸引到自己的身上。胡闰、陈迪、暴昭等等,个个都是好样的,面对魔鬼的到来,他们视死如归,甘于斧钺,此时双方进行的是一场心理战,从表象来看,赢家是朱棣,但从历史长河角度来看,朱棣输大了,一来近似于精神病的歇斯底里发作使自己永远背上了恶名,二来为建文帝等人的出逃赢得了时间,以至于燕军开入南京城那天,建文朝"其在任遁去者,四百六十三人"。【明】谈迁:《国榷·惠宗建文四年》卷12,P844;【清】谷应泰:《明史纪事本末·建文逊国》卷17,P281也载此事)

由此看来,不像是有些人说的方孝孺等人太迂太呆,而是很有可能是个"金蝉脱壳"之计,有史为证。尽管朱棣灭了方孝孺"十族",对胡闰、陈迪、暴昭等人实施了夷族和"瓜蔓抄"等极端残忍的手段,予以肉体上的消灭与精神上的恐怖,但细细想想朱棣杀的都是建文朝核心圈内的风云人物及其家眷,而在他们的外围有一些不被人们关注的"亲建文"人士却奇迹般地被"保存"了下来。

● 东南一带"潜伏"着"亲建文"人士

"宋怿,字子夷,金华人,宋濂之孙也。怿父璲,中书舍人。怿思绍父学,奉母居蜀。蜀献王悯之,时赐粟帛赒其家,由是益得专于学,其书益工。建文君即位,念濂为皇考兴宗皇帝旧学之臣,召怿复官之于翰林,为侍书,与刘彦铭、朱思平皆见知于建文时,而濂门人有声称者,同郡楼琏、浦阳郑楷,皆见擢用。"(【明】黄佐:《革除遗事》卷5)

"(宋濂)仲子璲最知名,字仲珩,善诗,尤工书法。洪武九年,以濂故,召为中书舍人。其兄子慎亦为仪礼序班。帝数试璲与慎,并教诫之。笑语濂曰:'卿为朕教太子诸王,朕亦教卿子孙矣。'濂行步艰,帝必命璲、慎扶掖之。祖孙父子,共官内庭,众以为荣。慎坐罪,璲亦连坐,并死,家属悉徙茂州。建文帝即位,追念濂兴宗旧学,召璲子怿官翰林。永乐十年,濂孙坐奸党郑公智外亲,诏特宥之。"(《明史·宋濂传》卷128,列传第16)

宋濂是朱元璋时代的重臣、朱允炆的父亲朱标太子的老师,又是方孝孺的老师。他自己学问好,儿子也不错,尤其是二儿子宋璲最有名,擅长写诗又工于书法,在当时文人中声名鹊起,洪武九年因宋濂的缘故,他被皇帝朱元璋召到了南京明故宫,担任中书舍人,此时宋璲哥哥家的儿子宋慎也在朝廷任职。朱元璋一有机会就考考宋璲、宋慎叔侄俩的学问,并时不时地进行一番训导。过后朱皇帝又不无得意地跟宋濂说:"你为朕教育太子与诸藩王,朕为你教育子孙啊!"宋濂赶紧谢恩。当时宋濂已经岁数很大了,连走路都困难。每当看到这样的情景,朱元璋就在大殿上命令宋璲、宋慎叔侄赶紧前去扶持宋老先生,宋氏三代同仕一朝,这在大明历史上实属少见,人们无不投之以羡慕的眼光,那时可谓宋家达到了顶点的辉煌。但随着洪武十三年新春的到来,宋濂家开始倒大霉了。那年新年刚过,有人举报,说宰相胡惟庸"谋反",宋濂的儿孙宋璲、宋慎与此牵连,前后一一被杀,宋老先生本来也要被处死的,但由于马皇后与朱标太子的全力相救,最后落了个发配到西北茂州并病死于道的结局。

转眼间,大明历史从洪武转到了建文,朱允炆是个"仁孝"之主,他追念宋濂教育他父亲朱标太子的恩情,便下诏让已被杀的宋濂二儿子之子**宋怿**来南京担任翰林学士,"与刘彦铭、朱思平皆见知于建文(帝)",换句话来说,建文帝与宋怿既是世交又是政治同道朋友。可"靖难"战争最终残酷的现实打烂了年轻君臣的理想治国宏图,建文帝人间蒸发,宋怿却不知何故并没有在"壬午殉难"中被杀,一直到了永乐十年,在朱棣大肆倡导的群众性的"告讦"运动中被人检举出来,"坐(建文)奸党郑公智外亲",但魔鬼朱棣或许是感到自己帝位稳定了或许觉得杀一个没有什么"奸党"前科者,不值,最终居然宽宥了宋怿。

从朱棣篡位登基到永乐十年最少有十一年的时间,"漏网"的建文"奸党"外围分子宋怿(《明实录》中无此人之信息)居然在浙江金华老家生活了这么长时间,实在耐人寻味。

除了宋怿外,在金华地区还有一个"亲建文"分子及其子孙们也居然平安地生活了下来,他就是为宋濂所器重、与方孝孺为密友的建文朝文臣王绅。

"**王绅**,字仲缙,金华义乌人。父祎,以文行重海内,与宋濂齐名。国初擢儒台校理,历起居,出判南康、临漳二郡,会修元史,召为总裁官,寻推翰林待制,使云南,仗节死。时绅甫十三,聪敏过人,落笔为文,沛然不可御。鞠于伯氏绶,事母何尽孝,及卒,衰毁踰礼。未几绶亦殁,绅独综理生业,茕茕忧患中而杰然负奇志。暇日益取经史百氏言,穷其旨归,纵横磅礴,出入上下,宋濂一见即器之曰:'王华川其有后乎!'一时俊杰多自服不逮。洪武二十五年,蜀献王闻其贤,驰书币聘致,待以客礼,俾教授蜀郡。绅痛父遗骸未返丘垄,白其情事,王悯之,给道里费以行。至云南,访求不获,遂即死所奠祭,仰天号恸几绝,过者为之泣下沾襟。述滇南恸哭记以着志。云南布政张紞尤重之,作吊王翰林文纾其情。既还,王慰劳备至,蜀人无贵贱咸知敬爱。建文君即位,召为国子博士,遂入词垣,编撰太祖实录。与缑城方孝孺交游,尝尊孝孺为百代儒宗,劝之著书,以淑来世。孝孺不以为然。绅自是益响道德而略文艺。尝以其父死节事闻于朝,得旨:赠翰林院学士,谥文节。开国以来,文臣有谥者实自祎始。庚辰十二月丙午,绅卒,年四十有一。有《继志斋集》三十卷行于世。"(【明】黄佐:《革除遗事》卷5)

"**王稔**,字叔丰。绅子,从学方孝孺,甚为所器,许妻以女。逮其难之及也,尝周旋其间。又尝与孝孺表侄郑珣至聚宝门外,求其遗骸以归葬而不可得,卒坐逮系。文皇帝念祖祎死国之功,特从宥免,且方向用之。而稌力以疾辞,还金华,读书结屋清岩之下,将终身焉。复集孝孺遗文私藏之。稌性至孝。初,绅痛念父没,每食必斥兼味,稌一遵其志,子孙相承,阅数十年不变,事母亦如事其父,送终尽礼,三年酒食未尝入于口。学问该博,士之从游者日众,郡邑交重之。但礼为乡饮,宾至以分献于先圣庙。稌疏髯伟貌,出必俨然古冠服,人争观之,曰:'此王先生也。'所着有青岩稿、圣朝文纂、金华贤达传、续文章正宗。卒年五十九,门人私谥曰孝庄先生。"(【明】黄佐:《革除遗事》卷5)

王绅的儿子叫王稌,他跟建文帝一样,是个大孝子,"性至孝"。回归老家金华后,"读书结屋清岩之下,将终身焉。复集孝孺遗文私藏之"。"永乐中,藏孝孺文者罪至死。门人王稌潜录为《緱城集》,故后得行于世"。(《明史·方孝孺传》卷一百四十一,列传第二十九;【明】黄佐:《革除遗事》卷5)

除了金华地区,在方孝孺老家的台州也有"亲建文"分子"潜伏"着,"**魏泽**,字彦恩,应天府溧水人。有学行。累迁至刑部尚书。先是燕师南下,姚广孝请曰:'殿下至京,幸全方孝孺,杀此人则天下读书种子绝矣。'上纳之。既至,建文帝亡,遂召孝孺,问曰:'我以周公匡成王而来,成王不在,当议所立。'对曰:'殿下既以匡王室而来,成王不在,当立成王之子。'忤旨,因有灭十族等语。上大怒,囚于狱。以广孝言未即杀,以次收捕其族党,每捕者至,辄欲服之,不屈,乃令尽诛之。泽是时谪为宁海典史,当捕方氏时,悉力保护,使免于辱,且资以行费。后过孝孺故居,有诗云:'笋舆冲雨过侯城,抚景令人感慨生,黄鸟向人空百啭,清猿堕泪只三声。山中自可全高节,天下难居是盛名,却忆令威千载后,重归华表不胜情。'闻者壮泽之义。"(【明】黄佐:《革除遗事》卷4)

更有浙江浦江郑家与大明开国皇帝朱元璋和第二位君主朱允炆等祖孙三代之间非同寻常的关系。

明朝前期,浙江浦江郑氏家族是一个有着300来年历史的江南望族。据记载,郑氏曾15世同居共食,故有"郑义门"之称。明洪武初年,郑氏家族的家长郑濂为朱元璋所赏识,在大明帝国的京师南京供职。"胡惟庸谋反案"爆发后,有人出来检举说,郑氏家族是胡惟庸谋反的帮凶。这个罪名可大了,重则家族抄斩,轻则家长掉脑袋,一般的人都唯恐避之不及,可郑氏兄弟就是与众不同。当官差上郑家捕人时,郑濂的6个兄弟个个都争先恐后地主动承当"罪名",争了好半天最后由郑濂的弟弟郑湜出面来担当罪责,但当他被带到南京时,哥哥郑濂死活都不让弟弟郑湜来受罪,而弟弟郑湜更是一条道跑到底,说什么也不让哥哥来受刑,兄弟俩就这么争着,消息传到了皇帝的耳朵里,朱元璋十分感慨地说:"像郑氏这样的家族里怎能会出乱臣贼子?"于是他就下令,宽宥了郑氏兄弟的"罪行",并将郑湜延请出来担任大明的左参议。据说,洪武十八年朱元璋为了表彰郑氏家族的"忠孝仁义",他还特地赠予郑家"江南第一家"之匾,该匾后来就一直被挂在郑氏宗祠里。

转眼到了洪武十九年,郑濂又受到一个案子的牵连,论罪当死。这时郑濂的叔伯兄弟郑洧出来说话了:"我们郑家人称'义门',先世有兄代弟而死的,今天难道我就不能代兄捐躯吗?"说完就去"投案自首",没几天他就被杀了。

郑氏家族一门忠义的动人事迹后来又被朱元璋听到了,他大受感动。洪武二十五年,朱元璋的事业的接班人朱标太子不幸薨世,朱标的儿子朱允炆被立为皇位继承人。朱元璋为了培养好自己的皇太孙,他从"郑义门"中挑选东宫属官,将郑濂(当时已病亡)的弟弟郑济任命为春坊左庶子,将郑濂的另一个弟弟郑忻从一个普通的百姓直接提拔为礼部尚书。(《明史·郑濂传》卷296,列传184,P5075—5076)

从上述的《明史》记载来看,既然郑济出任过朱允炆的东宫属官,那么由此可以说建文帝朱允炆跟浙江浦江的郑氏家族之间还真有非同一般的关系。除此之外,朱允炆的父亲朱标太子也与郑家有着一定的关系,这话怎么说呢?朱标的老师宋濂早先居住在金华潜溪,因仰慕郑氏家族"九世同居"的"孝义家风"而迁徙到距离"郑氏宗祠"约1公里的青萝山麓,先在"东明精舍"读书,后来又在那里教书,直到1360年他被朱元璋聘请到南京出仕为止,前后在青萝山麓呆了32年,宋濂退休以后又回去居住在那儿,这就是世人熟知的"青萝山房"。虽说朱标与郑氏家族没有直接的"搭界",但有他老师宋濂这个"中介",所以说朱标与郑氏家族也是有着一定的关系。正因为如此,朱标的儿子朱允炆上台后没多久,就表现出对郑氏的亲近,他曾大力旌表郑氏家族,当时郑氏家族的家长郑溁还专门到南京去朝谢建文帝。建文帝亲笔御书"孝义家"并赐予郑氏,后被郑氏家族所收藏。(《明史·郑濂传》卷296,列传184,P5076)

既然浙江浦江郑义门与大明皇家正统嫡系有着非同一般的关系,加上金华地区和方孝孺老家台州都"潜伏"了一些建文政权核心阶层外围的"亲建文"分子,所以从整体上来说,建文帝出亡时选择东南方向的浙江等地应该是极为明智的。不过说到这里,可能有同志不禁要问这样的问题了:既然你分析了建文帝会出亡东南尤其是浙江金华等地,那建文帝为什么最终没有将其作为长久的藏身之地?笔者的观点是,正因为郑家与大明皇家正统嫡系有着非同一般的关系,作为大明皇家重要的一分子朱棣难道对此不知?即使朱棣不知,他身边的人难道就不会将洪武与建文年间的"热闹"人物——郑氏兄弟的"那些事"告诉给朱棣?所以出亡浙江长时间地躲藏在"郑义门"实在是目标太大,易于暴露。这不是笔者猜想,是有事实依据的。前文已讲过,《明史》记载说:朱棣"靖难"成功以后,有人告发说,建文帝藏在了郑家,朱棣就立即派了人前往浦江郑义门进行搜查。(《明史·孝义一·郑濂传》卷296)

● 上福建最妥当、最安全?

如此看来,建文帝出亡浙江,小住郑义门是可能的,但久留绝不可。那么建文帝能上哪儿?前述,大明西北是朱棣的"双重亲家"宋晟的势力范围;西南又是朱棣的双重亲家沐英家的天下;湖湘地区呢?朱棣后来在武当山一带大搞土木工程建设,到处都是朱棣的"走狗";南京周围的江南地区?如苏州曾是建文帝铁杆支持者苏州知府姚善管辖的地盘,那儿有不少的"亲建文"分子,因此说建文帝极有可能先往苏州方向跑(上海学者徐作生先生的考证很有价值),但苏州毕竟距离京畿太近,危险性极大;上江西,那可是建文帝老师黄子澄的家乡?但也是目标太明显,危险性也大,因此,从整体来看只有上福建一带去才最为合适。

第一,建文帝在福建有着很好的人脉关系与深厚的情感基础,但不显眼。

建文新政期间或以前的朝廷中枢中许多高官都与福建有着一定的关联。

建文新政时的户部尚书王纯曾是福建参政(可能相当于副省长)。"王钝,字士鲁,太康人。元末猗氏县尹。洪武中,征授礼部主事,历官福建参政,以廉慎闻。……二十三年迁浙江左布政使。在浙十年,名与张𬘘埒。帝(指朱元璋)尝称于朝,以劝庶僚。建文初,拜户部尚书。成祖入,踰城走,为逻卒所执,诏仍故官。未几,与𬘘俱罢。……永乐二年四月赐敕以布政使致仕。既归,郁郁死。"(《明史·王纯传》卷151,列传第39)

建文朝工部尚书郑赐就是福建建宁人,"郑赐,字彦嘉,建宁人。洪武十八年进士。授监察御史。……及惠帝即位,成祖及楚王桢皆举赐为长史。不许,召为工部尚书。燕兵起,督河南军扼燕。成祖入京师,李景隆诉赐罪亚齐,乃相背耶?赐曰:'尽臣职耳。'帝笑释之,授刑部尚书。……赐为人颇和厚,然不识大体,帝意轻之。为同官赵羾所间,六年六月忧悸卒。帝疑其自尽。"(《明史·郑赐传》卷151,列传第39)

建文朝吏部尚书张𬘘的知己张祖也是福建人,"张祖,惠安人,建文时以宪史入部考,入格,留为吏部吏。……文皇即位,除罢建文所置官,出祖为湖州安吉丞,居九年,有治绩,方(张)𬘘被遣自经,舁尸归,属吏无敢往视,祖日经理其殡,殡毕,哭奠去。"(【明】朱国祯撰:《涌幢小品》卷11)

"张显宗,汀州宁化人。少丧父,某母黄氏守志教之。洪武辛未,进士第二人,授编修,升太常寺丞。建文中,自国子监祭酒升工部右侍郎,往江西招集丁壮,募民出粟。太宗即位,显宗及江西布政使杨连、按察使房安、佥事吕升等并为军卒执。告其罪,上释不诛,谪戍兴州。显宗有文学,多所著述,惜其功名不终。一时叛附之臣,有政事者如大理寺卿虞谦、侍郎徐守实;文学者如侍读王景、司业张智、修撰李贯辈。虽免于罪咎,然文皇帝未尝重之。"(【明】黄佐:《革除遗事》卷6)

建文朝监察御史林英原籍为福建宁德古田县人、刑部给事中叶福为莆田人。(《明史·林英传》卷143,列传第31;《明史·叶福传》卷

第7章 超常思维 认识几何?

141,列传第29)

"王继之,福建莆田人。为某官,壬午年死于国事。其死与方希直同,不可泯也。王良,河南人,以刑部左侍郎出为浙江按察使,是年阖室自焚。见《杭州志》。"(【明】陆容:《菽园杂记》卷14)

更有与朱元璋、朱标和朱允炆祖孙三代都有着非同一般关系的浙江浦江郑家之子郑湜曾经还当过福建参议。"……入国朝(即大明开国以后),曰(郑)渊、曰(郑)洧、曰(郑)濂、曰(郑)湜,皆以行谊闻。上(指朱元璋)召濂等入见,问以治家长久之道。对曰:'守家法而已。'上深嘉奖之,拜(郑)湜为福建参议。"(【明】黄瑜:《双槐岁钞·孝义家》卷2,中华书局1999年12月第1版,P33—34)

虽然上述这些洪武朝和建文朝要员最终都没有随建文帝而去(其中林英、叶福和王继之为建文帝殉难),但他们个个都是正人君子,有这么多与福建有着一定关系的高官或要员出现在建文政治的舞台上,想必建文帝对福建的情况还是比较熟悉的。更有一个长期以来被许多研究者所忽视的历史事实,那就是建文帝在福建社会中下层有着一定影响与基础。

"陈思贤,茂名人。洪武末,为漳州教授,以忠孝大义勖诸生。每部使者涖漳,参谒时必请曰:'圣躬安否?'燕王登极诏至,恸哭曰:'明伦之义,正在今日。'坚卧不迎诏。率其徒吴性原、陈应宗、林珏、邹君默、曾廷瑞、吕贤六人,即明伦堂为旧君位,哭临如礼。有司执之送京师,思贤及六生皆死。六生皆龙溪人。嘉靖中,提学副使邵锐立祠祀思贤,以六生侑食。"(《明史·陈思贤传》卷143)

跨越四个年头的"靖难"战争最终以建文帝失利而告终,漳州官学校长陈思贤率领他的学生誓死不降朱棣,上演了集体就义的悲壮一幕,由此也说明建文帝在福建有着相当的社会基础和社会影响。这里顺便再说一下,若朱棣上台后发布的诏谕内容属实(即说建文帝派人上闽浙选美女),那么福建地区许多人家就是朱允炆的丈人家了。这样说来,建文帝出亡福建就有着更加宽泛的社会关系了。

再有一个福建宁德民间提供了一个较有价值的信息,当地百姓口头相传:当年建文帝出亡到福建宁德是与他的老师周斌有关。明代文人黄仲昭在《八闽通志》这样记述周斌:"周斌字质夫,宁德人。洪武中领乡荐,授建宁府学教授。时兵革甫息,斌修废起弊,严立教条,作新士习。郡县长贰非公事弗造其室,与之语曰皆政教大端,弗及私事。十五年,云南平,撰贺表称旨,有金币之赐。秩满,召至便殿,承顾问,以质直见重。明年拜中都国子监司业,约度明信,诸生悦服。又明年,召还,升齐王府左长史,辅翼开陈,一以正道。丁内忧,以病卒。"

从史料来看,周斌是一个与明初皇家有着较为密切关系的宁德籍文职要员,洪武中期他就当上了皇帝的顾问,后来出任中都国子监的教官,最后担任齐王府左长史,负责齐王府公务之类的事情。熟悉明史的人都知道,明初朱元璋经常让朱标等皇子上凤阳学习锻炼,想必"以质直见重"的周斌与仁弱端庄的朱标太子肯定熟悉。建文帝从小在明皇宫里长大,周斌又当过宫廷顾问,可以想象他们俩肯定很熟悉,两人又都是正人君子,其相互关系肯定也不会错,至于是不是师生,目前没有充分依据不敢妄断。但建文帝失国之际,周斌已在宁德老家守孝,最后也病卒于家乡(当地有一种说法是周斌诈死)。

古时候通讯不发达,建文帝遭遇国破家亡之大难后不得不出亡,到了福建,来宁德找周斌(周氏为宁德地区的一大族)合乎情理,它比上浙江和江西等哪儿地方去躲藏都合适,既不招眼又有良好的人脉关系与社会基础。

因此综合起来看,建文帝最终出亡到福建宁德是个聪明又理性的选择,也在情理之中。

第二,除了我们俗界之外,在600多年前的佛门圣地还有一位皇爷爷朱元璋晚年曾做过特殊安排的特殊人物,极可能就是皇孙儿建文帝出亡要寻找的"庇护者",他就是洁庵法师。

据明代《雪峰山志》所载:"第六十七代中兴雪峰寺**正映**洁庵禅师。师讳正映,号洁庵。江西抚州金溪县洪氏子,幼不茹荤。先投宁德安仁、三峰寺为沙弥。明洪武十九年,试经得度,谒灵谷谦禅师。方入门,怀中香忽坠地,遂有省。谦命任维那职。谦示寂后,往天界雪轩。典藏会有旨云:泉州开元寺僧临难,选的当家住持乃阖选而出。乃引见;谕曰:著他去做住持,如今做住持难,善则欺侮你,恶则毁谤你。但清心洁已长久。钦此。师奉诏来院。洪武三

十一年六月。开堂演法,众志翕然。首竖法堂、次建甘露戒坛。不数年,百废俱兴。"(【明】徐㷆:《雪峰山志》卷4)

明代地方志上记载的有关洁庵法师的这些信息,应该来说其可信度还是比较高的。洁庵原本是江西抚州金溪县人,俗姓洪,青少年时代在福建宁德安仁寺和三峰寺当沙弥。据福建省宁德市地方志编委会副主任王道亨先生提供给我的清乾隆版《宁德县志》资料来看,"安仁寺,在二十三都",即今天宁德市蕉城区石后乡境内;"南峰寺,亦名三峰寺,在二十三都",即今天宁德市蕉城区洋中镇境内。洪武二十九年洁庵上南京参加僧人选拔考试,后往东郊灵谷寺拜慧明谦法师为师。慧明谦法师圆寂后,洁庵离开了灵谷寺,前往南京天界寺。洪武晚期,素有东南名刹的福建泉州开元寺出了住持空缺这档子事,大家正准备用抓阄的办法来选个住持,朱元璋闻讯后在明皇宫里召见了洁庵法师,并跟他说了这么一番话:"我叫你上开元寺去当住持,如今这年头做住持不容易啊,你人善要被人欺,人不善就会有人说你坏话。只有清静洁心才能长久啊!"朱元璋晚年的这个任命耐人寻味,而洁庵也不负朱皇帝的一片皇恩,他一到开元寺就开堂演法,振兴佛事,成绩斐然。

"永乐元年朝京,(洁庵)回福州,诸山长老举师主雪峰。"(【明】徐㷆:《雪峰山志》卷4)但据朱棣秘密特使胡濙在《雪峰崇圣禅寺碑文记》中说:洁庵是永乐二年来雪峰寺当住持的,永乐十六年,他主动将位置"禅让"给了远苎法师而归老于南京的灵谷寺。从表象来看,这里似乎没有什么的,但如果再仔细追问一下,问题就出现了:永乐十六年洁庵法师从雪峰寺"消失"后,他到底上哪儿去?胡濙说他自己要求"内退"归老灵谷寺,但笔者查阅《灵谷禅林志》,发现洁庵并没有归老于那里。有人说他上了北京(【清】谢元福:《灵谷禅林志》卷8,《中国佛寺丛刊29》,江苏广陵古籍刻印社1996年8月第1版,P209),这样看来胡濙在说假话,胡濙说假话很有本事,他是朱棣的密使,为人处世极鬼。胡濙的同事叶盛曾记下了这样的事情:"礼部尚书致仕毘陵胡公,予赴广时谒之,尚强健,取酒命酌,因有请曰:'老先生身承列圣宠遇,圣德、圣训,不可无记录,否则百年后,门人故吏多谬误矣。'公笑曰:'无之'"(【明】叶盛:《水东日记》卷5)。《明史·胡濙传》曾这样评述胡濙的:"濙节俭宽厚,喜怒不形于色,

能以身下人。"(《明史·胡濙传》卷169,列传第57)

由此看来胡濙是个极富城府的政客,什么该说,什么不该说,他比谁都清楚,因此他说洁庵归老灵谷寺不足为信,事实上南京灵谷寺没有洁庵的塔陵就证明了这一切。既然洁庵没有归老灵谷寺,那他又会上哪里？谢元福在《灵谷禅林志》作了解释——上北京去,而且一去去了六年,直到洪熙元年才被明仁宗重新"安排"回南京。洁庵是临济宗的,与朱棣的第一红人姚广孝不属于一个宗派,他上北京总不会是去作学术交流吧？

我们再比对一下明嘉靖时的学者郑晓所著的《今言》和张廷玉主编的《明史》就会发现了一个天大的"巧合":

"溥洽字南洲,浙江山阴人。洪武初,荐高僧入京,历升左善世。靖难兵起,为建文君设药师灯忏诅长陵。金川门开,又为建文君削发。长陵(指朱棣)即位,微闻其事,囚南洲十余年。荣国公疾革,长陵遣人问所欲言,言愿释溥洽。长陵从之。释出狱时,白发长数寸覆额矣。走大兴隆寺,拜荣国公床下,曰:'吾余生少师赐也。'仁宗复其官。卒年八十二。"(【明】郑晓《今言》卷3)

《明史》也说:永乐十六年姚广孝病危时,他恳求永乐皇帝朱棣释放已经被关押了十多年的临济宗的掌门人溥洽,结果,朱棣依了。(《明史·姚广孝传》卷145)

姚广孝的辅助促成了朱棣最终起兵造反,但就在"靖难"成功的关键时刻,朱棣却并没有听从姚广孝的话:勿杀天下读书种子方孝孺,而偏偏在过了十多年后将一个被指认为与建文帝出亡有染的老和尚老囚犯给放了,姚广孝面子固然大,但这与做事一向做绝的朱棣风格很不相符。更为蹊跷的是,据福建宁德民间流传的说法:永乐年间,在宁德一带的古官道上不下有20座寺庙一起被毁,出奇的是这些寺庙都属于临济宗的。再联想起永乐十六年临济宗高僧洁庵从雪峰寺突然"失踪",笔者认为,洁庵"后游北京"是一种隐晦说法,事实上他是被捕了,因为朱棣可能得到了可靠的情报,溥洽并不完全知道建文帝的真正下落,而一肚子阴谋诡计的朱元璋晚年特殊任命的洁庵法师是建文帝万一罹难所投靠的主要"保护神"。可谁知最终"保护神"洁庵也给逮了起来,建文帝很自然会逃亡到洁庵曾经出家当沙弥的宁德安仁寺或三峰寺等寺院去避祸;更有"巧合"的是,洁庵法师当年出家的三峰寺就在传说是"帝师"的周斌家乡宁德蕉城洋中镇区域,因此说建文帝最终出亡宁德应该说"再正常不过了"。

第三,长期以来,福建在建文朝的地位一直没有引起人们的重视。笔者在阅读《明神宗实录》时无意间发现了这样一段史料:"万历十三年三月壬辰,释革除年坐忠臣方孝孺等谪戍者,浙江七百一十三人,江西三百七十一人,福建二百四十四人,四川四十一人,广东三十四人。"(《明神宗实录》卷 159)

从万历朝平反的"建文奸党"分子分布范围来看,浙江位列第一,达 713 人,江西其次,371 人,福建位居第三,大约有 244 个"建文奸党"分子遭到了迫害。前文说过,建文帝上浙江、江西去避难目标太大,而上福建不仅不大引人注目,而是还有相当广泛的基础。

第四,建文帝出亡福建闽东还有一个极不为人注意的因素,那就是那里有建文朝核心风云人物外围的"亲建文"分子子孙居住在附近。

"郑居贞,闽人。与孝孺友善,以明经历官巩昌通判、河南参政,所至有善绩。孝孺教授汉中,居贞作凤雏行勖之。诸人皆坐党诛死。"(《明史·郑居贞传》卷 141,列传第 29)

《明史》中对郑居贞记载极略,《明实录》对他更是没什么记载,倒是向来不被"正史嗜好者"看重的文人笔记或言野史对他记载得较为详细:"郑居贞,徽州人。父潜,有文名,国初,历任潞州同知。洪武中,居贞以明经举,授巩昌府通判,升礼部郎中,甚见重。太祖时,至河南布政司左参政。以永乐初坐累,死于南京。有《闽南集》、《关陇行》、《橐归来》、《橐随桧》、《庭橐》。子孙因留住,居福建瓜山。方孝孺之为汉中教授也,居贞以诗送之,孝孺亦尝赠之文,谓其为参政三年而去,吏民以不能留为憾。事在洪武二十三年。然其坐累岁月不可考,盖亦因孝孺之故云。"(【明】姜清《姜氏秘史》卷 1)

无独有偶,明嘉靖时期的文人黄佐在《革除遗事》中也有相似的记载:"郑居贞,徽州人。父潜,有文名,国初历仕路州同知。居贞丰颜美姿髯,从父官闽中,因从尚书贡师泰甫游。洪武中,以明经举,授巩昌府通判,升礼部郎中,甚见重高帝时。终河南布政司左参政。坐累卒于南京。有文曰闽南集、关陇行稿、归来稿、随稿、桧庭稿。子孙因留福州瓜山。方孝孺之为汉中教授也,居贞以诗送之,曰:'翾翾紫凤雏,羽融备五彩,徘徊千仞冈,余音散江海。于焉览德辉,济济锵环佩,天门何嵯峨,群仙久相待。晨沐晞朝阳,夜息饮沉瀣,如何复西飞,去去秦关外。岐山谅匪遥,啄食良自爱,终当巢阿阁,庶以鸣昭代。'又次韵寄孝孺:'阙下知名久,相逢值暮春。才华曾动主,论议每过人。汉水元通蜀,台州亦近闽。何时江海上,樽酒话西秦。为问天台客,何时别草堂。千岩空剑气,万卷有虹光。为政惭吾拙,擒辞羡子良。方思歌伐木,深负咏甘棠。'孝孺亦尝赠之文,谓其为参政三年而去,吏民以不能留为憾。事在洪武二十三年。然其坐累岁月不可考书,或因孝孺之故云。"(【明】黄佐:《革除遗事》卷4)

  从上述两书对郑居贞的记载来看,他原是洪武朝的"老人",最终当官当到河南布政司左参政,可能就相当于河南省副省长或省长助理。建文帝当政后,郑居贞没有升官,一直在河南"原地踏步",按理说,他是摊不上建文"奸党"的罪名,但他有一段历史是"致命的":方孝孺在汉中教书时就与郑居贞结为至交,郑居贞将方孝孺比作是三国时代仅次于诸葛亮的风云人物庞统,称之为"凤雏"(赠诗:"翾翾紫凤雏"),而方孝孺亦曾赠文给郑居贞,对他为官政绩极为肯定与赞誉,再说透一点,两位君子惺惺相惜。尽管方孝孺被"灭十族"时,郑居贞也挨了刀,但他的子孙可没遇害,而是在福建福州瓜山生存了下来。(【明】黄佐:《革除遗事》卷4)

  对照上述三段不同出处的史料,我们大致可以看出,郑居贞祖籍徽州,父亲郑潜曾在福建为官,郑居贞跟着父亲来到了福建,所以有人误以为他是福建人,但从郑居贞子孙最终没回徽州而是留在福州来看,经过郑居贞父子两代人的"经营",应该来说郑氏子孙在福州瓜山及其周围有着一定的基础。问题是瓜山在福州什么地方?笔者向福州与宁德的朋友请教,他们告诉我:瓜山在今天的闽侯县境内,距离闽侯县内的东南名刹雪峰寺不远,而雪峰寺距离发现建文帝袈裟的宁德支提寺大约有驱车3小时的路程,我们将这一系列的"巧合"都连贯起来看,问题就逐渐明朗了:原来建文帝出亡福建和闽东绝不是"盲流",而是一种智慧的选择。

第五,相比于八闽大地的其他地方,闽东宁德地区不仅有着复杂的山区地形,而且还有个天然良港三都澳,在此进退自如。"进"则可躲进港内或大山里头,退则可迅速驶入茫茫大海。夺取建文帝帝位的朱棣"靖难军"之主体来自北方,他们不习水上活动,就拿"靖难"战争来说吧,当燕军打到长江边时,要不是建文朝掌管长江水师的都督佥事陈瑄的叛变,朱棣是一时难以渡江的。相比于北方的这些"旱鸭子",南方人擅长水上生活,这是得天独厚的优势,这一点早在建文政权瓦解之际,建文帝的老师黄子澄就意识到了要设法借用水上兵力来恢复建文政权,"及燕兵渐南,与齐泰同谪外,密令募兵。子澄微服由太湖至苏州,与知府姚善倡义勤王。善上言:'子澄才足捍难,不宜弃闲远以快敌人。'帝复召子澄,未至而京城陷。欲与善航海乞兵。善不可,乃就嘉兴杨任谋举事,为人告,俱被执。"(《明史·黄子澄传》卷141,列传第29)

连迂腐的书生大臣建文帝的老师黄子澄都想到了水上军事,更别说那务实的建文朝地方官员了,就在建文帝危机四伏发出"勤王"令之后,部分地方的"勤王"水师行动起来了。"宁波郡守王珽,山东日照人,闻变造战舰,将完,文庙(指朱棣)已入宁波卫。官械公至南京,上问造舰何为,答曰:由海道趋瓜州以截来路。上义而释之。"(【明】皇甫录著《皇明纪略》)

浙江王珽督造战船"勤王",福建也是临海省份,更是建文帝有良好人脉关系与社会基础的地方,大明君主有难,想必福建也会有所表示,就算没有,"壬午国难"后,朱允炆最终出亡福建再正常不过了。尤其是闽东地区复杂的山区地形,使得建文帝一行人易于躲藏,更有天然良港三都澳,建文帝一行来此以后进退自如,这是长期藏身的好地方。虽说建文帝是个文弱书生,但他人很聪明,守住君位非其所长,但凭其聪明的智慧逃生还是绰绰有余的。

纵观上述,建文帝出亡福建宁德是个理性的选择。让我们再回顾一下上面的考证:支提山上华严寺内稀世珍品云锦袈裟、上金贝古墓前的金水桥、金水河、古墓建筑的龙刻构件、怪异的墓制、舍利塔上的莲座、吉祥云,等等,这一切都表明大明第二位皇帝不仅去了,而且最终卒于那里。

至此,破解大明第一悬案可以告个段落了。不过,这个600年前的第一大案还有诸多的谜团没解开,譬如,建文帝到底怎么来到福建的?后来又发生了什么?最终他到底怎么死的?究竟是谁将他葬在福建宁德的上金贝山上和建造那么一个怪异的"僧人墓"?朱棣有没有真正发现建文帝躲藏在福建?等等,诸如此类,还有一系列问题有待于进一步的研究。

第7章　超常思维　认识几何?

原 后 记

　　拙著《大明帝国：从南京到北京》之《文弱的书生皇帝朱允炆卷》（简称《建文帝卷》）自2009年初出版后，我就把精力投入到了《大明帝国：从南京到北京》系列之《魔鬼的天才皇帝朱棣卷》的研究与写作当中去，按照规矩，书一旦出版后我就不用过问了，因此对拙著的反响我也没有去想得太多。记得在书稿成型时，出版界的一个朋友跟我说：你这书的选题不好，建文帝只当了4年皇帝，没几个人知道他，所以说它的销量不会好。我听后也没当回事，除了继续将明史写下去外，就是在江苏、安徽、福建等地来回做历史文化系列讲座。时至2009年初夏，有人告诉我《建文帝卷》第一次印刷可能要不够了（8月加印时笔者新考古发现——支提寺云锦袈裟没来得及加上，在此向广大的读者致歉），消息振奋人心。更使人喜出望外的是，去年夏天东南大学出版社与上海图书博览会谈定，让我到上海展览馆去现场签名售书。说实在的，我听到这个消息，心里很没底气，尽管我是从上海研究生毕业的，但离开这片土地已经快要20年了，当年的同学几乎都快"奔五"了，而我的受众群主要是在江苏、安徽以及福建等地，因为大家都从电视里认识我，上海，我确实有些陌生，然而出人意料的是那天的签名售书大获成功，原定半小时的签名活动被迫延长，我的手都签酸了，结束时有好多热情的读者朋友，包括大爷大妈和少男少女们都要跟我合影留念，有个年轻朋友说自己在读大学，他问我哪个大学研究生毕业的？我随口而出："华东师范大学！"他马上说："我大学毕业后就要报考华东师范大学您的研究生。"此时我十分尴尬，无奈之下只得遗憾地告诉他："我现在不在那儿了，而是从事非本专业的电子音像出版，因此也不招研究生。"说到这里，只见他一脸的失望，但我不能不说啊，读者们寄予我厚望，我应该将自己确实的信息告诉他们，将我个人好的精神产品奉献给大家。

读者朋友的厚爱本是件好事,是个动力,但又是种压力,坦率而言,《建文帝卷》书稿成型时,我并没有将建文帝最终下落的答案告诉给大家,只是觉得"苏州说"相对证据充实点,权作该书的结尾。但有朋友还是十分认真地追问笔者:建文帝到底会出亡哪儿?

这是一个看似甚小但关系甚大的有着600年历史的大明第一疑案,作为历史学者要想确切地给出答案就必须要有充分的史实依据与考古实物为凭。而史实依据范围很宽泛,就文献史料来说,有正史、有野史、有方志,等等;就实物依据来讲,有古碑、古墓、石刻、绘画等等。如何取舍?潘群教授经常告诫我:"思想要解放,视野要开阔,在学术上没有高低、贵贱与岁数大小之分,坚决摒绝学霸作风,学术自由,兼容并包。"潘老的这番治学精神与我的初衷不谋而合,正如笔者在《建文帝卷》中所说的,"有时一个不为人们注意或重视的一丝线索或传说或许是未来揭开历史之谜的一把金钥匙"。没想到的是在《建文帝卷》成书一年后,笔者原本的理想竟在一定程度上化为了现实。

2009年初夏笔者正在苏北盱眙明祖陵考察时,突然接到江苏省郑和研究会秘书长郑自海先生打来的电话,他说福建发现疑似建文帝墓。这样的消息近年来太多了,或许是出于当地经济旅游开发的需要,各地争相爆料发现了建文帝墓,见怪不怪,我压根儿也没太在意。回宁后看到郑宽涛先生和宁德方面发来的照片与视频,我的兴奋点逐渐地被吸引过去了。

没过多久,应宁德地方政府的邀请,我与郑自海先生、郑宽涛先生等前往福建宁德进行实地考古。本来南大潘群教授也要去的,但不巧的是他老人家身体不适,于是就委托我多看、多听、多收集考古资料。

三天后回到南京,我将收集到的所有考古实物资料与照片拿给潘老看,随后我们就展开了深入的研究。给我印象最深的是宁德上金贝古墓及其舍利塔那些怪异的规制与石刻构件,总有些似曾相识的感觉——2008年秋天我与潘群教授曾在凤阳明中都与明皇陵看到的莲座之类和明孝陵上的石刻就与它们有几分相类,于是赶紧前往东郊明孝陵拍摄照片与视频,将其与宁德带回来的古墓照片进行比对,再上南京图书馆查阅资料;有时发现手头考古资料不够,我就马上打电话到福建去求助,宁德市地方志编委会的王道亨副主任、市委宣传部吴泽金、组织部孙绍祥、余新汉等先生都成了我研究的合作伙伴,最令人难忘的是宁德市委组织部郑民生部长始终如一地关怀和支持我们的研究,他没有一点官架子,一遇到什么考古新发现就及时打电话通报给我。

紧张、忙碌的查找比对与艰辛的考证工作持续了近四个月,大约到2009年8月下旬,我与潘群教授等人基本上理出了头绪,刚好潘老的身体也恢复得差不多了,于是我们就与郑自海先生、郑宽涛先生等应宁德市之邀再次踏上了宁德考古之路。

本来这也是一次普普通通的考古之旅,我们的目的无非是想求证酝酿了几个月的判断与看法,年迈的潘群教授为了亲眼目睹考古现场竟然不顾羸弱的身体跟着我们一同爬上了危险的高坡,其求实认真劲着实感动了当地的畲族老乡,他们拿出了笔墨,要潘老留个墨宝,年逾古稀的潘老此时忘却了自己的疲劳,毫不犹豫地泼墨挥毫……

一切皆在不经意间,当我们回到南京时,中央电视台国际频道与新闻频道对我们的宁德考古作了报道,一时间我们几个人的电话、手机响个不歇,新闻媒体争相前来采访。对此,我们只谈自己的学术观点,就这么简单,但谁也没想到的是,有人不知出于何种目的,对我们的学术观点甚至人身进行了攻击,说:"这完全是一场闹剧,……在没有确凿实证时,不能草率地发表什么定论。否则会产生误导,是极为不负责任的举动。"(蔡震:《福建文物局称宁德古墓并非明朝建文帝之墓》,载2009年10月2日《扬子晚报》;《华严寺金銮袈裟不是建帝的》,载《扬子晚报》2010年2月1日A4版)

学术本该是自由的,要是有什么不同的意见,大家可以敞开来理性探讨,当然必须是有根有据,而不是信口开河,或不负责任地"放空炮",更不是纯凭主观感官就妄下论断。历史学是一门唯史实为依据的学科,与其密切相关的考古学在某种程度上是起到先导性与补充性、核实性等作用,考古正确与否就必须要与历史文献相比对和核实。所以在此笔者奉劝某些人先把史料、史实理理清楚;而对于人身攻击,我们决不会等闲视之,作为公民,我们将保留法律所赋予我们的权利!

值得欣慰的是，我们的探索与努力除了极个别"杂音"外还是得到了许多领导的肯定与支持，广大的电视观众和读者朋友给予我们相当多的关注与帮助，江苏、福建甚至江西、湖南等地的网友们在网上给我发来了热情洋溢的肯定意见书，素昧平生远在美国的华人记者柯伊文先生赶写了1400多字的新闻稿，分别发给全球几百家新闻媒体。最令人感动的是，承蒙中央电视台的厚爱，我与潘群教授等做客《科学教育》频道的《百科探秘》，当电视上播出我们的节目时，许多熟悉或不熟悉的朋友都打来电话，表示坚决支持我们的研究。即使如此，潘老还是不断地叮咛我：不论怎么忙，都要尽早将建文帝最终出亡福建的考证和揭秘过程公之于世，别辜负了朋友们的厚望！

　　2009年8、9月间，我从宁德支提寺云锦袈裟的"九五礼数"与龙饰主题等方面入手，相继撰写了几篇文章，发表在福建《闽东日报》和南京《静海寺》杂志的创刊号上，然而事后又觉得意犹未尽，特别是对南京云锦研究相当不足，于是通过寻访和朋友介绍，查找南京云锦老前辈、老专家，向他们求教，由此展开对云锦袈裟更为深入的研究，八吉祥图饰、卍字图案、"福寿"字样的灯笼、云龙纹、五爪龙和"九五礼数"等等，凡是能看清的图饰、纹样（云锦的织法与用料）及其所隐含的信息，我都给它们一一查找史料依据，结果意外地发现它们的指向有一个共同的特征，那就是它们都与明初大明皇家甚至可以说是皇帝有关。至此有关支提寺云锦袈裟的研究暂告一个段落。

　　接下来的问题也就是在福建当地引起极大争议的上金贝古墓的定性问题，其难点有三：第一，先前地方上有关文物部门将其定性为元末明初的和尚墓，但其实问题并没解决，就在上金贝不远的明代宁德籍一品高官林聪墓也没上金贝古墓那么大，这是为何？第二，上金贝古墓规制奇特，除了古墓外还有舍利塔，不僧不俗，这又是为何？第三，该墓舍利塔上的碑文"御赐金襕佛日圆明大师第三代沧海珠禅师"，从正史与方志来看都无法真正查实古墓与舍利塔的主人到底是何许人也，只能如一些人猜测那般，但猜测是不能代替历史的，历史学是一门讲究实证的科学。在碑文解读走投无路的情况下，笔者想到了石刻艺术的时代特点——它们体现出自身时代特殊的审美情趣与美学价值,于是我就从上金贝古墓与舍利塔上的莲座、吉祥云、须弥座造型、龙刻构件等方面入手展开研究,查阅网上资料,寻找正史上的依据,结果发现这些造型艺术与刻件风格也"不约而同"地指向明初皇家,加上笔者第一次去宁德时从考古现场获悉的只有皇帝阴宅——陵寝与皇帝阳宅——皇宫等建筑群中才有的"金水桥"与"金水河"等地名,由此渐渐将上金贝古墓与舍利塔的主人"锁定"在下落不明的明初第二位皇帝建文帝的身上,在此过程中笔者还发现了古墓与舍利塔上的如意云居然与支提寺云锦袈裟上的如意云有着极大的相似或言相同,这就更加证实了笔者的观点——建文帝最终出亡到了福建宁德!有史有论,特别是正史的引入使得单薄的宁德考古得以丰实。

大约到了去年的 11 月份,长篇论文《破解 600 年第一谜案——建文帝终亡福建宁德》终于完稿,我马上送给潘老指正,没想到年近八十的潘老不仅认认真真地审读了一番,而且还就拙文中的史料进行了仔细的核对,不仅对我的观点与论据予以充分的肯定——文中将正史史料与宁德考古实物比对联系起来,克服了以往建文帝研究的不足——而且还提出了一些珍贵的意见和补充了部分史料依据,让我充实进去。我原本就想整理好了在报刊上发表,但鉴于以前极个别媒体的恶炒甚至夹带人身攻击,也鉴于刊物对于论文字数的限制,干脆一不做二不休将其扩大成书,向世人做个交代。潘老闻之甚喜,他不顾虚弱的身体马上给我赶写序言,想来实在让人感动。

前后经过近一年的艰苦探索与努力,一份"答卷"做好了,但是不是令广大读者朋友满意?只得由大家来评述了,我静心倾听着。

在此我要衷心感谢的是南京市委宣传部叶皓部长,南京市委宣传部网控中心的龚冬梅主任,中央电视台池建新总监,南京电视台陈正荣副台长、新闻综合频道傅萌总监,江苏教育电视台张宜迁主任、薄其芳主任,凤凰出版传媒集团吴小平副总经理和东南大学出版社江建中社长、张新建总编,南京市政协副主席余明博士,南京阅江楼风景区管理委员会韩剑锋主任,南京明孝陵周钰雯馆长,南京静海寺纪念馆田践馆长,南京阅江楼邱健乐经理、钱琪小姐,南京市社科院、社科联的陈正奎院长、严建强主任、顾兆禄主任,南京市新闻出版局的蔡健处长等领导的关怀；感谢我在南京的学业师长、原南京大学中国思想家中心常务副主任潘群教授对我的谆谆教导和无私的帮助以及潘老的老朋友古籍版本目录学家沈燮元先生、南京晓庄师范学院陈平平教授；感谢南京云锦老前辈及他们的后人，尤其是李少卿先生和不久前过世的南京云锦权威徐仲杰先生及其著作《南京云锦史》对我的云锦研究的启迪和帮助；感谢中央电视台裴丽蓉编导、徐盈盈编导、戚锰编导以及主持人张腾岳、江苏电视台公共频道的贾威编导，江苏教育电视台的苍粟编导、赵志辉编导、夏恬编导，安徽电视台公共频道的制片人张环女士、舒晓峰编导、海外中心的吴卓编导，南京电视台主持人周学先生、常征主任、编导刘云峰先生、李健先生、柏新民先生、卞昌荣先生，江苏广播电台的吕凤华女士、陆正国先生，新华报业集团的邹尚主任、黄燕萍女士、吴昌红女士，《现代快报》的胡玉梅女士,《金陵晚报》的郑璐璐主任、记者于峰先生，金陵图书馆的袁文倩主任和郁希老师，南京静海寺纪念馆的钟跻荣老师，南京明孝陵向阳鸣主任和姚筱佳小姐，江苏省郑和研究会秘书长郑自海先生和郑宽涛先生，澳门《中西文化研究》的黄雁鸿女士，北京师范大学教育学院的孙邦华教授，南京理工大学人文学院的李崇新副教授，南京财经大学的霍训根主任，江苏经贸学院的胡强主任、吴之洪教授，南京出版社的卢海鸣主任，南京城墙办的朱明娥女士，中年篆刻专家潘方尔先生等朋友给我的帮助，还要感谢南京有线电厂退休工程师让庆光老先生和他的弟弟北京大学教授让庆澜先生对我写作的关心，根据让氏家族先祖口授心传的描述和家中所藏的中元节烧包单上的名录修成的《让氏家谱》所载，两位让老是建文帝的第15代子孙，尽管今年他俩已经八旬有余，但听到我在写建文帝出亡之谜的著作时，他们立即给予我许许多多的帮助，在此我衷心地祝愿两位让老健康长寿！当然更要感谢福建宁德的朋友，他们是现蕉城区委书记郑民生，蕉城区委宣传部副部长郑承东，统战部的杨向辉部长，宁德市地方志编委会的王道亨副主任，宁德市委宣传部吴泽金、组织部孙绍祥、余新汉和宁德"蕉城在线"黄镇平、福建宁德三也农业开发有限公司董事长池致春等先生，不可想象，要是没有宁德朋友的帮助，拙著是否能在这么短时间内完成。

大明第一谜案经过600年的是是非非,现在终可以画上一个小小的句号了。欢迎海内外的朋友一同参与到建文帝问题研究当中来。潘群先生曾说:"建文帝是个好皇帝!"正因为建文帝是个好皇帝,才有600年来这么多的人在关注他;建文帝最后出亡了,是历史上福建人民收留了这位不多见的好皇帝,笔者聊以本书献给可敬的福建人民和喜爱我的读者!

最后要说的是,下列同志参与了本书的图片收集、资料整理、文稿起草等工作,他们是马宇阳、陈友初、吴艳萍、顾友彪、车侠、伏毅、马允成、殷凤娟、薛镇芬、徐建华、朱险峰、陈瑾、高建平、陈昊、车云飞、刘世梅、万发军、车超、金太霞、万时绪、顾介凤等人。

马渭源
于南京大明帝国黄册库畔
2010.4.8

因近两年有新的发现与考古证据,在原书基础上,对部分章节作了适当的增补。在此特别感谢宁德市政协郑民生主席、宁德市委宣传部吴泽金主任和福建宁德三也农业开发有限公司董事长池致春先生。

马渭源
2013.10.26